श्री अंजनी कुमार सिंह का जन्म वर्ष 1958 में बिहार के सीवान जिले में हुआ, लेकिन बचपन बेगूसराय के चमथा गाँव में बीता। आपने स्नातक की पढ़ाई पटना विश्वविद्यालय से और स्नातकोत्तर की पढ़ाई जवाहर लाल नेहरू विश्वविद्यालय, नई दिल्ली से की। आपने संदर्न क्रॉस विश्वविद्यालय, ऑस्ट्रेलिया से एम.बी.ए. की डिग्री भी प्राप्त की। आप वर्ष 1981 में भारतीय प्रशासनिक सेवा में आये और आपको बिहार कैडर मिला। आपने संथाल परगना (दुमका) एवं वैशाली जिलों के जिला पदाधिकारी का पद संभाला एवं मुजफ्फरपुर, पूर्णिया में प्रमंडलीय आयुक्त के रूप में पदस्थापित रहे। केंद्र सरकार के तत्कालीन मानव संसाधन विकास एवं सामाजिक अधिकारिता मंत्रालय में निदेशक के पद पर काम करने के बाद आपने बिहार सरकार में स्वास्थ्य, शिक्षा, वित्त, कला, संस्कृति एवं युवा विभाग में सचिव स्तर पर सेवायें दीं। तत्पश्चात आप मुख्यमंत्री के प्रधान सचिव एवं बिहार के मुख्य सचिव के पद पर पदस्थापित हुये। वर्तमान में श्री अंजनी कुमार सिंह मुख्यमंत्री के परामर्शी एवं बिहार संग्रहालय के महानिदेशक के पद पर पदस्थापित हैं। आपके मुख्य शौक हैं: बागवानी, कला-संस्कृति एवं महिला सशक्तिकरण। आपकी धर्मपत्नी श्रीमती पूर्णिमा शेखर सिंह सेंटर फॉर ज्योग्राफिकल स्टडीज की निदेशक हैं। आपके पुत्र अपूर्व सुकान्त एतं पुत्री अपूर्व सृष्टि हैं।

काफ़ी है एक ज़िंदगी

अंजनी कुमार सिंह

SPEAKING
TIGER

SPEAKING TIGER BOOKS LLP
125A, Ground Floor, Shahpur Jat, near Asiad Village,
New Delhi 110049

First published by Speaking Tiger Books 2022

ISBN: 978-93-5447-211-4
eISBN: 978-93-5447-240-4

10 9 8 7 6 5 4 3 2 1

Typeset in Kokila by DiTech Publishing Services, New Delhi

Printed at Shree Maitrey Printech Pvt. Ltd., Noida

मेरी पत्नी पूर्णिमा, बेटी अपूर्व सृष्टि, पुत्र अपूर्व सुकान्त

और

मेरे साथी यात्रियों को समर्पित

अनुक्रम

1

वे बचपन के दिन भी क्या दिन थे

हर व्यक्ति की एक कहानी होती है। उस कहानी में एक घर-गाँव होता है। मेरे गाँव का नाम है चमथा। मेरा गाँव अजब इस मामले में है कि यह तीन जिलों के तीन लोकसभा और तीन विधानसभा क्षेत्र में पड़ता है। गाँव इतना बड़ा है कि गाँव तो एक है, लेकिन पंचायत दो। इसकी भौगोलिक स्थिति ऐसी है कि इस गाँव को चार जिले—पटना, समस्तीपुर, बेगूसराय और वैशाली छूते हैं। बिहार के चार जिलों का संगम है मेरा गाँव। चमथा गाँव में मेरा घर बेगूसराय जिला के बछबाड़ा थाना में पड़ता है। चार जिला का माथा (सिर) होने के कारण इसका मूल नाम चौमथ रहा होगा। शब्द घिसते हैं। चौमथ भी घिसा और घिसकर बाद में चमथा हो गया।

दक्षिण से गंगा और उत्तर से बाया नदी से घिरा है चमथा। इस गाँव के गंगा किनारे की जमीन हर साल कट जाती है और कुछ भाग तो गंगा के दक्षिण निकलता है। इसलिए इस गाँव की कुछ जमीन पटना जिला में आती है। जमीन के इस तरह के कट जाने और दूसरी तरफ निकलने की क्रिया को गंग-शिकस्त और गंग-बरार कहते है।

हमारे पूर्वज लगभग 150 वर्ष पूर्व राजस्थान के अजमेर जिले से माईग्रेट होकर आये थे। हम लोग चौहान राजपूत हैं और आज भी हम लोग अपने पूर्वजों के पुण्य-स्थल, जो अजमेर शहर की एक पहाड़ी पर स्थित है, पर पूजा के लिए जाते हैं।

राजस्थान से हमारे पूर्वज, मेरे वर्तमान गाँव चमथा से दो किलोमीटर कष्टहरा (कटहा) नामक स्थान पर आकर बसे। यहाँ की जमीन काफी उपजाऊ थी और खुशहाली भी राजस्थान से ज्यादा थी। जैसे-जैसे परिवार के लोगों की संख्या बढ़ी लोग आस-पास के गाँव में जाकर बस गये और इस प्रकार हमारी चार पीढ़ी पहले के पूर्वज, वर्तमान गाँव चमथा में आकर बसे। यह दिआरा क्षेत्र होने के कारण जमीन ज्यादा थी और लोग कम। इस क्षेत्र में गन्ना, मकई और गेहूँ की बहुत अच्छी फसल होती थी, जिससे किसानों की हालत काफी अच्छी थी।

हमारे घर के आगे बाया नदी बहती है। उस नदी पर एक पुल है। उस पुल की भी एक कहानी है। बगल के जिले में नरहन नाम की जगह है, जहाँ की रानी हर साल मेरे गाँव में गंगा किनारे अवस्थित चमथा घाट पर कार्तिक-स्नान के लिए आती थी। उन्हें हर बार नाव से बाया नदी पार करनी पड़ती थी। रानी को काफी असुविधा होती थी। इस असुविधा को दूर करने एवं लोगों के आवागमन को सुगम बनाने के लिए रानी ने बाया नदी पर एक पुल का निर्माण कराया। चमथा घाट में कार्तिक पूर्णिमा के अवसर पर लाखों लोग दूर-दूर से गंगा-स्नान के लिए आते थे। उस अवसर पर वहाँ एक बड़ा मेला लगता था।

मेरे गाँव के बगल में सबसे प्रसिद्ध स्थान है—विद्यापति नगर। यहाँ पर भगवान शंकर का एक बहुत बड़ा मंदिर है। किंवदंती है कि महाकवि विद्यापति जब वृद्ध हो गये तो उनकी इच्छा हुई कि वे गंगा में ही शरीर का त्याग करें। वे उस स्थान तक गये, जिसे आज विद्यापति नगर कहा जाता है। उन्हें लगा कि वह अपना शरीर-त्यागने के लिए इतनी दूर से चलकर गंगा के पास आये हैं तो क्या गंगा मईया उनकी इच्छापूर्ति के लिए कुछ दूर नहीं आ सकतीं? कथा कहती है कि गंगा वहाँ आईं और महाकवि ने अपने शरीर का त्याग किया।

महाकवि विद्यापति के बारे में एक और प्रसिद्ध कथा है। कथा यह है कि विद्यापति के साथ उगना नाम का एक सेवक रहता था। एक बार उन्हें जोरों की प्यास लगी और उस समय उगना वहाँ नहीं था। विद्यापति उद्विग्न होकर उसे खोजने लगे। तब उगना ने आकर उन्हें जल ग्रहण कराया, जो वास्तव में गंगाजल था। उसके बाद उगना वहाँ से

वे बचपन के दिन भी क्या दिन थे

अदृश्य हो गया। बताते हैं कि उगना और कोई नहीं, भगवान शंकर ही थे, जो महाकवि विद्यापति के ध्यान और प्रेम को देखकर उनके सेवक के रूप में काम कर रहे थे।

मेरे गाँव के अधिकांश लोग किसान हैं। वहाँ गेहूँ, मक्का, तंबाकू, मिर्च, गन्ना एवं सब्जी की अच्छी खेती होती है, जिससे किसानों की हालत काफी अच्छी है। गाँव में यादवों एवं राजपूतों की संख्या बड़ी है। खेती एवं पशुपालन का कार्य बड़े रूप में होता है। गाँव का दूध बिकने के लिए बाहर जाता है। दो नदियों के बीच बसे होने के कारण यहाँ मछली पकड़ने का काम भी बड़े पैमाने पर होता है। बाढ़ में खेती की जमीन डूब जाती है और गरीबों के घर भी। कुछ लोग नदी-पाट में ही बस गये हैं। उन्हें तो और भी दिक्कतें हैं। गाँव के लोग बाढ़ के दो महीने के लिए अनाज, जलावन आदि की व्यवस्था कर लेते , ताकि बाढ़ के समय दिक्कत न हो। सब्जियों को भी सुखाकर रख लिया जाता। आम का अमावट बना लिया जाता।

हमारे परिवार में शिक्षा पर अधिक ध्यान दिया गया, इसलिए लोग पढ़कर फौज, पुलिस और अन्य नौकरियों में चले गये। राजपूतों के पास जमीन भी ज्यादा थी और वे शिक्षा में भी आगे थे, इसलिए धीरे-धीरे उनके बीच संपन्नता बढ़ी और हमारा परिवार गाँव के धनी परिवारों में से एक हो गया। संपन्नता के कारण हम लोगों के परिवार का राजनैतिक एवं सामाजिक प्रभाव भी बढ़ा। लेकिन धीरे-धीरे परिस्थितियाँ बदली और अन्य कमजोर जातियों के लोग भी पढ़ाई-लिखाई और खेती में ज्यादा मेहनत करने लगे। ऊँची जाति एवं बड़े परिवार के लोगों में उतनी उद्यमिता नहीं थी। अतः धीरे-धीरे उनकी खेती जमीन खुद उनके यहाँ काम करने वाले कमजोर जातियों के लोगों के पास चली गई। दूसरा बड़ा अंतर यह था कि ऊँची जाति एवं बड़े परिवार की महिलाएँ खेतों में काम नहीं करती थीं, इसलिए आधी आबादी घर के अंदर ही बंधकर रह जाती थी। यह समस्या पिछड़ी जाति में नहीं थी। उनका पूरा परिवार खेत में काम करता था और उनके बच्चे रोजगार की तलाश में विभिन्न शहरों में निकल जाते थे, जिससे उनके परिवारों की आय बढ़ने लगी।

गाँव की अधिकांश जमीन राजपूतों के पास थी। कई काफी धनी थे। धीरे-धीरे गलत आदतों के कारण और कम उद्यमी होने के कारण राजपूतों की काफी जमीन

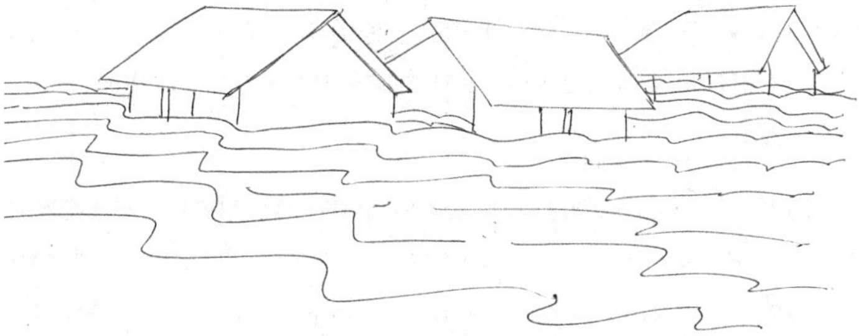

बिक गई, जिसे गाँव के यादवों और सब्जी पैदा करने वाले कुशवाहा लोगों ने खरीदा। बचपन में मैंने देखा कि बड़े किसान अपने खेतों में काम करने के लिए मजदूरों के परिवार को जमीन देकर बसाते थे। एक बार जब वह जमीन पर बस जाते तो उनसे काम कराने का पहला अधिकार उस किसान का होता था, जिन्होंने उन्हें बसाया है। काम करने वाले अधिकांश लोग किसी-न-किसी कारण से कर्ज के जाल में फँस जाते। उन्हें बेटी की शादी, बीमारी आदि के लिए कर्ज लेना पड़ता था। सूद काफी ज्यादा होता था। इस लेन-देन का हिसाब रखने के लिए एक लंबी लाल कपड़े की कवर बही (पुस्तिका) होती, जिसमें मूल और सूद का हिसाब रखा जाता। एक बार जिस व्यक्ति का नाम उस बही में आ जाता, वह शायद ही अपने जीवन भर में बही से निकल पाता। भू-स्वामी और मजदूरों का संबंध बड़ा विचित्र था। एक तरफ यह गारंटी थी कि मजदूरों का कोई जरूरी काम रुकेगा नहीं, लेकिन दूसरी तरफ ये सच्चाई थी कि इसके लिए उन्हें जमीन-मालिक के संग पूरी जिंदगी गुजारनी पड़ती थी।

बाढ़ के समय जब पूरा गाँव पानी में घिर जाता तो शौच आदि करने के लिए प्रत्येक परिवार में एक या दो नाव होती थी। मुझे पानी, नदी, मछली और प्राकृतिक चीजों से बहुत प्रेम हुआ। हमारे पास अपनी अलग नाव थी, जिसे लेकर मैं खेतों की रखवाली भी करता था।

गाँव में झिझरी की प्रथा थी। इस प्रथा में परिवार के सदस्य भोजन आदि बनाकर नाव पर बैठकर नदियों में घूमा करते। औरतें गीत गातीं और फिर भोजन होता। चाँदनी

रात में नौका-विहार का आनंद अद्भुत था। रात की नीरवता, चाँद की शीतलता, महिलाओं का समवेत स्वर में गीत गाना, बहती ताजी हवा और नाव के नीचे सरसराता नदी का पानी–सब मिलकर हमारे बाल-मन को एक अलौकिक दुनिया में ले जाते थे।

गाँव के लोग बाढ़ के साथ रहना सीख गये थे। अपने घरों की सुरक्षा के लिए चारों तरफ केले के तनों को काटकर एक घेरा बना दिया जाता, ताकि पानी की लहरें घर की दीवारों पर कम प्रभाव डाल सकें। कुआँ और चापाकल पानी में डूब जाते थे। पीने का पानी गर्म करके पिया जाता था। गरीबों के लिए यह समय रोज मछली-भात खाने का होता था, क्योंकि मछलियाँ प्रचुर मात्रा में और काफी सस्ती दर पर मिल जाती थीं। बाढ़ का एक बहुत बड़ा फायदा यह भी होता था कि बाढ़ के पानी के साथ नई मिट्टी आती, जो नई परत के रूप में खेतों पर छा जाती। इससे गेहूँ और अन्य रबी की फसल बिना कोई रासायनिक खाद के काफी अच्छी होती। अब तो मेरे गाँव और गंगा के बीच एक बाँध बन गया है, जिसके कारण अब बाढ़ कम ही आती है। अब पूरे क्षेत्र में सामान्यतया तीन फसलें हो जाती हैं।

ग्रामीण बिहार में ग्रामीण भारत की तरह सरकार द्वारा स्थापित विद्यालयों की कमी थी। सरकार द्वारा स्थापित विद्यालय शहरों एवं बड़े कस्बों में थे, इसलिए बच्चों को लंबी यात्रा करके स्कूल जाना-आना पड़ता था। ग्रामीण क्षेत्रों में विद्यालयों का निर्माण जन-सहयोग से शुरू हुआ। समाज के संपन्न वर्ग के लोग आपसी आर्थिक सहयोग से विद्यालय की स्थापना करते थे। कोई जमीन दान करता तो कोई भवन एवं उपस्करों के लिए राशि। विद्यालय में पढ़ाने वाले शिक्षक भी प्रायः गाँव-समुदाय से ही मिल जाते थे, जो पारिवारिक कार्य के साथ-साथ विद्यालय में पढ़ाने का काम करते थे। कई जगह संपन्न लोगों ने अपने बाप-दादाओं के नाम पर भी विद्यालयों की स्थापना की। विद्यापति प्रारंभिक विद्यालय एवं विद्यापति उच्च विद्यालय की स्थापना समाज के प्रमुख लोगों के सहयोग से हुई थी और इसका प्रबंधन भी समाज के प्रतिष्ठित लोग एक समिति बनाकर करते थे। चूँकि प्रबंधन स्थानीय था और अधिकांश शिक्षक भी स्थानीय थे, इसलिए विद्यालय का समाज के प्रति दायित्व भी सीधा था। धीरे-धीरे

सरकार ने इस प्रकार से स्थापित विद्यालयों का अधिग्रहण कर लिया। अधिग्रहण से शिक्षकों की नौकरी सरकारी हो गई और उनके वेतन भी बढ़े, लेकिन समाज के प्रति उत्तरदायित्व में कमी आई और पढ़ाई की गुणवत्ता भी घटी।

मैं विद्यापति उच्च विद्यालय में पढ़ता था। स्कूल मेरे घर से लगभग तीन किलोमीटर दूर था। हमारे पास स्कूल जाने के लिए साइकिल थी। उस समय बहुत कम लोगों के पास ही साइकिल हुआ करती थी। हमारा उच्च विद्यालय जन-सहयोग से स्थापित किया गया था। इसे चलाने के लिए एक प्रबंध समिति थी। हमारे विद्यालय में पढ़ाई के साथ-साथ एक घंटी श्रमदान की होती थी। श्रमदान में बच्चे विद्यालय के भवन-निर्माण के लिए ईंट ढोते या खेल के मैदान और बगीचे की साफ-सफाई करते। जन-सहयोग से धीरे-धीरे विद्यालय का काफी बड़ा एवं सुंदर भवन बन गया था। बाद में इस

विद्यालय का सरकारीकरण हुआ। विद्यालय में खेल, वाद-विवाद, निबंध प्रतियोगिता आदि कार्यक्रम होते थे ताकि बच्चों का सर्वांगीण विकास हो। पहले सातवीं-आठवीं क्लास में ही चुनना होता था–साइंस या आर्ट्स। सभी चाहते थे मैं साइंस पढ़ूं। लेकिन मुझे गणित पसंद नहीं थी। आर्ट्स को चुना। यहीं से मैंने मैट्रिक की परीक्षा पास की।

हर विद्यार्थी के जीवन में मैट्रिक की परीक्षा का बहुत महत्व होता है। इसी परीक्षा के परीक्षाफल पर यह निर्भर करता है कि किस कॉलेज में दाखिला मिलेगा, मनोवांछित विषय मिलेंगे या नहीं, किसी तरह की छात्रवृत्ति के लिए चयन होगा या नहीं। हमने मैट्रिक की परीक्षा में काफी मेहनत से तैयारी की थी। इस परीक्षा के लिए हम लोग अलग-अलग तो पढ़ते ही थे। कुछ दोस्त शाम में प्रतिदिन इकट्ठा होते और एक-दूसरे से विभिन्न विषयों पर सवाल-जवाब करते थे। बिहार विद्यालय परीक्षा समिति द्वारा मैट्रिक परीक्षा का आयोजन किया जाता था, जो पूरे राज्य के सभी विद्यालयों के लिए समेकित रूप से एक साथ होता था। कोई किसी भी विद्यालय का छात्र हो, बिहार में सबको एक ही परीक्षा देनी पड़ती थी। यह भी परंपरा थी कि मैट्रिक की परीक्षा हर छात्र को अपने विद्यालय से भिन्न, दूसरे विद्यालय में जाकर देनी होती थी, जिसका चयन बिहार विद्यालय परीक्षा समिति द्वारा किया जाता। मेरा परीक्षा केंद्र मेरे गाँव से 15 किलोमीटर दूर स्थित एक उच्च विद्यालय में था। मैट्रिक की परीक्षा लगातार एक सप्ताह चलती थी, इसलिए बच्चों को अपने अभिभावक के साथ वहाँ जाकर ठहरने और परीक्षा देने के लिए एक जगह लेनी होती थी। मेरे और मेरे चचेरे भाई, जो मेरे अभिभावक के रूप में गये थे, उनके रहने का इंतजाम हम लोग के परिवार द्वारा एक संबंधी के घर में किया गया। जाड़े का महीना था हम लोग पूरी तैयारी के साथ परीक्षा देने गाँव में पहुँचे। मेरी परीक्षा अच्छी गई और मेरे 72 प्रतिशत अंक आये और मुझे प्रथम श्रेणी प्राप्त हुई, उस समय मैट्रिक की परीक्षा में 72 प्रतिशत अंक लाना बहुत बड़ी बात थी। अच्छे अंक आने के कारण मेरा नामांकन बिहार के सर्वश्रेष्ठ आर्ट्स के कॉलेज *पटना कॉलेज* में हुआ। मुझे गाँव से बिहार की राजधानी पटना में जाकर कॉलेज की पढ़ाई करने का मौका मिला, जिससे हमारे परिवार के सभी लोग काफी खुश थे।

मैं अपने स्कूल की फुटबॉल टीम का गोलकीपर था। हमारी टीम आस-पास के स्कूलों से बेहतर थी। हमारे कई खिलाड़ी जिले की टीम में भी खेलते थे। हमारे विद्यालय में सरस्वती-पूजा बड़े धूम-धाम से होती थी। बगल के मैदान पर दुर्गा-पूजा का भव्य आयोजन होता था। उस समय कई दिनों तक रामलीला का कार्यक्रम चलता रहता। हम लोग गर्म कपड़ों में देर रात तक रामलीला का आनंद लेते। उस समय रामलीला के महिला पात्र भी पुरुष होते थे।

मुझे स्कूल के दिनों में जासूसी उपन्यास पढ़ने की लत लग गई थी। उस जमाने में कर्नल विनोद और कैप्टन हमीद के चरित्र वाले जासूसी उपन्यास बहुत बिकते थे, जो काफी लोकप्रिय भी थे। मैं जासूसी उपन्यास पढ़ना शुरू करता तो बिना पूरा किये रूकना संभव नहीं हो पाता था। कभी-कभी तो मैं स्कूल भी अपनी कॉपी में उपन्यास छूपाकर ले जाता ताकि टिफिन के समय पढ़ सकूँ। मेरी माँ को लग गया था कि मुझे उपन्यास और पत्रिकाओं में स्कूली किताब की तुलना में ज्यादा मजा आता है और कई बार तो उनके खाने के लिए बुलाने के बावजूद मैं देर से खाने के लिए आता, तो वह समझ जातीं कि जरूर कोई कहानी या उपन्यास खत्म कर रहा होगा। एक बार स्कूल जाते समय उन्होंने देख लिया कि मेरी एक कॉपी काफी मोटी है और उन्होंने कॉपी दिखाने के लिए कहा, कॉपी के बीच में से जासूसी उपन्यास निकली। माँ ने कहा कि स्कूल पढ़ाई के लिए जाते हो या उपन्यास पढ़ने के लिए। उसके बाद से मैंने विद्यालय में उपन्यास लेकर जाना बंद कर दिया। घर में ही रात में अपने इस नशे को चालू रखा।

माँ कितनी भी अनुशासनप्रिय हो और बाहर से कठोर दिखती हो परंतु बच्चे के लिए उनका मन दयालु ही रहता है। एक बार मेरे यहाँ और गाँव में जोर-शोर से होली का पर्व मनाया जा रहा था। सभी लोग रंग-गुलाल खेल रहे थे और मुझे तेज बुखार हो गया था। डॉक्टर ने केवल वार्ली पीने की हिदायत दी थी। घर में चारों ओर सभी अच्छे-अच्छे पकवानों की सुगंध थी। मैं मन मसोस कर सोया हुआ था। तभी मेरी माँ एक थाली में मालपुआ और मीट लेकर आ गईं और बोली इतना खा लो कुछ नहीं होगा। मुझे बहुत खुशी हुई और मैंने उस दिन अपनी माँ का विशेष दयालु रूप देखा।

उस समय घर से स्कूल जाते वक्त प्रतिदिन एक चवन्नी मिलती थी। चवन्नी यानी पच्चीस पैसे। उस पैसे से स्कूल में टिफिन ना होने पर दुकान से नाश्ता खरीदकर खाते। उन दिनों टिफिन के लिए घर से खाना बनाकर ले जाने की परंपरा नहीं थी। स्कूल के बाहर एक दुकान थी, जहाँ मुड़ी, चूड़ा, पकौड़ी के अलावा तरह-तरह की नमकीन और मिठाई मिलती थी। एक चवन्नी में इतना कुछ हो जाता कि जो दोस्तों के साथ मिल-बाँटकर खाने के लिए पर्याप्त होता था। बाद में चवन्नी पर एक फिल्मी गाना भी बना, जो काफी लोकप्रिय हुआ था। अब तो चवन्नी चलन में नहीं है।

वैसे तो मेरा जन्म 1958 में सीवान जिला के रघुनाथपुर के पुलिस क्वार्टर में हुआ, लेकिन पूरा बचपन चमथा में बीता। पिताजी स्व. रामराज सिंह पुलिस ऑफिसर थे और मेरे जन्म के समय रघुनाथपुर में पोस्टेड थे। माँ शिवदुलारी देवी गृहिणी महिला थीं। मैं चार भाई और एक बहन में दूसरे नंबर पर था। बड़े भाई अश्विनी कुमार सिंह गाँव में खेती करते थे, जो अब रहे नहीं।

हमारे गाँव में अधिकांश परिवार संयुक्त परिवार थे। इसके कई कारण थे। एक घर में रहने और एक जगह खाना बनाने से न केवल बचत ही होती थी, बल्कि परिवार में सदस्यों की संख्या अच्छी होने से सुरक्षा की भावना भी पैदा होती थी। सभी लोग अपना-अपना काम करते थे, लेकिन सबकी आवश्यकताओं को पूरा करने की जिम्मेवारी परिवार के प्रमुख के पास होती थी। सबकी आवश्यकता का यथासंभव ख्याल रखा जाता था। लोग अपनी योग्यता के अनुसार काम करते थे। कोई खेती का काम करता तो कोई व्यापार का काम करता तो कोई नौकरी। जो नौकरी करता था उसे मालूम था कि उसकी पत्नी और बच्चे की परवरिश ठीक ढंग से संयुक्त परिवार में होगी। अतःअलग रखने की जरूरत नहीं है। परिवार का कोई सदस्य बाहर शहर में अच्छी नौकरी करता तो परिवार के लोग कॉलेज की शिक्षा के लिए उनके पास चले जाते, भले ही वे उनके माता-पिता नहीं हों।

हम लोगों का भी संयुक्त परिवार था। पिताजी तीन भाई थे। दो भाई गाँव में रहते थे। हम लोगों के घर में आज के हिसाब से एक अजीब नियम था। बच्चे अपने चाचा के साथ रहते और पढ़ते थे, माता-पिता के साथ नहीं। इस कारण परिवार में बहुत

प्रेम था, इसी नियम के कारण मेरे माता-पिता के शहर में रहने के बावजूद हम अपने गाँव में चाचाओं के साथ रहते थे। अपने बच्चों के लिए अधिक प्यार दिखाना या प्यार करना सही नहीं माना जाता था। सबसे बड़े चाचा, जिन्हें सब लोग बाबूजी कहते थे, घर के मालिक थे। लेकिन पैसा नहीं रखते थे। पैसे का हिसाब-किताब दूसरे वाले चाचा, जिन्हें सब लोग दादा कहते थे, रखते थे। दूसरे वाले चाचा के लड़के मेरे पिताजी, जिन्हें सब लोग लाला कहते थे, के यहाँ रहते और पढ़ते थे। संयुक्त परिवार होने के कारण बच्चों की अच्छी संख्या थी। हम सभी में आपसी सहयोग एवं प्यार तो था ही साथ में एकता का बल भी था। मुझे लगता है कि उस समय लोग आज की तरह स्वार्थी नहीं होते थे और केवल अपने बच्चों के विकास के लिए ही चिंतित नहीं रहते थे। ऐसे परिवारों में पले लोग सामुदायिक कार्यों में भी ज्यादा अभिरुचि लेते हैं।

हम लोगों के घर पर उच्च विद्यालय के एक शिक्षक रहते थे। गुरुजी का नाम श्री फुलेन्द्र नारायण सिंह था। वे हमें दिन में स्कूल में और शाम को घर पर पढ़ाते थे। शाम की पढ़ाई खेलकूद के बाद हाथ-पाँव धोकर, 'रघुपति राघव राजा राम की प्रार्थना से शुरू होती। हम लोग लालटेन के चारों तरफ बैठकर पढ़ते थे। घर की दीवारों पर महापुरुषों-जैसे महात्मा गाँधी, जवाहरलाल नेहरू आदि की तस्वीरें टंगी थीं। मुझे याद है, एक चचेरे भाई थे विजय, जिन्हें पढ़ाई में मन नहीं लगता था। पढ़ाई के समय ऊँघने लगते। गुरुजी बड़े सख्त थे। दीवारों पर ठुकीं कांटियों से उनकी टिक्की बांध देते। हमारे एक और प्रिय गुरुजी थे—श्री रामचंद्र मिश्र प्रभाकर। वे रोसड़ा, समस्तीपुर के रहने वाले थे। उन्होंने हमारी हिंदी सुधारी। रविवार की शाम रामायण-पाठ होता था। सभी पर्व-त्योहार काफी धूमधाम से मनाये जाते थे।

हमारे घर पर रहने वाले शिक्षक परिवार के सदस्य की तरह थे। परिवार के प्रमुख निर्णयों में अपना विचार देते थे। बड़े वाले चाचा यानी बाबूजी बड़े लंबे-चौड़े और सरल स्वभाव के थे और बच्चों में ज्यादा लोकप्रिय थे। दूसरे वाले चाचा कड़े स्वभाव के थे और जब हम ज्यादा मिट्टी में खेलते तो हमारी पिटाई भी होती। उस समय एक अच्छी बात यह थी कि खेत में काम करने वाला मजदूर भी अगर हम लोगों की किसी शैतानी की सूचना घर में देता तो पूछताछ होती और कभी-कभी पिटाई भी होती।

मैं पढ़ने में अच्छा था, इसलिए मुझे एक अलग से कमरा रहने और पढ़ने के लिए मिला हुआ था। मेरे कमरे में एक रेडियो भी था, जो उस समय के लिए मनोरंजन का सबसे लोकप्रिय साधन था। रेडियो पर हम काफी गाने सुनते और बिनाका गीतमाला का काफी इंतजार करते। हमारे परिवार में अधिकांश लोग मांसाहारी थे, लेकिन मांस-मछली पकाने का चूल्हा अलग था और स्थान भी। उस समय घर में अंडा एवं मुर्गी नहीं बनाई जाती थी। मुझे अंडा पसंद था, इसलिए मैंने परिवार के डॉक्टर से अपने चाचा को कहलवा रखा था कि मुझे रोज एक अंडा खाना चाहिए, ताकि मेरी पढ़ाई ठीक से चल सके। उस समय बुद्धि को तेज करने वाली फॉसफोमिन नाम की दवा भी होती थी, जो मुझे पीने के लिए मिलती थी। चूँकि अंडा घर में नही बना सकता था, इसलिए इसे अलग केतली में घर के पीछे के बगीचे में उबाला जाता था। उस समय गाँव में हिंदू लोग मुर्गी नहीं पालते थे, न ही अंडे का उत्पादन करते थे।

गाँव में दैनिक मजदूरी दो रुपया या दो सेर अनाज थी। बहुत लोगों जैसे–नाई, लोहार, बढ़ई आदि के काम का नगद पैसा नही दिया जाता था, बल्कि फसल होने पर उन्हें उत्पादन का हिस्सा मिलता था। जब अनाज फल या सब्जी पैदा हो कर घर पर आता तो उसका पहला हिस्सा ब्राह्मणों को दिया जाता था। उस समय रास्ते में मिलने पर या घर आने पर ब्राह्मणों को प्रणाम करने की परंपरा थी, भले ही वे उम्र में छोटे हों। यह मुझे आश्चर्यजनक लगता था। छूआछूत की प्रथा थी, लेकिन धीरे-धीरे कम होती जा रही थी। नये बच्चे जो स्कूल और कॉलेजों में पढ़ रहे थे, वे छूआछूत को कम मानते थे। उनके साथ खेलने वाले बच्चों में सभी समुदाय के बच्चे होते थे।

हम लोगों के घर में अस्त्र-शस्त्र चलाने की और सही उम्र में सीखने की परंपरा थी। उस समय प्रायः चिड़ियों का शिकार होता था और उसी से हम लोग निशानेबाजी सीखते। बड़े लोगों की पहचान जमीन की मात्रा और अस्त्र-शस्त्र की संख्या से होती थी। हम लोगों का परिवार गाँव के दस बड़े और धनी परिवारों में से एक था। मेरे दो चचेरे भाई मुझसे पहले नौकरी में आये। उनमें से एक ने मेरे पिता की मृत्यु के बाद मेरे कॉलेज के दिनों में आर्थिक सहायता भी की।

हमारे स्कूल के अधिकांश बच्चों ने बड़े शहर नहीं देखे थे और न ही ट्रेन आदि की यात्रा की थी। पिताजी पुलिस महकमे में थे और प्रायः उनकी पोस्टिंग शहरों में हुआ करती थी। मैं छुट्टियों में अपने पिता के यहाँ चला जाता, इसलिए हम रेलगाड़ी, कार आदि से घूम चुके थे। छुट्टी में जब पिताजी के पास जाता तो माँ बड़े मन से हमारे लिए खस्सी बनाती। शहर जाने पर बहुत सारी फिल्में देखता। छुट्टी के बाद लौटकर उन फिल्मों की कहानियाँ और गीत सहपाठियों को बहुत इतराते हुए सुनाता।

पिताजी से जुड़ी कई यादें हैं। हम लोग अपने पिताजी से सीधे बात नहीं करते थे, या यूँ कहें आँखें मिलाकर बातें नहीं कर पाते थे। जो भी कहना होता, माँ के माध्यम से होता था या किसी दोस्त के मार्फत। जब तक वे बुलाते नहीं थे, हम उनके पास जाते नहीं थे। वे खाने के बाद सिगरेट पीते, लेकिन मुझे सिगरेट की गंध बिल्कुल पसंद नहीं थी। अभी भी नहीं है। वे शाकाहारी हो गए थे, लेकिन कोई भी उनके साथ मेज पर मांस खा सकता था।

वे वॉलीबॉल के अच्छे खिलाड़ी थे। डीलडौल भी लंबा-चौड़ा। मुझे उनके साथ भी खेलने का मौका मिलता था। एक बार की बात है। हम लोग वॉलीबॉल खेल रहे थे। अभी दस-पंद्रह मिनट का खेल बाकी था। थाने पर एसपी साहब आ गए। पिताजी खेलते रहे। गेम पूरा होने के बाद ही वे एसपी साहब से रू-ब-रू हुए।

जब पिताजी रेलवे में इंस्पेक्टर थे, तब पहली बार मुझे दानापुर-हावड़ा ट्रेन में एसी-फर्स्ट क्लास में यात्रा का अवसर मिला। वे शंकर भगवान के भक्त थे। जहाँ भी गए, मंदिर बनवाया। बाँका, कहलगाँव में मंदिर बनवाया। मुजफ्फरपुर में पोस्टेड थे, तब गरीब स्थान जाते थे। वहीं पास में मजार पर भी जाते थे। वे धार्मिक तो थे, लेकिन कर्मकांडी नहीं। प्रायः शाम में मंदिर जाकर ध्यान किया करते थे।

एक बार की बात है। मेरे बड़े भाई साहब कक्षा में फेल हो गए। उन्हें पढ़ने में मन नहीं लगता था। कोई और अभिभावक होते, तो उस दिन उनकी कुटाई-पिटाई हो सकती थी। लेकिन पिताजी ने हौसला बढ़ाने के लिए एक मशहूर शेर कहा-

'गिरते हैं शहसवार ही मैदान-ए-जंग में। वो तिफ्ल क्या गिरेगा जो घुटने के बल चले।।'

पिताजी बहुत उदार स्वभाव के थे। गरीबों की मदद के लिए सदैव तत्पर रहते थे। मुझे याद है, हमारे आवास पर एक लड़का भी रहता था। वह पढ़ने में अच्छा था, लेकिन अत्यंत गरीब परिवार से था। उसके पिता दूध बेचकर किसी तरह गुजर-बसर करते। मेरे पिताजी ने उसकी पढ़ाई पूरी करने में मदद की। बाद में वह लड़का ऑडिट ऑफिसर बना।

2

यादें पटना कॉलेज और जेपी मूवमेंट की

गाँव से मैट्रिक करने के बाद पटना कॉलेज में दाखिले के लिए आवेदन किया। पटना कॉलेज में इंटरमीडियट कोर्स में नामांकन लिया। मुझे वह दिन याद है, जब मैंने पहले दिन कॉलेज में प्रवेश किया। एडमिशन लिस्ट और क्लास रूटिन एक साथ टंगे थे। पहले दिन ही पाँच-छह दोस्त बन गए, जो आखिर तक बने रहे।

पटना कॉलेज कला सकाय का एक प्रतिष्ठित कॉलेज था। बिहार के बेस्ट स्टूडेंट यहाँ दाखिला पाते थे। दीवारों पर लिखा था, ''बिहार में जो भी श्रेष्ठ है, वह पटना कॉलेज का है।'' हम इसे पढ़ते और गर्व से भर जाते। हम उस पटना विश्वविद्यालय में थे, जो कभी ईस्ट का ऑक्सफोर्ड कहा जाता था। मेरे लिए जैक्सन हॉस्टल में कमरा एलॉट हुआ।

मैं कॉलेज में ही था कि वर्ष 1974 में जेपी मूवमेंट शुरू हो गया। लोकनायक जयप्रकाश नारायण के नेतृत्व में संपूर्ण क्रांति के लिए अभियान चलने लगा। बिहार का जयप्रकाश नारायण आंदोलन समग्र परिवर्तन का आंदोलन था। तत्कालीन शिक्षा व्यवस्था, सामाजिक व्यवस्था एवं प्रशासनिक व्यवस्था के परिवर्तन का। जयप्रकाश नारायण ने अंग्रेजों की शासन व्यवस्था देखी थी, विदेश में पढ़ाई की थी। प्रारंभ में वामपंथी विचारधारा के थे, बाद में कांग्रेस और समाजवादी पार्टियों के साथ रहे।

उनके जीवन पर महात्मा गाँधी का बहुतं प्रभाव था। उनकी पत्नी प्रभावती जी भी महात्मा गाँधी की अनुयायी थीं। समाजवादी विचारधारा के प्रमुख स्तंभ जयप्रकाश नारायण और राम मनोहर लोहिया थे। वे विनोबा भावे से भी काफी प्रभावित थे और उनके आंदोलन में भी शरीक हुये थे।

युवाओं के मन में शिक्षा व्यवस्था, समाज को बदलने एवं सत्ता परिवर्तन की एक बड़ी ललक थी। जयप्रकाश नारायण ने यह समझा कि युवाओं के माध्यम से ही यह परिवर्तन लाया जा सकता है। उन्होंने संपूर्ण सामाजिक परिवर्तन के लिए संपूर्ण क्रांति का आह्वान किया, जिसमें बड़ी संख्या में छात्रों एवं युवाओं ने भाग लिया।

उस समय मैं इंटरमीडियट का छात्र था। उम्र यही कोई सोलह-सत्रह की रही होगी। मैंने भी पटना के गाँधी मैदान में जयप्रकाश नारायण के कई भाषण सुने थे और उनकी रैलियों में भाग लिया था। जेपी मूवमेंट पटना और पटना यूनिवर्सिटी में बड़ी तेजी से फैला और धीरे-धीरे यह पूरे राज्य एवं अन्य राज्यों तक गया। हम लोग अपने छात्रावासों में बैठक करते और आंदोलन को सफल बनाने के लिए रणनीतियाँ बनाते। तभी केंद्रीय सरकार द्वारा आपातकाल की घोषणा की गई और आंदोलन से जुड़े प्रमुख नेताओं को गिरफ्तार कर लिया गया। अब यह आंदोलन काफी फैल चुका था और कई नेतागण, जो गिरफ्तार नहीं हुये थे, वे भूमिगत होकर आंदोलन का संचालन कर रहे थे। हम लोगों ने इस आंदोलन को गाँव-गाँव तक पहुँचाने का निर्णय लिया। निर्णय यह हुआ कि सभी लोग अपने-अपने गाँव जायेंगे और गाँव में युवाओं एवं छात्रों के साथ बैठक करेंगे तथा जयप्रकाश नारायण जी का संदेश पहुँचायेंगे। मैं भी अपने कुछ साथियों के साथ अपने गाँव चमथा गया और वहाँ दो दिनों तक युवाओं एवं छात्रों से बातचीत करके उन्हें संपूर्ण क्रांति का मतलब समझाया और उनसे भाग लेने का अनुरोध किया। जयप्रकाश नारायण जी का आंदोलन बिहार के गाँव-गाँव में पहुँचा और काफी सफल हुआ।

मेरे इस आंदोलन में प्रमुखता से भाग लेने की जानकारी मेरे परिवार को थी और उनकी ओर से इसका कोई विरोध भी नहीं हुआ। उन्हें मालूम था कि कुछ अपवादों को छोड़कर सभी छात्र इसमें भाग ले रहे हैं और उन्होंने परीक्षा छोड़ने का निर्णय लिया है।

इस अभियान में यह भी निर्णय लिया गया कि हम सभी वर्तमान शिक्षा-व्यवस्था का हिस्सा नहीं होंगे और विश्वविद्यालय की परीक्षा का बहिष्कार करेंगे। परीक्षा का बहिष्कार करने का निर्णय हम सभी छात्रों ने पटना कॉलेज के सामने गंगा तट पर लिया था। इंटरमीडिएट की परीक्षा की तिथि घोषित की गई और हम लोगों ने परीक्षा का बहिष्कार किया। लेकिन मेरे छात्रावास के एक-दो छात्रों ने परीक्षा में भाग लिया। कुछ लोगों के परीक्षा में भाग लेने से अन्य छात्रों में काफी रोष बढ़ गया। हमारे कॉलेज के एक छात्र, जिसने इस परीक्षा में भाग लिया, उसे पीटने के लिए बीएन कॉलेज से लड़के आए। छात्रों की मनोवृत्ति भी विचित्र होती है। यद्यपि हम लोग अपने छात्रावास के परीक्षा में भाग लेने वाले छात्र से काफी गुस्से में थे, लेकिन उसे पीटने दूसरे कॉलेज से छात्र आयें, यह हमें मंजूर नहीं था। हम लोगों ने बीएन कॉलेज से आये छात्रों से कहा कि इनको जो दंड देना है, वह हम लोग देंगे और वे लोग चले जाये। इंटरमीडिएट की परीक्षा कुछ ही लोगों ने दी थी और हमारे छात्रावास के उस छात्र ने इंटरमीडिएट की परीक्षा में प्रथम स्थान प्राप्त किया। बाद में वह बिहार काडर में भारतीय प्रशासनिक सेवा का एक प्रमुख पदाधिकारी बना।

हम लोग काफी द्विविधा में थे। अधिकांश छात्रों ने परीक्षा नहीं दी थी, इसलिए आगे स्नातक की पढ़ाई जारी रखना भी संभव नहीं था। खैर, अंत में पटना विश्वविद्यालय ने हम जैसे छात्रों के लिए एक पूरक परीक्षा का आयोजन किया, जिसमें हम सभी ने भाग लिया। इस तरह हम लोगों ने इंटरमीडिएट पास की।

जयप्रकाश नारायण का व्यक्तित्व काफी प्रभावशाली था। उनका जीवन सादगी से भरा था। जेपी एक अच्छे वक्ता थे। ‘‘संपूर्ण क्रांति’’ उनका सपना था, जो युवाओं को आकर्षित करता था। युवा भी बदलाव चाहते थे। इसलिए युवाओं में जेपी काफी लोकप्रिय थे। हम लोग उनके भाषणों को पटना के गाँधी मैदान में सुनते थे। जेपी की संपूर्ण क्रांति में सक्रिय रहे कई छात्र नेता तब तक सीधे राजनीतिक गतिविधियों में भाग लेने लगे थे। बाद में जेपी मूवमेंट से उपजे ये नेता राज्य और देश के महत्वपूर्ण राजनीतिक पदों पर गये। संपूर्ण क्रांति एक वैचारिक क्रांति थी, जिसे हिंसा आदि से दूर रखने की कोशिश की गई थी।

मूवमेंट के दौरान एक बार पटना कॉलेज के परिसर में छात्रों की एकत्रित भीड़ को तितर-बितर करने के लिए आँसू-गैस के गोले छोड़े गये, तो हम लोगों ने अधिकांश आँसू-गैस के गोले को भीगे तौलिये से पकड़कर वापस पुलिस की ओर फेंक दिया। बाद में पुलिस ने हम लोगों के छात्रावास पर रेड लगाई। हम लोगों ने कमरे तो अंदर से बंद कर लिए थे। लेकिन कुछ कमरों में दरवाजे की शटर को उठाकर आँसू-गैस अंदर फेंकी गई। हम लोगों ने ट्रेनिंग के अनुसार उस अश्रुगैस को पानी भरे बाल्टी में डाल दिया, जिससे उसकी गैस खत्म हो गई। यह सब जिस पुलिस अधिकारी के नेतृत्व में हो रहा था, उसका नाम था आर.डी. सुवर्णो। बाद में जब मैं भारतीय प्रशासनिक सेवा में आया और हजारीबाग में अनुमंडल पदाधिकारी बना तो उस समय आर.डी. सुवर्णो मेरे साथ हजारीबाग अनुमंडल के अंतर्गत रामगढ़ पुलिस अनुमंडल के आरक्षी उपाधीक्षक थे।

हम लोगों को मालूम हुआ कि पुलिस द्वारा जेल भेजे जाने पर जेल में एक जुबली चप्पल, लुंगी और कंबल मिलता था। जैक्सन हॉस्टल से हम दस लड़के पकड़कर जेल लाये गये। वहाँ का प्रशासन भी जानता था कि हम लोग क्यों आये हैं। हमें जुबली चप्पल और कंबल दिये गये। हम लोग देर रात जेल से वापस हॉस्टल चले आये। पटना विश्वविद्यालय में छात्रसंघ की गतिविधियाँ भी काफी प्रखर थीं। उस समय की राजनीति के हिसाब से राजपूत और यादव एक ओर होते थे तो दूसरी ओर भूमिहार और कुर्मी आदि। छात्रों के बीच सबसे बड़ी संख्या यादवों की थी। जब मैंने इस समीकरण का रहस्य पता किया तो स्पष्ट हुआ कि भौगोलिक रूप से जातियों का जो राज्य में वितरण है, उसमें सामान्यतः राजपूत-यादव एक साथ पाये जाते हैं। जहाँ भूमिहार अधिक संख्या में हैं, वहाँ कुर्मी पाये जाते हैं। पहले तो छात्रसंघ के अध्यक्ष राजपूत या भूमिहार जाति के होते थे, लेकिन बाद में पिछड़ी जातियों को समझ में आया कि उनकी संख्या ज्यादा है, तो उन्हें सिर्फ महासचिव पद से संतोष नहीं करना चाहिए, बल्कि अध्यक्ष बनना चाहिए। बाद में ऐसा हुआ भी।

अच्छे छात्रों की पहली पसंद पटना विश्वविद्यालय होती थी। इसलिए यहाँ पढ़ाई का अच्छा माहौल था। फिर भी यदा-कदा जातीय आधार पर मार-पीट हो जाया

करती थी। कभी-कभी कॉलेजों के बीच और कभी छात्रावासों के बीच झगड़े और मार-पीट भी होते थे। एक बार जैक्सन हॉस्टल और मिंटो हॉस्टल के बीच क्रिकेट मैच हो रहा था। उसी में झगड़ा हुआ और मार-पीट हो गई। हम लोगों ने मच्छरदानी के डंडे से मिंटो हॉस्टल वाले लोगों की पिटाई शुरू कर दी। पिटाई के लिए खदेड़ते समय हम में से कुछ छात्रों को पीरबहोर के पुलिस इंस्पेक्टर ने पकड़ लिया, जो वहाँ गश्ती कर रहे थे। जब हमें पुलिस की जीप में बैठाया गया, तो हम में से कुछ डर से रोने भी लगे। बाद में उस इंस्पेक्टर ने उन लोगों को भविष्य में मार-पीट नहीं करने की कसम भी खिलवाई और मिठाई भी खिलाई।

हम लोग शाम में पटना मार्केट घूमने जाते थे। मुझे पान की लत बचपन में ही लग गई। मैं मिथिला का रहने वाला था, जहाँ अतिथियों का स्वागत पान-सुपारी आदि से होता है। वहाँ पुरुषों के साथ महिलाएँ भी पान-सुपारी खाती हैं। जब मैं गेस्ट को पान-सुपारी देने जाता तो थोड़ा मुँह में रख लिया करता। नौवे-दसवें क्लास से पान के साथ जर्दा भी लेने लगा। पटना कॉलेज में गुल से मुँह धोना और पान खाना दिनचर्या में शामिल हो गया। गुल मंजन से मुँह धोने पर एक नशा भी चढ़ता है। जब मैं केंद्रीय प्रतिनियुक्ति पर दिल्ली गया, तब पान छूटा। कारण था कि पीकदान नहीं था और मीटिंग में पान खाना भद्दा लगता था। उसकी जगह पान पराग और जर्दा आ गया, जो अभी तक चल रहा है।

कॉलेज टाइम में कभी-कभी हम लोग भांग भी खा लिया करते थे। एक बार मुझे भांग खाकर काफी नशा चढ़ गया। मैं रात के खाने में सामान्यतः तीन रोटी खाता था, लेकिन उस दिन छह-सात रोटियां खाईं और हँसता रहा। जब दोस्तों ने समझा कि कुछ गड़बड़ है तो वे लोग मुझे पीएमसीएच ले गये। पीएमसीएच में डॉक्टर ने काफी बेइज्जती की। डॉक्टर ने कहा कि माँ-बाप ने पढ़ने के लिए भेजा है और बेटा यहाँ भांग खाकर अय्याशी कर रहा है। भांग के नशे में मेरे दिमाग में आया कि अगर मैं भांग के कारण मर गया, तो मेरे माता-पिता को कैसा लगेगा। मुझे तो सेना में लड़ते हुये मरना चाहिए। यह बात जो घुसी वह दिमाग से निकली ही नहीं। खैर, डॉक्टर ने पानी में कुछ दवा मिलाकर मुझे काफी मात्रा में पिलाया, जिससे काफी उल्टी हुई और भांग का असर धीरे-धीरे खत्म हुआ।

उस समय दबंग छात्रों के लिए कॉलेज में चाकू रखना एक फैशन था। मेरे पास भी एक अच्छा चाकू था। जेपी आंदोलन के क्रम में पढ़ाई बाधित हुई थी तो काफी छात्र परीक्षा की तिथि को आगे बढ़ाना चाहते थे। मैं इस दल का नेतृत्व कर रहा था। कुछ लड़के इसका विरोध भी कर रहे थे। हम लोग विश्वविद्यालय के कुलपति के यहाँ परीक्षा की तिथि बढ़ाने और मेमोरन्डम देने गये तो लौटते समय हमें वे छात्र मिल गये जो हमारा विरोध कर रहे थे। हमारी संख्या देखकर अधिकांश छात्र तो भाग गये, लेकिन उनका नेता मुझसे उलझ गया। मुझे चाकू चलाना पड़ा, लेकिन जैसे ही हमारे हाथ से चाकू आगे बढ़ा, मेरे एक दोस्त ने मेरे हाथ को जोर से पकड़ लिया, जिससे उसको चाकू नहीं लगा। बाद में वह लड़का मेरा काफी अच्छा दोस्त बन गया और भारतीय पुलिस सेवा में चयनित भी हुआ।

पटना कॉलेज से इंटर करने के बाद भूगोल में बीए (ऑनर्स) भी वहीं से किया। भूगोल का सिलेबस ऑक्सफोर्ड यूनिवर्सिटी की कॉपी ही था। तब काफी अच्छी पढ़ाई होती थी। प्रो. पी.दयाल और प्रो. इनायत अहमद नामी-गिरामी प्रोफेसर थे। मेरे प्रिय शिक्षक प्रो. एल.एन. राम और डॉ. रासबिहारी सिंह थे। दोनों शिक्षकों ने भूगोल के विकास में महत्वपूर्ण योगदान दिया। दोनों भूगोल जैसे विषय को रोचक ढंग से पढ़ाने के लिए प्रसिद्ध थे और चाहते थे कि भूगोल एक अकादमिक विषय बनकर नहीं रह जाये, सामाजिक समस्याओं के समाधान में नीतिकारों को सहयोग करे।

जेपी मूवमेंट के दौरान हॉस्टल खाली करा दिया गया था। मैं जैक्सन हॉस्टल खाली कर अपने एक साथी काशीनाथ शुक्ला के साथ रहने लगा था। पटना के भिखना पहाड़ी मोहल्ले में वह किराये के मकान में रहता था। एक बार वहीं मैं एक अन्य मित्र रणवीर के साथ बैठकर ताश खेल रहा था तो दूर से सुरेंद्र भगत आता दिखा। सुरेंद्र भगत साइंस कॉलेज में टॉप करता था और मैं पटना कालेज में। पटना यूनिवर्सिटी का बेस्ट ग्रेजुएट प्रायः साइंस कॉलेज का ही कोई स्टूडेंट होता था। पासकोर्स और ऑनर्स के अंक जोड़कर बेस्ट ग्रेजुएट तय होता था। उस दिन परीक्षाफल प्रकाशित हुआ था। सुरेंद्र भगत को आता देख मुझे लगा कि वह यह बताने आ रहा है कि वह यूनिवर्सिटी का बेस्ट ग्रेजुएट हो गया है। लेकिन इसके उलट उसने बताया कि मैं बेस्ट ग्रेजुएट हूँ।

भूगोल और राजनीति शास्त्र मेरे विषय थे। मेरे अंक तो इंटर से ही काफी अच्छे आ रहे थें। मैं कॉलेज में अपने विषय में पहले स्थान पर तो रहता ही था। लेकिन बेस्ट ग्रेजुएट हो जाऊँगा, इसका तो भान भी मुझे नहीं था।

पटना कॉलेज से भूगोल (ऑनर्स) करने के बाद वहाँ से विदा होने की बेला आई। हम लोगों से एक साल जूनियर छात्रों ने 'फेयरवेल' का आयोजन रखा। 'फेयरवेल' वाले दिन जब मैंने हॉल में पान खाते हुए अपने दोस्तों के साथ प्रवेश किया, तो मेरी नजर एक लड़की से टकरा गई। वह मुस्कुरा दी। मैं भी मुस्कुराया। उस समय कौन जानता था कि चार-पाँच साल बाद उसी लड़की से मेरी शादी होने वाली है। पूर्णिमा नाम था उसका। बाद में नोट्स के सिलसिले में भी एक-दो बार उससे मुलाकात हुई।

एक और रोचक कहानी यह है कि उस जमाने में पटना यूनिवर्सिटी में टॉप करने पर बैंकों से नौकरी के प्रस्ताव आते थे। भिखना पहाड़ी वाले दोस्त काशीनाथ शुक्ला ने बाद में बताया कि किसी बैंक से मेरे नाम नियुक्ति-पत्र आया था। सोचता हूँ, उस समय अगर मैंने बैंक की नौकरी ज्वाइन कर ली होती, तो आज मेरी कहानी कुछ और होती।

जब मैं ग्रेजुएशन के बाद आगे की पढ़ाई के लिए दिल्ली का रुख कर रहा था, तब प्रोफेसरों ने कहा कि क्यों जा रहे हो, तुम टॉपर हो, यहीं लेक्चरर की नौकरी लग जायेगी। उस समय वीसी के पास लेक्चरर नियुक्त करने का पावर होता था। लेकिन मैं रुका नहीं। 1977-78 में जेएनयू में आ गया। एक साल बाद पूर्णिमा भी जेएनयू में चली आई। वह खुले विचारों की थी और समाज-निर्मित सारी वर्जनाओं को तोड़ती खुले आकाश में अपनी पसंद की जिंदगी जीना चाहती थी।

3

जेएनयू में पढ़ते आईएएस में चयन

जेपी मूवमेंट के कारण पटना यूनिवर्सिटी का सत्र पिछड़ गया था। इसलिए बड़ी संख्या में बिहार के छात्रों ने आगे की पढ़ाई के लिए दिल्ली जाने का निर्णय लिया। उच्च शिक्षा के लिए पहली बार बड़ी संख्या में छात्र बिहार से दिल्ली गये। अधिकांश लोगों ने दिल्ली विश्वविद्यालय एवं जवाहरलाल नेहरू विश्वविद्यालय में नामांकन कराया। मैं जब अपने स्नातक (सम्मान) की मार्कशीट लेकर दिल्ली विश्वविद्यालय में गया तो वहाँ दिल्ली स्कूल ऑफ इकोनॉमिक्स में नामांकन के लिए स्वीकार कर लिया गया एवं डीयू के अच्छे छात्रावास में जगह भी मिल गई। लेकिन मैंने जेएनयू में एडमिशन के लिए प्रवेश परीक्षा दी और वहाँ सेंटर फॉर रिजनल डेवलेपमेंट में भूगोल विषय में एमए के लिए चयनित हुआ।

जवाहरलाल नेहरू विश्वविद्यालय अपने ढंग का भारत का एक अनोखा विश्वविद्यालय है, जो ज्ञान के विभिन्न विषयों में शोध और उच्च शिक्षा के लिए स्थापित किया गया था। इसका चरित्र अंतर्राष्ट्रीय विश्वविद्यालय की तरह है, जहाँ देश के सभी राज्यों एवं कई देशों के छात्र उच्च शिक्षा के लिए आते हैं। जवाहरलाल नेहरू विश्वविद्यालय में दाखिला एक परीक्षा के माध्यम से होता था और परीक्षा के अंक के साथ-साथ सामाजिक एवं आर्थिक पिछड़ेपन को भी तवज्जो मिलती थी। इस कारण जवाहरलाल नेहरू विश्वविद्यालय में बड़ी संख्या में पिछड़े राज्यों एवं गरीब परिवारों

के बच्चे पढ़ने आये। विश्वविद्यालय का अंतर्राष्ट्रीय स्वरूप होने के कारण यहाँ के छात्रों को एक बड़ा कैनवास मिला, जिसमें विभिन्न रीति-रिवाज, संस्कृति, भाषा के लोग एक साथ रहते और पढ़ते हैं। जवाहरलाल नेहरू विश्वविद्यालय मूल रूप से एक आवासीय विश्वविद्यालय है, जहाँ लगभग सभी छात्र छात्रावास में ही रहते हैं और इस प्रकार जवाहरलाल नेहरू विश्वविद्यालय एक अंतर्राष्ट्रीय स्तर का परिवार-सा बन गया। यहाँ एक-दूसरे के विचारों को समझने और जानने का मौका मिला। चूँकि विश्वविद्यालय में छात्र स्नातक के बाद आते थे, इसलिए अन्य विश्वविद्यालयों की तुलना में अधिक मेच्योर होते थे।

शुरू में यहाँ वामपंथी एवं समाजवादी विचारधाराओं की प्रमुखता रही। लोग खुली बहस करते थे। देश के प्रमुख विचारकों का यहाँ भाषण होता था और नामी व्यक्तियों के सांस्कृतिक कार्यक्रम भी होते थे। यहाँ हमने राष्ट्रीय स्तर के संगीतकारों को सुना, अच्छे-अच्छे नाटक देखें और देश के प्रसिद्ध विद्वानों के विचार सुनें। यहाँ तक कि छात्रसंघ के चुनाव में अभ्यर्थी को सार्वजनिक मंच से डिबेट में भाग लेना होता था, जो अपना पक्ष छात्रों के समक्ष रखते थे और जिसके आधार पर छात्र उनका मूल्यांकन करते थे। विश्वविद्यालय के शिक्षकों के साथ भी दोस्ताना और पारिवारिक संबंध रहता था, क्योंकि छात्र एवं शिक्षक दोनों विश्वविद्यालय परिसर में ही रहते थे। जब भी पढ़ाई-लिखाई में कोई दिक्कत आती तो छात्र सीधे अपने शिक्षक के पास कभी भी चले जाते और शिक्षक उनकी समस्या का निराकरण करते। जवाहरलाल नेहरू विश्वविद्यालय में जो एक बात मुझे बहुत अच्छी लगी वो ये थी कि किसी भी छात्र के पास कार या जीप नहीं थी। अधिकांश लोग साइकिल, मोटर साइकिल से विद्यालय परिसर में घूमते थे। सूट-बूट का कोई प्रचलन नहीं था। सभी प्रायः जींस की पैंट और खादी के पजामे-कुर्ते में रहते थे। जवाहरलाल नेहरू विश्वविद्यालय की एक दूसरी विशेषता थी कि यहाँ अंतर्राष्ट्रीय समस्याओं पर भी काफी वाद-विवाद, पोस्टरबाजी एवं रैलियां निकलती थी। इससे लोगों को देश के अलावा दुनिया की स्थिति की भी जानकारी हो जाती थी और छात्रों की सोच भी अंतर्राष्ट्रीय हो जाती थी।

जेएनयू का उस समय अरावली पहाड़ी के काफी बड़े क्षेत्र में आधुनिक ढंग से एक परिसर तैयार हो रहा था। जब हम लोगों का वहाँ एडमिशन हुआ तो नये परिसर में छात्रावास तो बन गये थे, लेकिन पढ़ाई का काम नीचे के परिसर के भवन में होता था। नीचे का भवन एवं परिसर केंद्र सरकार द्वारा प्रशिक्षण के लिए तैयार किया गया था। इसलिए हम लोग पढ़ाई तो नीचे के परिसर में करते, लेकिन रहते ऊपर के परिसर अवस्थित छात्रावास में। नये परिसर में पुस्तकालय भी नहीं बना था। पुस्तकालय को भी नीचे के परिसर में चलाया जा रहा था। इस कारण हम लोगों को दिन में कई बार ऊपर-नीचे करना पड़ता। हालाँकि इन परिसरों के बीच कुछ बसें चलती थीं। लेकिन दोनों परिसर के बीच पहाड़ी होकर एक शॉर्टकट रास्ता था, जिसका उपयोग हम लोग ज्यादा करते थे। जेएनयू के भवनों की वास्तुकला भी अलग है। इसमें नालंदा विश्वविद्यालय के खंडहर की झलक मिलती है। भवन को एक्सपोज ईंटों से बनाया गया है, जिस पर सीमेंट या किसी अन्य प्रकार का आवरण नहीं है। हर कमरे के पीछे एक बालकनी होने से इंडोर-आउटडोर दोनों की फीलिंग होती है। छात्रावासों के बीच काफी खुली जगह मैदानों के रूप में विकसित की गई है। पहाड़ियों में जहाँ झाड़ियाँ थीं, वहाँ पेड़ और बोगनबेलिया के पौधे लगाये गये। यहाँ पूरे क्षेत्र के टोपोग्राफी को भी यथासंभव प्राकृतिक रखने का प्रयास किया गया था।

जेएनयू में पढ़ाई का तरीका अलग था। कई सेंटर्स को इंटीग्रेट कर एक स्कूल बनाया गया था और सेंटर में भी कई विषयों को मिलाकर एक इंटीग्रेटेड कोर्स। मैं स्कूल ऑफ सोशल साइंस के अंतर्गत सेंटर फॉर रिजनल स्टडीज में पढ़ता था और वहाँ से मुझे स्नातकोत्तर की डिग्री भूगोल विषय में मिली। वहाँ केवल ट्रेडिशनल भूगोल की पढ़ाई नहीं होती थी। भूगोल केंद्र में था, लेकिन साथ ही इतिहास, राजनीति शास्त्र, समाजशास्त्र, योजना, सांख्यिकी आदि की भी पढ़ाई पढ़नी होती थी। छात्रों का मूल्यांकन केवल अंतिम परीक्षा से नहीं होता था, उनका सतत् मूल्यांकन होता था। कई रिसर्च पेपर लिखने पड़ते। सेमिनार में भाग लेना पड़ता और इंटरव्यू आदि होता। कई विषयों की परीक्षा में तो किताब ले जाने की छूट होती और समय की भी कोई पाबंदी नहीं होती। यह सब हम लोगों के लिए बहुत नया था। हम परीक्षा के बीच में जाकर चाय पी आते और नाश्ता कर आते और फिर लिखते। शिक्षक एक घंटे के एक

क्लास लेने के लिए तीन-चार घंटे की तैयारी करते। हम अपने शिक्षकों के आवास पर भी जाते, जहाँ से रिसर्च में मदद और मार्गदर्शन पाते। इससे अधिकांश छात्र-छात्राओं का शिक्षकों से पारिवारिक संबंध हो गया था।

हमारे यहाँ एक धारणा है कि अगर पढ़ाई कर जीवन में सफल होना है तो प्यार-वार के चक्कर में मत पड़ो। जेएनयू इस धारणा को तोड़ता है। यहाँ के माहौल में इतना खुलापन था कि प्रायः सभी छात्र मेच्योर थे। अन्य विश्वविद्यालयों की तुलना में यहाँ लड़के-लड़कियों में मेल-जोल ज्यादा था। लड़कियाँ देर रात तक लड़कों के छात्रावासों में रहतीं और साथ पढ़ाई करती थीं, जिसे बुरा नहीं माना जाता था। साथ-साथ पढ़ने, घूमने, क्लास एवं पुस्तकालय में समय गुजारने के कारण लोग एक-दूसरे को अच्छी तरह जान जाते थे। दोस्ती के बाद प्यार और प्यार के बाद प्रेम-विवाह कोई नई बात नहीं थी। कई शादियाँ अंतरधार्मिक, अंतरजातीय एवं अंतरक्षेत्रीय भी हुईं।

उस समय बिहार से किसी लड़की का जेएनयू में पढ़ने जाना साहसिक और ऐतिहासिक कदम माना जाता था। उस समय अधिकांश माँ-बाप लड़कियों को अपने साथ ही रखकर पढ़ाते थे। कुछ बाहर भेजते भी थे तो परंपरागत विश्वविद्यालय में। यहाँ तो जेएनयू जाने की बात थी। लेकिन पूर्णिमा ने दाखिला लिया। जेएनयू के हॉस्टल नदियों के नाम पर हैं। मैं कावेरी में था, वह झेलम में। कभी-कभी वह मुझसे नाराज भी हो जाती। मैं उसे मनाने किसी मित्र को साथ लेकर जाता। मैं जानता था कि मेरी आवाज पर वह कमरे से बाहर नहीं आएगी, इसलिए मेरा मित्र नीचे से आवाज देता। पूर्णिमा बालकनी में आती। मित्र के साथ मुझे देखती। अब तो वह चाहकर भी गुस्सा नहीं हो सकती थी। हम दोनों में रूठने-मनाने का दौर चलता रहा। समय बीतता रहा। इसी बीच मेरा चयन आईएएस में हो गया। प्रशिक्षण के लिए मसूरी आ गया।

जेएनयू में ज्यादा लोग जींस और खादी के कपड़े पहनते थे। जींस की पैंट और खादी के कुर्ते में हम पुस्तकालय में पढ़ते-पढ़ते फर्श पर लेट जाते और आराम करते। किताब हमारा तकिया होती थी। पुस्तकालय काफी समृद्ध था। किताबें एवं पत्रिकाओं की कोई कमी नहीं थी। चाय, नाश्ता भी पुस्तकालय के कैंटीन में काफी सस्ता था। हम लोग क्लास के बाद ज्यादा समय पुस्तकालय में ही बिताते।

मैंने अपने विभाग में सर्वाधिक अंक प्राप्त किये और एम.फिल के लिए उसी विभाग में पंजीकृत हुआ। मुझे यूजीसी की छात्रवृत्ति भी मिलती थी, जो उस समय के खर्च के लिए काफी होती थी। जेएनयू के छात्र फैशन नहीं करते थे और शायद ही किसी छात्र के पास अपनी कार थी। पुस्तकालय रात के बारह बजे तक खुला रहता था। हम लोग मेस से रात का खाना लेकर पुस्तकालय चले जाते थे और वहाँ से रात के एक बजे वापस आते थे। इस विश्वविद्यालय में अधिकांश विषयों में स्नातकोत्तर की पढ़ाई होती थी, इसलिए अन्य सामान्य विश्वविद्यालयों के छात्रों की तुलना में यहाँ के छात्रों की उम्र कुछ ज्यादा होती थी। वे ज्यादा वयस्क भी होते थे।

यहाँ विभिन्न राज्यों के छात्र पढ़ते थे तथा उनकी आपस में बातचीत की भाषा अंग्रेजी थी। इससे बिहार और उड़ीसा से आए छात्रों को अंग्रेजी सीखनी पड़ी। हम एक-दूसरे की संस्कृति, भाषा एवं पर्व-त्योहारों से भी अवगत हुए। जेएनयू में कई ढाबे दिन-रात खुले होते थे। इसलिए छात्र दिन-रात पढ़ाई करते और ढाबे में जाकर चाय-नाश्ते के साथ हर विषय पर बातचीत करते। सुबह उठने में देर होती थी, इसलिए मैंने अपना टूथब्रश-पेस्ट विभाग में ही छोड़ रखा था, जहाँ पैक्ड नाश्ता लेकर जाता और वहीं हाथ-मुँह धोकर नाश्ता करता। बिहार के लोगों को खाने में कई तरह की चीजों को खाने की आदत थी। विश्वविद्यालय के अधिकांश कर्मचारी घर से रोटी लाते थे और ढाबे में एक कढ़ी, राजमा या मूँग की दाल लेकर पूरा खाना खा लेते, जो हमें अटपटा लगता। मेरे सेंटर के सामने एक दक्षिण भारतीय व्यंजनों का ढाबा था, जहाँ मुझे वड़ा एवं नारियल की चटनी खाने की आदत लगी। उसी के सामने एक पान की दुकान थी, जहाँ हम पान खाने जाते थे।

भूगोल के पाठ्यक्रम में क्षेत्रीय अध्ययन शामिल था। हम लोगों के समय यह कार्य लद्दाख में रखा गया। पहले लद्दाख में भारतीयों के लिए अंदर जाना भी कठिन था। हम लोगों को भी लद्दाख क्षेत्र में यात्रा करने के लिए स्थानीय प्रशासन से अनुमति लेनी पड़ी। लद्दाख में काफी ठंड होती थी, इसलिए यात्रा के लिए काफी तैयारी की गई थी। मुझे टीम का दलनायक बनाया गया था।

डॉक्टरों द्वारा सबको ब्रांडी ले चलने को कहा गया था। अधिक ठंड होने पर ब्रांडी से मालिश की जाती थी और पानी में मिलाकर पिया भी जाता था। इस यात्रा की शुरुआत के लिए हम कारगिल पहुँचे। कारगिल में आर्मी का बड़ा बेस था। हम दो-तीन लड़के भोजपुरी में बात करते हुए आर्मी कैंप के सामने से गुजर रहे थे, तभी दो संतरी ने भोजपुरी सुनकर हमें रोका और बड़े खुश हुए। वे बिहार के थे, उन्होंने हमें रात के खाने के लिए कैंप में बुलाया। हम लोगों को खाने के साथ रम भी पीनी पड़ी। कारगिल से निकलने के बाद हमें कई जगह टेंट में रहना था। अधिकांश ट्रैकिंग सुबह पाँच बजे से दिन के दस बजे तक कर लेनी होती थी, जब बर्फ जमी हो। दस बजे के बाद बर्फ पिघलने लगती तो ट्रैकिंग मुश्किल हो जाती। हमारा टेंट एवं सामान पोनी पर ढोया जाता। दलनायक होने के कारण ट्रैकिंग का रास्ता चुनने का दायित्व मेरा था। कई जगह छोटे-छोटे नालों को पार करने के लिए रास्ता खोजा जाता। जहाँ पानी का बहाव कम हो, नाले के दूसरी तरफ रस्से पकड़ने होते। बाकी लोग रस्से को पकड़कर पार होते। पानी से होकर नाले की दूसरी तरफ जाते ही पाँव काफी ठंडे हो जाते थे, जिस पर ब्रांडी की मालिश करनी पड़ती थी। लद्दाख के अंदरूनी क्षेत्र में हम लोग ट्रैकिंग कर रहे थे। वहाँ पेड़-पौधे काफी कम थे और पूरा क्षेत्र एक तरह का ठंडा रेगिस्तान था। कई जगह तो छोटे-छोटे ग्लेशियर के किनारे थे, जहाँ पानी होता था, वहाँ टेंट लगाया जाता। अधिक ऊँचाई पर ऑक्सीजन की कमी होती थी और साँस लेना मुश्किल होता था। खिचड़ी बनाने में चावल गलकर पानी हो जाता, लेकिन दाल गलती ही नहीं थी।

लद्दाख क्षेत्र में दो तरह के लोग थे। एक बौद्ध और दूसरे मुस्लिम। बौद्ध लोगों के बीच नियम था कि परिवार का बड़ा लड़का गुम्फा में धर्म का काम करेगा और शादी नहीं करेगा। उधर मुस्लिमों में नियम था कि एक लड़की की शादी परिवार के कई लड़कों से हो जाती, क्योंकि लड़की की कमी थी। बौद्ध और मुस्लिम लोग गाँव में अगल-बगल के घरों में प्रेमपूर्वक रहते थे। अनाज के रूप में जई (वार्ली) होती थी, जिसे वे आटा बना कर खाते और उससे छांग बनाते। छांग जई से बनने वाली एक तरह की वाइन थी। वहाँ अलग किस्म की गाय होती थी, जिसे याक कहा जाता था। वे इसका दूध पीते थे। दूध से मक्खन निकालते थे। इन याकों को गर्मी के दिनों में ऊँचाई

पर ले जाते और ठंड में पहाड़ के नीचे मैदानों में ले आते। वहाँ भेड़ का मांस खाया जाता था और मुर्गी भी मिलती थी। उन्हें बाहर की दुनिया से कुछ ही चीजों की जरूरत होती थी जैसे नमक, चीनी, केरोसिन तेल आदि।

अधिकांश लोग लद्दाख से बाहर गये ही नहीं थे। ठंड इतनी थी कि हमारे चेहरे का उभरा भाग काला होने लगा। ये सूर्य की रौशनी के प्रवर्तन के कारण था। हम लोगों ने रास्तें में एक भेड़ खरीदी। आधी भेड़ तो बनाकर हम लोग खा गये। शेष आधे को एक पेड़ की टहनी से बांध दिया गया। स्थानीय लोगों ने बताया कि जब हम आगे ट्रेक से वापस आयेंगे तब भी भेड़ का मांस खाने लायक रहेगा। यहाँ प्रकृति ही रेफ्रिजरेटर का काम कर रही थी। लोगों का पैसे से बहुत परिचय नहीं था। जब हम मुर्गा खरीदते तो वे हमारे पर्स का बड़ा नोट लेना चाहते और सिक्कों को भी वजन से। ऐसा इसलिए था कि लद्दाख का वह क्षेत्र बाहर के लोगों के लिए अभी-अभी खुला था। एक बार जब हम ट्रैकिंग कर रहे थे तो सामने के पहाड़ से अचानक जमा पानी पत्थर के खिसकने से तेज धाराओं के रूप में नीचे की ओर आया। हम लोग किसी तरह जान बचाकर भागे।

हम लोगों की यात्रा कारगिल से पदम नामक स्थान तक की थी। जब हम पदम के काफी करीब पहुँच गये थे और सुबह के आठ बजे थे तो हम लोगों ने पदम की दिशा से एक सरदार जी को आते देखा। सरदार जी अकेले एक बैग लिए आ रहे थे। हम चकित थे, अकेले सरदार जी इस जगह पर क्या कर रहे हैं। मिलने पर सरदार जी ने बताया कि यह क्षेत्र अब आम लोगों के लिए खुला है, इसलिए लोगों को खाने-पीने की जरूरत तो होगी। इसलिए पदम में एक ढाबा खोलने की योजना है। हम समझ गये कि क्यों पूरे देश और दुनिया में सरदार जी मिलते हैं।

पदम एक बड़ा गाँव था। बिजली कुछ घंटों के लिए जेनरेटर से मिलती थी। जब हम पदम पहुँचे तो पता चला कि उस गाँव में कोई शादी हो रही है। उस शादी में हमें भी आमंत्रित किया गया। शाम को हम लोग किसी तरह वहाँ पहुँचे, क्योंकि कई जगह बर्फ पिघलकर पानी हो गया था। घर के अंदर जाने पर जिस लड़की की शादी हो रही थी, वह एक बड़े घड़े के बगल में बैठी थी और उसके चारों ओर शादी में भाग लेने वाले लोग थे। सबके हाथ में एक छोटा पीतल का गिलास दिया गया था। मकान के

सीलिंग पर भेड़ का मांस टुकड़े में टंगा हुआ था और नीचे अलाव के धुएँ से पक रहा था। हमें उसी भेड़ के मांस का टुकड़ा और घड़े से छंग दी गई। कुछ लड़कियाँ जो शराब नहीं पीती थीं, उन्हें शराब पीने वाले लड़के-लड़कियों के बगल में बिठाया गया। क्योंकि उनका एक नियम था कि शादी वाली लड़की बारी-बारी से सबके पास जायेगी, जिसके पास वो जायेगी उसका गिलास कुछ खाली होना चाहिए। वह खाली गिलास को भर देगी। गिलास खाली नहीं करने पर लड़की का अपमान होता। हम लोग कुछ घंटों में नशे में आने लगे। देर रात उस परिवार से विदा लेकर किसी तरह अपने टेंट तक पहुँचे।

हम जब सुबह ट्रैकिंग शुरू करते तो काफी गर्म कपड़े, स्वेटर, कोट, दस्ताने आदि के साथ यात्रा शुरू होती। पाँव में ऊनी मोजे और बूट होते। लेकिन कुछ ही देर ट्रैकिंग करने के बाद अंदर से गर्मी लगती और चारों तरफ बर्फ होने के बावजूद हम लोग धीरे-धीरे कपड़ा हटाते। शायद हमारे शरीर को वहाँ की ठंड का अभ्यास हो गया था। यह पूरी एक महीने की यात्रा मेरे लिए काफी रोमांचक और ज्ञानवर्द्धक रही। इसी यात्रा ने मुझे शराब पीने की आदत लगा दी।

मैं अपने जीवन में अधिकांश शिक्षकों का प्रिय छात्र रहा लेकिन जिन लोगों ने मुझे विशेष रूप से प्रभावित किया उनमें एक प्रमुख शिक्षक अमेरिका से जवाहरलाल नेहरू विश्वविद्यालय में आये जोसेफ ई स्वाट्सवर्ग थे। जब मैं जवाहरलाल नेहरू विश्वविद्यालय में भूगोल पढ़ता था तो मुझे इनके साथ छह महीने तक काम करने का मौका मिला। स्वाट्सवर्ग अमेरिका के भूगोल के एक प्रसिद्ध विद्वान थे, जो जवाहरलाल नेहरू विश्वविद्यालय में एक वर्ष के लिए आये थे। इनसे मैंने सीखा कि शोध कितना कठिन, समय लेने वाला एवं ईमानदारी का काम है। उन्होंने अपने तीस वर्ष के कार्यकाल में केवल छह शोध पेपर प्रकाशित किये थे और दक्षिण एशिया का एक सांस्कृतिक एटलस बनाया था। सांस्कृतिक एटलस बनाने में तो उन्हें सत्रह वर्ष लगे थे। उनके शोध अंतर्राष्ट्रीय स्तर पर उत्कृष्ट कोटि के माने जाते थे। हिंदुस्तान की जातियों का अध्ययन तो मेरे लिए आश्चर्यजनक था। जातियों की जितनी जानकारी उनके शोध में थी उतनी मुझे भी नहीं थी। मैंने उनके साथ शोध प्रोजेक्ट में भी काम

किया। वे कमरों में रहकर शोध करना पसंद नहीं करते थे बल्कि डाटा कलेक्शन जैसे रूटीन काम के लिए हम लोगों के साथ फिल्ड में होते थे। दूसरे शिक्षक प्रो. एजाज अहमद थे, जो हमारे जवाहरलाल नेहरू विश्वविद्यालय में हमारे केंद्र के विभागाध्यक्ष भी थे। वे सरलता की प्रतिमूर्ति थे और उनका पूरा जीवन भूगोल के लिए समर्पित था। मैं अपने वर्ग में उनका सबसे प्रिय छात्र था और उनसे हमारे संबंध पारिवारिक हो गये थे। उन्होंने मुझे सामाजिक भूगोल में पीएचडी करने के लिए प्रेरित किया। सामाजिक भूगोल का विषय नया था लेकिन संभावनाएं बहुत थी। भौगोलिक दृष्टि से सामाजिक संस्थाओं का अध्ययन बहुत कम ही हुआ था। परिवार, जाति एवं समुदाय के क्षेत्रीय वितरण एवं विकास के प्रभाव पर बहुत कम शोध थे। उन्होंने मुझे सामाजिक समस्याओं को देखने की एक नई दृष्टि दी।

विश्वविद्यालय में एक व्यवस्था थी कि अगर किसी छात्र के एम.फिल. में ए ग्रेड (75 प्रतिशत अंक) आ जाये तो पीएचडी में नामांकन के लिए परीक्षा नहीं देनी पड़ती थी, केवल इंटरव्यू होता था। मेरा ए ग्रेड आया था। पीएचडी के लिए प्रो. एजाज अहमद मेरे गाइड थे। वे सामाजिक भूगोल के देश के नामी प्रोफेसर थे। जब वरीय शिक्षकों की टीम द्वारा मेरा पीएचडी के लिए इंटरव्यू हुआ तो मुझे केवल अपने रिसर्च का टॉपिक बताना पड़ा। मेरे गाइड ने कहा कि मैं इस छात्र का गाइड बनने के लिए तैयार हो गया हूँ। अगर किसी सदस्य की कोई पृच्छा है तो उनसे की जाये। उनके इस बात के बाद तो मेरा इंटरव्यू ही समाप्त हो गया और मेरा पीएचडी में नामांकन हो गया।

मेरे गाइड ने रिसर्च का ऐसा विषय रखा था, जिससे मुझे बाद में जेएनयू में व्याख्याता बनने में सुविधा हो। वे चाहते थे कि मैं जेएनयू में ही पढ़ाऊँ और सामाजिक भूगोल में रिसर्च करूँ। लेकिन अन्य छात्रों की तरह पढ़ाई के साथ-साथ मैं भी नौकरी की तलाश में था। मैंने दो बैंकों में प्रोबेशनरी ऑफिसर के लिए परीक्षा दी और दोनों में फेल हो गया। इसके बाद मैं यूपीएससी की परीक्षा की तैयारी में लग गया। एम.फिल समाप्त होते ही मैं भारतीय प्रशासनिक सेवा में आ गया।

जेएनयू में अधिकांश लड़के एमए के बाद विभिन्न प्रतियोगी परीक्षाओं में भाग लेते थे। मैंने भी अखिल भारतीय सेवाओं के लिए आयोजित परीक्षा में भाग लिया।

भारतीय प्रशासनिक सेवा के प्रारंभिक परीक्षा का जब रिजल्ट निकला तो अखबार में प्रकाशित रिजल्ट में मेरा रोल नंबर नहीं था। चूँकि विश्वविद्यालय के अधिकांश छात्र मुझे एक तेज छात्र के रूप में जानते थे, इसलिए उन्होंने माना कि मैं तो प्रारंभिक परीक्षा पास कर ही गया होऊँगा। सुबह-सुबह बधाइयाँ भी मिलने लगीं। मैंने भी किसी को कुछ नहीं कहा और यह मानते हुए कि मैं प्रारंभिक परीक्षा में पास नहीं हुआ, अपना ध्यान एम.फिल के रिसर्च पर लगाने लगा।

एक महीने बाद जब मैं पान खाने यूनिवर्सिटी गेट पर गया तो इच्छा हुई कि सामने लगी बस पर बैठ जाऊँ। सामने वाली बस 623 नंबर की थी, जो शाहजहाँ रोड पर यूपीएससी बिल्डिंग होते हुए जाती थी। मैं उस बस में चढ़ गया, जब यूपीएससी बिल्डिंग पहुँचा तो मन हुआ कि उतर जाऊँ। मैं यूपीएससी के कार्यालय के रिसेप्शन पर गया और रिसेप्शन के सामने दीवार पर चिपके यूपीएससी के प्रारंभिक परीक्षा के परीक्षाफल को देखा। हाल में हुई वर्षा से कुछ पन्ने फट गए थे, जिससे परीक्षाफल साफ पता नहीं चल रहा था। तब मैंने रिसेप्शन में जाकर रिसेप्शनिस्ट से पूछा कि मुझे परीक्षाफल पता करना है। उसने रोल नंबर माँगा और मैंने उसे तीन रोल नंबर दिये, जिनमें एक मेरा था। महिला ने रजिस्टर से देखकर कहा—मिठाई खिलाओ, तीनों पास कर गये हो। मैंने कहा, ध्यान से देखिए दो ही पास हुए होंगे, एक नहीं। तो उसने रजिस्टर दिखाया, जिसमें तीनों नंबर वाले उम्मीदवार पास थे। रजिस्टर देखने से स्पष्ट हुआ कि अखबार में किसी कारण से क्रमांक 65000 और 65100 के बीच यद्यपि तीन छात्र उत्तीर्ण थे, लेकिन किसी का परीक्षाफल अखबार में नहीं आया था। ये पूरी घटना मुझे जादुई लगी। एक महीने बाद परीक्षाफल जानने के कारण तैयारी का समय आधा हो गया था। खैर, मैं छात्रावास लौटा, बचे हुए समय में मुख्य परीक्षा की तैयारी शुरू की।

मुख्य परीक्षा हुई। मैं इसमें सफल रहा। इंटरव्यू के लिए क्वालिफाई कर गया। इंटरव्यू कुछ विचित्र ही हुआ। इंटरव्यू कमेटी की अध्यक्षा ने कहा कि वह बिहार गई थी, वहाँ उनके जैसी बूढ़ी औरत को खाने के लिए ठेकुआ दिया गया, जिसे चबाना बहुत मुश्किल था। मैंने समझाया कि वह तो बिहार के प्रमुख पर्व छठ का प्रसाद था

और उसे प्रसाद के रूप में खाना होता है। वह प्रसाद भी पौष्टिक तत्वों से बना होता है और स्वास्थ्य के लिए बहुत लाभदायक होता है। दूसरे, तीसरे सवाल पर भी बहुत बहस हो गई। मुझे तो लगा कि इंटरव्यू अच्छा नहीं हो पाया और शायद ही पास कर पाऊँ। लेकिन बाद में जब परीक्षाफल निकला तो मेरे इंटरव्यू में काफी अच्छे अंक आये थे, जिससे मुझे भारतीय प्रशासनिक सेवा तो मिली ही, साथ ही अपना कैडर—बिहार कैडर भी मिला। यह 1981 की बात है। उस समय मैं यही कोई 23 साल का था।

हालाँकि मैं अपने सेंटर से आईएएस में आने वाला पहला छात्र था, लेकिन मुझे अपने गाइड को अपनी नौकरी के बारे में बताने में संकोच हो रहा था। मुझे लगता था कि मैं शिक्षा के क्षेत्र को छोड़कर जा रहा हूँ। यह मेरे गाइड को अच्छा नहीं लगेगा। खैर, मैं डरते-सहमते प्रो. एजाज अहमद की पत्नी से मिला और उन्हें पूरी बात बताई। मैं परीक्षा की सफलता के अवसर पर उन्हें सपरिवार एक रेस्तरां में खाना खिलाना चाहता था। उनकी पत्नी ने कहा कि तुम तैयारी करो, हम लोग आयेंगे। रेस्तरां में खाने के वक्त मैं उनकी पत्नी और उनकी लड़की से ही बातें करता रहा। एजाज साहब ने मुझसे कोई बात नहीं की। जब हम वापस जेएनयू उनके आवास पर गये, तब जाकर उन्होंने कहा कि भूगोल की पढ़ाई तुमको नौकरी में भी काम आयेगी और उनका आशीर्वाद मेरे साथ रहेगा।

जेएनयू, नई दिल्ली से निकलकर मै मसूरी आ गया। मसूरी के लाल बहादुर शास्त्री राष्ट्रीय प्रशासन अकादमी में हमारा प्रशिक्षण शुरू हुआ। 1981 की बात है। मसूरी प्रकृति की गोद में बसा हुआ एक प्रमुख पर्यटक स्थल है। पहले यह उत्तर प्रदेश में था और अब उत्तराखंड राज्य में है। हिमालय और दून घाटी के बीच बसा मसूरी का नजारा बर्फ से ढके होने के कारण बहुत ही मनमोहक लगता है। मसूरी गंगोत्री का प्रवेश-द्वार भी है।

एक रोचक घटना है। यह घटना बताती है कि कैसे आईएएस में आ जाने के बाद, अपना दामाद बनाने के लिए धनकुबेरों की कतार लगनी शुरू हो जाती है। आईएएस का रिजल्ट आ चुका था और उस दिन मैं जेएनयू में ही था। वह गर्मी की एक शाम

थी। मैं हॉस्टल के कमरे में गमछी पहनकर ही लेटा हुआ था। किसी ने दरवाजे पर दस्तक दी। मैंने सोचा, कोई दोस्त होगा। अंदर आ जाने को कहा। देखा, एक अंजान चेहरा सामने है। वह व्यक्ति धनबाद के कोयला-व्यवसाय से जुड़ा एक धनकुबेर था। मैंने कहा—"आप सामने वाले ढाबे पर इंतजार करें, मैं तैयार होकर आता हूँ।" ढाबे पर जाकर मैंने चाय का ऑर्डर दिया। फिर उस धनकुबेर ने अजीबोगरीब ढंग से मुझसे पूछा—"आपका कितना वजन होगा? हम आपको सोने से तौल देंगे।" मैं समझ गया, यह व्यक्ति दुल्हा खरीदने आया है। बिहार के मिथिलांचल क्षेत्र में 'सौराठ सभा' यानि दुल्हों का मेला लगता है। मैंने उसे चाय पिलाई और बाय-बाय किया।

मसूरी में हर वर्ष 1 सितंबर से प्रशिक्षण-कार्यक्रम शुरू होता है, जिसमें भारतीय प्रशासनिक सेवा सहित अखिल भारतीय सेवा के सभी प्रशिक्षु अधिकारी भाग लेते हैं। तीन महीने के बाद बाकी सेवाओं के लोग अलग-अलग स्थान पर ट्रेनिंग के लिए चले जाते हैं, लेकिन आईएएस वाले वहीं रह जाते हैं। वहीं हम लोगों की नौ महीने की ट्रेनिंग होती है। ट्रेनिंग में आर्मी अटैचमेंट, ट्रायबल अटैचमेंट, इंडस्ट्रीयल अटैचमेंट और फिल्ड अटैचमेंट शामिल होता है। कुल मिलाकर, दो साल का प्रोबेशन पीरियड होता है। मसूरी अकादमी का स्वरूप एलिट था। खाने की ड्रेस कुछ, क्लास की ड्रेस कुछ, समारोह की ड्रेस कुछ। सेना की तरह एक ड्रेस कोड था। यह हमारे जैसे लड़कों के लिए असहज होता।

संस्थान में एक बड़े ही प्रयोगधर्मी और खुले विचार के निदेशक आए। पी.एस. अप्पू। अप्पू साहब बिहार कैडर के 1951 बैच के आईएएस अधिकारी थे। जब कर्पूरी ठाकुर बिहार के मुख्यमंत्री थे, तब वे राज्य के मुख्य सचिव थे। संस्थान के निदेशक बनते ही उन्होंने प्रोटोकॉल और तहजीब से ज्यादा जोर चरित्र और मूल्यों पर दिया। उन्होंने कहा, कोई ड्रेस कोड नहीं होगा, केवल एक कोट काफी होगा। हमारे जैसे प्रोबेशनर काफी खुश थे।

फिल्ड अटैचमेंट में हमें चमोली की यात्रा पर निकलना था। चमोली पर्वतों से घिरा एक खूबसूरत शहर है, जो अलकनंदा नदी के समीप बद्रीनाथ मार्ग पर स्थित है।

यहाँ एक तरफ धार्मिक स्थलों की शांति हैं तो दूसरी तरफ हिल्स स्टेशन, झील-झरने-नदियाँ मन को मोहते हैं।

चमोली यात्रा के लिए टीम बनने लगी। पूरे बैच को चार-पाँच ग्रुप में बाँट दिया गया था। एक टीम का लीडर मुझे बनाया गया। हमारे बैच में एक लड़का था बड़ा उदंड। वह यूटी कैडर का था। यूटी माने यूनियन टैरिटोरी (केंद्र शासित प्रदेश)। बिहार के औरंगाबाद का रहने वाला था। आईएएस में आने के पहले वह आईएफएस में दो साल की नौकरी कर चुका था। कुछ दुनिया देख चुका था। लेकिन बड़बोला और गैर-अनुशासित था। लेकिन मेरे सामने वह शेखी नहीं बघार पाता था।

संयोग से उसे भी मेरी ही टीम में रखा गया। वह कह-सुनकर मेरी टीम से अपना नाम हटवाकर दूसरी टीम में चला गया। मैंने सोचा, यह ठीक ही हुआ। यूपी कैडर की रेणु सिंह उसकी टीम लीडर थी।

यात्रा का शेड्यूल कुछ इस तरह से था कि एक टीम चमोली की यात्रा करके लौटे तो दूसरी टीम वहाँ पहुँचे। मैं अपनी टीम के साथ बस से वहाँ पहुँचा। मनोहारी दृश्य था। सबसे पहले हम लोग मंदिर गए, फिर गाँव में घूमने गए। वहाँ एक खास तरह की शराब मिलती है, फलों से बनी। बस के ड्राइवर उस शराब को पीने के अभ्यस्त थे, काफी पीते थे। मैंने तो बस एक-दो पैग ली।

हम लोगों की टीम वापस चली। रेणु सिंह की टीम पहुँच रही थी। रेणु ने मुझसे पूछा—सबसे पहले कहां जाना चाहिए, मैंने कहा मंदिर। वह भी मंदिर जाना चाहती थी। इसी बीच उस बड़बोले लड़के ने काफी दारू चढ़ा ली थी। किसी दोस्त ने उसे उकसा दिया था कि ड्राइवर से ज्यादा पीकर दिखाओ तो जानें। वह आपे में नहीं था। उसने अपने टीम लीडर रेणु से कहा, बस पहले गाँव चलेगी। उसने चमोली के गाँव में जाने के लिए ड्राइवर को बाध्य कर दिया। उसकी टीम में कुछ दक्षिण भारतीय प्रोबेशनर भी थे, जो उसके व्यवहार को देख स्तब्ध थे।

वहाँ पहुँचकर उसके किसी दोस्त ने फिर उसे चढ़ा दिया कि रेणु बस को पहले मंदिर ले जाना चाहती थी। अब क्या था! उसने आव देखा न ताव, पिस्टल निकालकर

रेणु के कमरे की ओर बढ़ गया। रात थी और वह नशे में था। वह पिस्टल से रेणु का दरवाजा खटखटाने लगा। खबर चमोली के डीएम तक पहुँच गई। डीएम ने उस टीम के साथ उसे तुरंत बस से मसूरी लौट जाने को कहा।

इधर अप्पू साहब को सब पता चल गया था। मसूरी पहुँचते ही वह अपने टीम के लोगों के पैर पड़ने लगा। माफी माँगने लगा। अप्पू साहब एक अनुशासन पसंद निदेशक थे। उन्होंने उस गैर-अनुशासित प्रोबेशनर को टर्मिनेट करने के लिए केंद्र सरकार को लिख दिया। उस समय ज्ञानी जैल सिंह गृहमंत्री थे और इंदिरा गाँधी प्रधानमंत्री थीं।

मसूरी ट्रेनिंग में शाम को फिल्म दिखाई जाती थी। हम लोग उस दिन कपड़े पहनकर अपने कमरे से निकलने ही वाले थे कि रेडियो पर संस्कृत में समाचार सुनाई दिया कि उस प्रशिक्षु आईएएस को बर्खास्त कर दिया गया है। वह उद्दंड था, हम उसे पसंद नहीं करते थे, लेकिन उसकी बर्खास्तगी की खबर सुन हम सभी दुखी जरूर हुए। उस शाम हमने फिल्म नहीं देखी। हमने सोचा, यह उसके लिए गहरा सदमा होगा। वह हताशा-निराशा में कहीं आत्महत्या न कर ले। इसलिए कुछ साथियों ने रात भर उसे वाच करने का सोचा। उसके कमरे के आगे हॉस्टल के एक लड़के को बिठा दिया गया कि वह रात भर खिड़की से उसे देखता रहे। हमें भी नींद कहाँ आ रही थी। जब मैंने रात्रि के तीन बजे उसके कमरे के आगे बैठे लड़के से पूछा तो उसने कहा कि ये तो दारू पीकर आराम से सो रहे हैं। मुझे लगा, मैं खामोखाह परेशान था!

अकादमी का नियम था कि प्रातःकाल पीटी या योगा करना है। वहाँ प्रायः दोपहर भोजन के पहले तक क्लासेज चलती थी। लंच के बाद शायद ही कभी एक क्लास होती थी। चार बजे के बाद मैं खेल के मैदान में होता था। वॉलीबॉल और बैडमिंटन खेलते हुए पसीने से लथ-पथ हो जाता। हमारे साथ अप्पू साहब भी खेलते थे। ओरिएंटेशन प्रोग्राम के दौरान तब हॉस्टल के एक कमरे में दो प्रोबेशनर को रहने की व्यवस्था थी। हरियाणा कैडर के आईपीएस ऑफिसर पांडेयजी मेरे रूम पार्टनर थे। वे काफी अनुशासित व्यक्ति थे। अहले सुबह उठ जाते। मुझे देर से उठने की आदत

थी। मैं पीटी ड्रेस में ही सो जाता। पांडेयजी को कह देता था कि समय से बीस मिनट पहले उठा दीजियेगा।

एक बार मसूरी में इतनी बर्फबारी हुई कि शहर की सारी बिजली गुल हो गई। हम लोग बर्फ पिघलाकर पानी पीते थे। स्थिति को देखते हुए मसूरी अकादमी में छुट्टी हो गई। मैं दिल्ली आ गया। पूर्णिमा अभी वहाँ जेएनयू में पढ़ रही थी। मसूरी प्रशिक्षण के दौरान भी पूर्णिमा से मिलना-जुलना होता रहा। एक बार की बात है। वह दिल्ली से मसूरी मुझसे मिलने आई थी। मैं दोपहर के भोजन के बाद अपने कुछ दोस्तों के साथ पान खाने जा रहा था। वह जींस पैंट में थी। वह मेरे बगल से निकल गई और मुझे पता भी नहीं चला। उसने आवाज दी, तो मैं रुका। मेरे साथ अक्सर ऐसा होता है कि जब मैं किसी विषय पर एकदम फोकस्ड रहता हूँ, तब मुझे दूसरा कुछ भी नहीं दिखता। ऐसे में सामने वाले को लगता है कि मैंने नजरअंदाज किया, लेकिन ऐसा जानबूझकर नहीं होता।

हमारी दोस्ती धीरे-धीरे प्यार में बदल गई। बात शादी तक आ गई। अब सवाल यह आ गया कि सबसे पहले कौन किसके माता-पिता के पास शादी का प्रस्ताव लेकर जाये। पूर्णिमा के पिता उसूलों के पक्के थे, पुराने कम्युनिस्ट थे। पूर्णिमा ने तो अपना हाथ झाड़ लिया। मैं ही अपनी शादी का प्रस्ताव लेकर पूर्णिमा के घर गया। वे लोग पटना के कंकड़बाग मोहल्ले में रहते थे। शादी तय हो गई। 1981 में हमारी शादी हुई। एक आदर्श विवाह, पैसे का कोई लेन -देन नहीं। कहने को तो मेरी शादी अपनी ही जाति की लड़की से हो रही थी, लेकिन यह हमारे लिए प्रेम-विवाह ही था।

4

एक जिले से दूसरे जिले तक का सफर

फील्ड पोस्टिंग यानी अनुमंडल, जिला और कमिश्नरी में पदस्थापन। भारतीय प्रशासनिक सेवा के पदाधिकारियों के फील्ड पोस्टिंग का मुख्य मकसद होता है कि वे राज्य के भूगोल, प्रशासनिक ढाँचे और कामकाज आदि को नजदीक से समझ सकें। अप्रत्याशित समस्याओं को सुलझाने की सूझ विकसित हो सके। सरकार की योजनाओं एवं कार्यक्रमों को सरजमीं पर उतार सकें। मेरी परीक्ष्यमान अवधि में प्रशिक्षण का जिला पूर्णिया था। इसके बाद मेरा पदस्थापन हजारीबाग, गोपालगंज, वैशाली, दुमका, पूर्णिया प्रमंडल और तिरहुत प्रमंडल (मुजफ्फरपुर) में हुआ। हरेक पोस्टिंग की एक कहानी है।

भारतीय प्रशासनिक सेवा में आने के बाद मुझे पूर्णिया जिला प्रशिक्षण के लिए भेजा गया। यह 1982-83 का समय था। उस समय पूर्णिया एक पिछड़ा और गरीब जिला माना जाता था। शायद ही कोई पक्का घर दूर-दूर तक दिखता था। अधिकांश घर झोपड़ी और टीन के बने थे। दूर-दूर तक रेतीली जमीन और कई छोटी-बड़ी नदियाँ इस जिले में बहती थीं।

पूर्णिया में मेरे प्रशिक्षण का अनुभव बेहतरीन रहा। आईएएस प्रशिक्षु का प्रशिक्षण जिला पदाधिकारी के साथ संबंधों पर निर्भर करता है। सौभाग्य से मेरा जिला

पदाधिकारी के साथ दोस्ताना संबंध था। हम करीब-करीब रोज रात का खाना साथ ही खाते थे। लेकिन जब मैं समाहरणालय के विभिन्न विभागों में प्रशिक्षण लेता रहता था, तब जिला पदाधिकारी पहचानते भी नहीं थे। उनका मानना था कि अगर ट्रेजरी का प्रशिक्षण लेना है, तो ट्रेजरी में बैठकर वास्तविक रूप से बिल पारित होने का काम सीखना चाहिए। इस कारण मैंने अधिकांश काम कार्यालय के सहायक, प्रधान सहायक एवं प्रखंड स्तरीय पदाधिकारियों के साथ किये। काम सीखने में मुझे कोई विशेष व्यवस्था नहीं मिली, जो अच्छा ही था।

निर्धारित प्रशिक्षण के अलावा मैं कुछ अपने पसंदीदा कामों में लगा रहता था। जैसे पूर्णिया से कुछ दूर दरभंगा महाराज की एक काझा कोठी थी। इसके बगल में एक बहुत बड़ा तालाब काझा तालाब के नाम से बना हुआ था। मैंने उस तालाब और काझा कोठी के जीर्णोद्धार का काम शुरू कराया। उस तालाब में तीस-चालीस किलोग्राम तक की मछलियाँ पाई जाती थीं। लोग भाले से मछली का शिकार करते। तालाब के चारों तरफ काफी जमीन थी, जिसमें पेड़ लगाए गये थे। काझा कोठी, जो तालाब के किनारे एक टीले पर बनी हुई थी, का जीर्णोद्धार कर चार कमरों का रेस्ट हाउस बनाया गया।

नव-निर्मित काझा कोठी एवं काझा तालाब में नौका-विहार का उद्घाटन महामहिम राज्यपाल से कराना तय हुआ। काझा कोठी मुख्य सड़क से लगभग डेढ़ किलोमीटर दूर थी और संपर्क सड़क कच्ची थी। तीन-चार दिनों में इसे पक्का करने की चुनौती थी। इसे पथ निर्माण विभाग ने असंभव बताया। मैंने कहा—असंभव कुछ नहीं होता, बनाना है, तो बनाना है। हम लोगों ने तीन दिनों में दिन-रात काम कर वह सड़क बनवाई। महामहिम राज्यपाल ने उस सड़क से जाकर काझा कोठी का उद्घाटन किया और वहाँ एक रात रूके भी। श्री ए.आर किदवई बिहार के राज्यपाल थे।

एक बार पूर्णिया में मुख्यमंत्री का कार्यक्रम हुआ। जिले में खबर फैली कि चार प्रमुख विभाग के कार्यपालक अभियंताओं की बदली हो रही है। मुझे आश्चर्य हुआ, क्योंकि उनमें से दो हाल ही में आये थे और अच्छा काम भी कर रहे थे। जब मैं चिंतित होकर जिला पदाधिकारी से मिलने गया, तो उन्होंने कहा, कोई बदली नहीं होगी,

बस देखते जाओ। हुआ यह कि वहाँ के एक स्थानीय नेता ने यह अफवाह फैला दी कि इनकी बदली होने वाली है और चारों से पचास-पचास हजार रुपए ले लिए। उन्हें बताया कि विभाग द्वारा उनके किए जा रहे स्थानांतरण को उन्होंने रुकवाया है। मुझे मालूम हुआ कि उस दो लाख रुपए में से आधी राशि तो लोगों को सभा में लाने में खर्च हुई और बाकी राशि नेता जी ने खुद रख ली।

जिला पदाधिकारी ने मुख्यमंत्री के पूर्णिया आगमन पर मेरी ड्यूटी पूर्णिया एयरोड्रम पर लगाई थी, ताकि मैं प्रोटोकॉल आदि सीख सकूँ। जब मुख्यमंत्री का सरकारी विमान आया तो प्लेन के दरवाजे से सबसे पहले एक महिला विधायिका उतरीं, उसके बाद एक अल्पसंख्यक समुदाय के विधायक नीचे आये, फिर एक अनुसूचित जन जाति समुदाय के एक विधायक प्लेन से उतरे और अंत में माननीय मुख्यमंत्री। माननीय मुख्यमंत्री का प्रोटोकॉल के अनुसार स्वागत हुआ। फिर स्थानीय नेतागण मिलने लगे। एक नेता मुख्यमंत्री के चरणों में साष्टांग हुए और उन्होंने बताया कि जिले के एक प्रमुख नेता द्वारा इंजीनियरों से राशि की उगाही की गई है और उस नेता के कारण पार्टी की काफी बदनामी हुई है। उनके विरुद्ध कार्रवाई होनी चाहिए। मुख्यमंत्री ने चेहरे पर गुस्से का भाव लाकर कहा कि मुझे मालूम है, उसे तो जल्दी ही हटाना है। ठीक उसके बाद एक दूसरा आदमी भी साष्टांग हुआ और उसने कहा कि कुछ लोग उस नेता के विरुद्ध हैं, जबकि उस नेता की छवि काफी साफ-सुथरी है। लोग उन्हें हटवाने के लिए तरह-तरह के आरोप लगा रहे हैं। उनकी मुख्यमंत्री के प्रति वफादारी सबसे ज्यादा है। इस पर मुख्यमंत्री ने गुस्साते हुए कहा कि मुझे सब मालूम है। मेरे रहते उस नेता को कोई नहीं हटा सकता और ऐसे नेता के बल पर ही तो पार्टी आगे बढ़ रही है। पाँच मिनट के अंतराल में हुई ये दो घटनाएँ मेरे लिए बहुत बड़ी शिक्षा थी। मुख्यमंत्री द्वारा जिस तरह दो परस्पर विरोधी बातों को सलटाया गया, वह तो मेरे लिए आश्चर्यजनक था। मैंने अपने पूरे जीवन में ऐसा अभिनय किसी फिल्म में भी नहीं देखा था।

भारतीय प्रशासनिक सेवा परीक्ष्यमान पदाधिकारियों को कुछ महीने एक प्रखंड में प्रखंड विकास पदाधिकारी एवं अंचलाधिकारी का भी काम करना पड़ता है। मुझे

शहर के पूर्णिया पूर्व प्रखंड में भेजा गया। पूर्णिया में आग लगने की घटना बहुत होती थी और लोग उसके लिए राहत माँगने आते थे। मेरे पास एक व्यक्ति आए, जिन्होंने बताया कि वह काफी गरीब हैं और उनकी फसल आग से नष्ट हो गई। पूछने पर उन्होंने बताया कि उनके पास चालीस बिगहा खेत है। मुझे बड़ा आश्चर्य हुआ कि चालीस बिगहा खेत वाला गरीब कैसे हो सकता हैं। मैं स्थल-जाँच के लिए जब वहाँ पहुँचा तो देखा कि उनका खेत एक नदी के किनारे था। जमीन बिल्कुल रेतीली थी। खेत में कास (एक तरह का घास) उगा हुआ था, जिसका पूरा हिस्सा जला हुआ था। मैं बिहार के जिस क्षेत्र से आता हूँ, वहाँ एक व्यक्ति की पाँच बिगहा जमीन काफी मानी जाती थी, क्योंकि उस पर काफी अच्छी फसल होती थी। मुझे यह देखकर रेणु जी की परती परीकथा की याद हो आई।

पूर्णिया पूर्व प्रखंड में ही गुलाब बाग की प्रसिद्ध मंडी थी। यह स्थान एक बहुत बड़ा मैदान हुआ करता था, जहाँ हर साल बहुत बड़ा मेला लगता था। धीरे-धीरे मैदान के चारों तरफ स्थानीय व्यापारियों ने अतिक्रमण कर पक्के घर बना लिए थे। मेरे कार्यालय में इस अतिक्रमण की एक बहुत मोटी फाइल थी। इसे देखने से लगता था कि कई बार विभिन्न स्तरों पर आदेश होने के बावजूद ये अतिक्रमण नहीं हटाये जा रहे हैं। मैंने जिला पदाधिकारी से मिलकर इन अतिक्रमणों को हटाने की इच्छा जाहिर की, तो जिला पदाधिकारी ने कहा कि अगर हटाना चाहते हो तो हटाओ, लेकिन आप तो यहाँ बहुत कम दिन रहेंगे और ये दशकों से चला आ रहा अतिक्रमण है। खैर, मैंने अतिक्रमण को हटाने की योजना बनाई और एक सौ मजदूरों और दो रोड रोलर लेकर अतिक्रमण हटाने वहाँ पहुँच गया। वहाँ पहुँचने पर लोगों में बहुत घबराहट नहीं दिखी, तब मुझे आश्चर्य मिश्रित गुस्सा आया।

तभी वहाँ के स्थानीय विधायक आ गये। अजीत सरकार नाम था उनका। उन्होंने कहा कि ये वर्षों पुराने घर हैं और मेरे जैसे अंचल अधिकारी इसे नहीं हटा सकते। मैंने कहा, मैं तो इसे हटाऊँगा ही। तब वह सड़क पर लेट गये और कहा, आपको रोड रोलर मेरे शरीर से गुजारना होगा। उस जमाने में मेरे पास एक जीप थी। मैंने उन्हें सिपाहियों से उठवाकर जीप में रखा और थाने भेज दिया। फिर घर तोड़ने की कार्रवाई शुरू हुई।

घर में रह रहे लोगों से मकान खाली कराया गया। अधिकांश लोगों का यह दूसरा या तीसरा मकान था। उन्हें सामान हटाने का मौका दिया गया और मकान तोड़े जाने लगे।

इस मामले में लोग पटना उच्च न्यायालय गये। पटना उच्च न्यायालय ने यथास्थिति बनाये रखने का आदेश दिया। जब तक यह आदेश आया, तब तक 90 प्रतिशत घर तोड़े जा चुके थे और मलबा हटाने के नाम पर बाकी बचे 10 प्रतिशत घरों को भी तोड़ दिया गया। फिर उस समय की पत्रिका रविवार में एक आलेख छपा कि उच्च न्यायालय से भी बड़ा पदाधिकारी। राज्य सरकार ने जिला पदाधिकारी पूर्णिया को मुझे पूर्णिया से हटाने का आदेश दिया। मेरा प्रशिक्षण पूरा होने में एक माह का समय बचा था। जिला पदाधिकारी ने सरकार के कार्मिक एवं प्रशासनिक सुधार विभाग से परीक्ष्यमान पदाधिकारी के स्थानांतरण से संबंधित नियम की अपेक्षा की और पत्राचार के बीच ही मेरे प्रशिक्षण का समय बीत गया।

लेकिन इस पूरे मामले पर बिहार विधानसभा में बहुत हंगामा हुआ। माननीय विधायक जी द्वारा मेरे विरुद्ध लगाए गए विशेषाधिकार हनन को स्वीकार कर लिया गया। इन मामलों की जाँच के लिए बिहार विधानसभा की तीन सदस्यों की एक समिति गठित की। यह एक वर्ष तक चला और उसके बाद विधानसभा की अवधि समाप्त हो गई। बिहार विधानसभा की अवधि समाप्त होने के कुछ ही समय पहले बिहार विधानसभा के तत्कालीन स्पीकर श्री राधानंदन झा ने मुझसे संबंधित संचिका मंगाई और उस पर लिखा कि मैंने पदाधिकारी का स्पष्टीकरण देखा और मैं संतुष्ट हूँ। इसमें विशेषाधिकार का कोई मामला नहीं बनता है।

जब मैं जिला नजारत के प्रभार में था, तब एक भुगतान की संचिका आई, उस समय के राज्यपाल श्री ए.आर किदवई किशनगंज गये थे। उन्हें जो खाना खिलाया गया था, उसमें चिकन करी की दर 175 रुपये प्रति प्लेट थी। उस समय के 175 रुपये का महत्व इसी बात से समझा जा सकता है कि तब मेरा वेतन बारह सौ रुपये प्रतिमाह था। मामले की जांच के लिए मैं जिला के अपर समाहर्त्ता के साथ किशनगंज डाकबंगले पर पहुँचा। उस समय जब मैं बाहर जाता था तो टिफिन में खाना ले जाता था। पानी तो वहाँ जो मिलता था, वही पीते थे। राज्यपाल का भोजन जिस रेस्तरां से

आया था उसे बुलवाया गया। अपर समहर्त्ता महोदय ने उससे पूछा कि इतनी महंगी चिकन करी क्यों थी। रेस्तरां वाले ने बताया कि देशी चिकन को ड्राई फ्रूटस में बनाया गया था। चिकन की करी ड्राई फ्रूटस से बनी थी। अपर समाहर्त्ता महोदय ने उसे कहा कि जैसी चिकन करी उन्होंने राज्यपाल के लिए बनाई थी वैसी ही वो दो प्लेट बनाकर ले आएँ। इसे सुनते ही मेरा गुस्सा चढ़ा कि जब हम उसकी चिकन करी खा लेंगे तो जाँच क्या करेंगे। उनका तर्क था कि वास्तव में चिकन करी ड्राई फ्रूटस में बन सकती है, यह तभी जाना जा सकता है, जब उस डिश को खाकर देखा जाये। अंततः एक प्लेट चिकन करी बनकर आई, जिसे अपर समाहर्त्ता महोदय ने खाया और अपने प्रतिवेदन में लिखा कि चिकन करी का दाम सही है। क्योंकि चिकन करी पिस्ता और बादाम की करी में पकाई गई है। पूर्णिया लौटकर मैंने अपने जिला पदाधिकारी को सही बात बता दी।

पूर्णिया की एक और ऐसी ही घटना है। जिले में एक मामला चल रहा था, जो एक बड़े हाट बाजार में अतिक्रमण से संबंधित था। सैरात वैसे हाट बाजार को कहते हैं, जहाँ हाट बाजार के दिन अस्थाई दुकान बनाने की इजाजत होती है और हाट के बाद उस दुकान को हटा लिया जाता है, अर्थात सैरात के क्षेत्र में कोई पक्का भवन नहीं बनाया जा सकता। सैरात में हुये अतिक्रमण की जाँच के लिए जिले से मैं अपर समाहर्त्ता के साथ स्थल पर गया। उस सैरात के एक किनारे राजस्व विभाग की कचहरी थी, जो दो कमरे की, राजस्व कर्मचारियों के ठहरने के लिए बनी थी। जब हम वहाँ पहुँचे तो चारों ओर से अच्छे-अच्छे पकवान बनने की खुशबू आ रही थी। कहीं मिठाई बन रही थी तो कहीं गर्म पुड़ी-कचौड़ी। मछली भी फ्राई हो रही थी और मटन भी बन रहा था। मैंने पूछा कि ये सब क्या है? तो पता चला कि साहब लोगों के लिए खाने की तैयारी है। मैंने अपना विरोध जताते हुए अपर समाहर्त्ता महोदय को कहा कि हम लोग ये सब नहीं खा सकते और मैं जो खाना लाया हूँ, वह आपके लिए भी पर्याप्त होगा। अपर समाहर्त्ता ने मुझे समझाया कि आप लोग काफी कम उम्र में नौकरी में आ जाते हैं, अनुभव की भी कमी होती है और जल्दी गुस्से में भी आ जाते हैं। खैर, मैं राजस्व कर्मचारी के साथ सैरात में बने अवैध अतिक्रमणों-पक्के मकानों की सूची बनाने के लिए निकल गया। जाँच में कुल बत्तीस अवैध अतिक्रमण मिले। व्यापारियों

ने पक्के मकान बना लिए थे, और वहाँ वे स्थाई दुकान चला रहे थे। मैंने कर्मचारी के साथ पूरी सूची डिटेल के साथ बनाई और जब कचहरी भवन में लौटे तो वहाँ अपर समाहर्त्ता महोदय भोजन खत्म कर रहे थे। सामने एक चाँदी की परात में तरह-तरह की मिठाइयाँ थीं। भोजन समाप्त होने पर मैंने उन्हें बताया कि ये बत्तीस अवैध अतिक्रमण पाये गए हैं, जिनको हटाना बहुत जरूरी है और इनके विरुद्ध अन्य कानूनी कार्रवाई भी होनी चाहिए। अपर समाहर्त्ता महोदय उन बत्तीस अतिक्रमणकारियों को बुलाया, जब सब आ गये तो उन्होंने सैरात का नियम समझाया, उन्हें काफी डाँटा-फटकारा और उनके विरुद्ध मुकदमा दर्ज करने का आदेश राजस्व कर्मचारी को दिया। मेरे लिए विस्मयकारी था कि जिन अतिक्रमणकारियों ने इतने अच्छे भोजन का इंतजाम किया था, वे अपर समाहर्त्ता से गालियाँ सुन रहे थे। अपर समाहर्त्ता ने जो जाँच प्रतिवेदन जिला पदाधिकारी को दिया, वह बिल्कुल वही था, जो मैंने कर्मचारियों के साथ बनाया था। अपर समाहर्त्ता ने मुझे समझाया कि सही और कठोर निर्णय लेना सरकारी कर्मचारी का दायित्व है। उसी प्रकार, अतिथि की अच्छी सेवा करना भी इन व्यापारियों का दायित्व है।

द्वितीय विश्वयुद्ध के समय बर्मा से बड़ी संख्या में भारतीयों का पलायन हुआ था। जब हिंदुस्तान में अंग्रेजों का राज था, तो काफी संख्या में हिंदुस्तान के विभिन्न भागों से लोग रोजी-रोटी की तलाश और व्यापार के लिए बर्मा गये थे। द्वितीय विश्वयुद्ध के समय जापानियों द्वारा बर्मा पर आक्रमण किया गया था। बर्मा में राष्ट्रीयता की भावना भी उभर रही थी और भारतीयों को औपनिवेशिक युग का प्रतीक माना जाता था, अतः उनका विरोध भी होने लगा। जब युद्ध की विभीषिका बढ़ी तो वर्ष 1941-42 में बड़ी संख्या में बर्मा में रह रहे भारतीयों का रिवर्स माईग्रेशन भारत में हुआ। बिहार के भोजपुर क्षेत्र से भी लोग बर्मा गये थे, वे जब लौटकर आये तो उन्हें भारत सरकार ने शरणार्थी के रूप में कई स्थानों पर बसाया, इन्हीं लोगों में से कुछ लोगों का परिवार अररिया के रानीगंज जिले में आकर बसा। सरकार द्वारा प्रति परिवार को तीन एकड़ जमीन दी गई थी, ये लोग आज भी अररिया और पूर्णिया की भाषा नहीं बोलकर भोजपुरी बोलते हैं।

अररिया के रानीगंज में मेरे दोस्त की काफी अच्छी खेती होती थी। उसके फार्म के चारों ओर शरणार्थी लोगों की बस्ती थी। ये लोग काफी मेहनती थे और उद्यमी भी। मैंने पाया कि ये वर्ष में गोभी की तीन फसल उगा लेते थे और मक्के की भी तीन फसल। वे नये तरह से सब्जी उगाते थे। मौसम से पूर्व सब्जी उगाने के कारण उन्हें पैसा भी अच्छा मिलता। बगल में नेपाल है। वहाँ चीन से कई तरह के बीज आते थे, उसे लाकर भी ये साग-सब्जी उगाते थे। इनके बच्चे, जो पढ़-लिख जाते, उन्हें दूसरे राज्यों में भेज देते, जो खेती की नई तकनीक सीखकर आते थे और लोगों को बताते थे। इनमें से कई ने तो औषधीय पौधों की भी बहुत अच्छी खेती की है। इनका पूरा परिवार गौ पालन, बकरी पालन, मुर्गी पालन आदि में लगा हुआ था और फिर इनकी आर्थिक स्थिति काफी अच्छी हो गई। मेरे जाने से इनके गाँव में विद्यालय खुला, सिंचाई की सुविधा बढ़ी और रानीगंज शहर से संपर्क बेहतर हुआ। मैंने कई बार कृषि विभाग के पदाधिकारियों को वहाँ केवल देखने और सुनने के लिए भेजा, ज्ञान बाँटने के लिए नहीं। मैंने इन किसानों से बहुत कुछ सीखा। बिना बहुत सरकारी सहायता के भी कैसे कोई समाज अपने बल पर विकास कर सकता है।

पूर्णिया और कोसी प्रमंडल के जिले केले की खेती के लिए प्रसिद्ध थे। केला पूरे क्षेत्र में एक अच्छा नगदी फसल हो गया था। तभी विश्व और देश के बाजार में मक्के की माँग बढ़ी। आज हालात यह है कि मक्के की फसल ने पूरे इलाके की स्थिति बदल दी है। आज इस क्षेत्र में खेती करना बहुत लाभ का काम हो गया है। मक्के से आया यह परिवर्तन भी बहुत हद तक बिना सरकारी सहयोग के हुआ। जब लोगों ने एक बड़ी माँग देखी तो अपने बुआई का तरीका बदला, बीज बदले। मक्का आज गेहूँ और धान से महँगा बिकता है।

पूर्णिया में प्रोबेशन के बाद मेरा पदस्थापन हजारीबाग में एसडीओ के रूप में हुआ। हजारीबाग जंगल, पहाड़ियों एवं आदिवासियों का क्षेत्र था। मुझे जंगलों में घूमना बहुत पसंद था। जब संचिका ज्यादा हो जाती थी, तो मैं जंगल के बीच किसी फॉरेस्ट गेस्ट हाउस में चला जाता था और वहीं बैठकर संचिकाओं का निष्पादन करता था। मुझे जंगल में ट्रेकिंग करना भी अच्छा लगता था। उस समय अनुमंडल पदाधिकारी

के पास जीप हुआ करती थी। उसे लेकर पहाड़ी क्षेत्रों में आदिवासियों के बीच जाना, उनसे बातें करना, उनकी समस्या सुनना मुझे अच्छा लगता था।

हजारीबाग के साथ श्री कर्पूरी ठाकुर जी की यादें भी जुड़ी हैं। उस समय कर्पूरी जी विरोधी दल के नेता थे। किसी कार्यक्रम में शामिल होने हजारीबाग आए थे। उस समय एसडीओ को एक नई जीप मिली थी। उसी नई जीप को मैंने आवागमन के लिए कर्पूरी जी के पास भेज दिया। रमणिका गुप्ता वहाँ की विधायक थीं। उन्होंने कर्पूरी जी को यह कहते हुए मेरे प्रति भड़काने की कोशिश की कि एसडीओ ने आपके लिए कार न भेजकर जीप भेजी है। उस समय केवल डीएम के लिए कार हुआ करती थी। कर्पूरी जी के जवाब से हम उनके मुरीद हो गए। उन्होंने कहा कि एसडीओ साहब ने जो बेहतर व्यवस्था हो सकती थी, की। इससे बढ़िया क्या हो सकता है।

कर्पूरी जी की सादगी से हम दंग थे। उस दिन किसी कार्यक्रम में भाग लेने के बाद कर्पूरी जी रात में देर से सर्किट हाउस लौटे थे। मेन गेट तो खुला था, वे अंदर आ गए। लेकिन उनके लिए जो कमरा आवंटित था, बंद था। गार्ड सो गया था। उन्होंने गार्ड को उठाना मुनासिब न समझा। हॉल में एक डायनिंग टेबल लगी थी, वे उसी पर गमछी बिछा कर सो गए। झोले को तकिया बना लिया।

एक बार हजारीबाग अनुमंडल के डेमो टाड़ में आदिवासियों के लिए बन रहे घरों के निरीक्षण के लिए गया, तो मैंने पाया कि एक मैदान में काफी घर बने हैं, लेकिन वहाँ कोई नहीं रह रहा है। जिनके लिए घर बना था, उन सभी को बुलाया गया और उनसे बातचीत शुरू हुई। उन्हीं बुजूर्गों ने बताया कि वे ऐसे घर में नहीं रहेंगे। उनका घर तो लकड़ी और पत्तों से बनता है, जिसमें वे आराम से रहते हैं। उन लोगों के बीच एक प्रथा थी कि अगर उनके समुदाय के किसी परिवार का पत्ते का घर बारिश में चूने लगे तो, उस परिवार को समुदाय से निकाल दिया जाता था। फिर वे एक नया घर बनाते थे और पूरे समुदाय को भोज देते थे। तब उन्हें समाज में पुनः प्रवेश मिलता था। उनके लिए जो सरकारी मकान बने थे, उसमें मकान की फर्श को पक्का कर दिया गया था और दरवाजे और खिड़कियों को काफी बड़ा। उन लोगों के सुझाव पर फर्श को मिट्टी का बनाया गया और खिड़की और दरवाजे को उनके इच्छानुसार छोटा किया गया।

तब वे उस घर में रहने लगे। इससे स्पष्ट हुआ कि सरकार जिनके लिए योजना बनाती है, उससे बातचीत कर उनकी आवश्यकता जानना जरूरी है। किसी शहरी डिजाइन और एक ही डिजाइन को सब पर थोपना गलत है।

जब हजारीबाग में मैं एसडीओ था, तब श्री के.बी. सक्सेना वहाँ कमिश्नर बनकर आए थे। उनका गरीबों के प्रति प्रेम एवं भ्रष्टाचार का विरोध पहले से जगजाहिर था। हजारीबाग में कमिश्नर और एसडीओ का घर आगे-पीछे था। वह भी अकेले रहते थे और मैं भी अकेला रहता था। उनके कार्यालय और आवास पर गरीब फरियादियों की भीड़ लगी रहती थी। अधिकांश मामले में निराकरण के लिए मुझे बुलाया जाता था। बाद में तो मैं हर दिन कार्यालय के लिए तैयार होकर पहले आयुक्त कार्यालय जाता था और उसके बाद अपने कार्यालय आता था। आयुक्त कार्यालय में मुझे प्रतिदिन आठ-दस मामले सुलझाने के लिए मिलते थे। उन मामलों में बड़ी संख्या में महिलाओं पर अत्याचार के मामले थे।

हजारीबाग के कोल बेल्ट में एक नियम था कि जिन लोगों की जमीन पर कोयले की खदान बनेगी, उनके परिवारों से एक व्यक्ति को नौकरी दी जायेगी। काफी संख्या में उत्तर बिहार के लोगों ने वहाँ की आदिवासी लड़कियों से शादी कर ली, जबकि वे पहले से शादीशुदा थे। आदिवासी से शादी कर वे उसके परिवार के सदस्य बन गये और उन्होंने नौकरी ले ली। कुछ दिनों बाद जब उस आदमी की पत्नी बच्चों के साथ आ जाती थी, तब झगड़ा शुरू होता था। कोयला खदानों में काम करने वाले लोग बड़ी संख्या में सूदखोर महाजन के शिकंजे में थे। जिस दिन कोयलरी में उनका वेतन बँटता, उस दिन इन सूदखोर महाजनों के एजेंट पैसा वसूलने के लिए तैयार रहते।

एक समस्या पति द्वारा महिलाओं की पिटाई की भी थी, पिटाई के मामलों में मैं पुलिस से उनके पति को बुलवाता। उस समय उत्पीड़न कानून उतना सख्त नहीं था। थानेदार पूछता कि इसे किस जुर्म में पकड़ा जाये, क्योंकि यह मार-पीट की बात स्वीकार नहीं कर रहा है। हम लोग उसको डाँट-डपट करते, दो-चार लाठी देकर वापस घर भेज देते, ताकि वे भविष्य में अपनी पत्नी के साथ मार-पीट ना करें। परंतु इसका

फल उल्टा ही निकलता था। कुछ दिनों के बाद वही महिला अपने टूटे हाथ के साथ आयुक्त कार्यालय आती और बताती कि उसके पति ने इस बार और पीटा है और हाथ तोड़ दिया है। मुझे उन महिलाओं को अस्पताल में प्लास्टर करवाना पड़ता। एक घटना तो विचित्र हुई, जिसमें मुझे एक युवती से मिलाकर आयुक्त महोदय ने कहा कि हजारीबाग शहर के एक सिनेमा हॉल के मालिक ने इस महिला से गलत संबंध बनाया है और अब शादी से इंकार कर रहा है। उस दिन रात में मैंने आरक्षी अधीक्षक को अपने आवास पर बुलाया और हम लोगों ने दो-दो पेग रम पीकर कार्रवाई शुरू की। फिर सिनेमा हॉल के मालिक को बुलाया। हम लोगों ने उसे काफी डराया-धमकाया और जेल भेज देने की धमकी भी दी। वह जेल जाने के लिए तैयार हो गया। लेकिन शादी करने की बात से इंकार करता रहा। उसने बताया कि इस महिला ने पहले भी कई अन्य व्यक्तियों पर ऐसे आरोप लगाये हैं।

मैं कई शाम सक्सेना साहब के साथ जंगल में आदिम जाति के गाँव जाता। मैं जीप चलाता और वे बगल में बैठ जाते। सक्सेना साहब को धूल से एलर्जी थी और दमा भी थी, फिर भी वो मुँह पर रूमाल बाँधकर जीप में घूमते रहते। हर बार उन गाँवों से हम लोग दो-चार बीमार लोगों को जीप में बिठाकर लाते और अस्पताल में इलाज करवाते। सक्सेना साहब अपने वेतन का अधिकांश भाग इन गरीबों के लिए खर्च कर देते थे। हर मिलने वाले व्यक्ति से पूछा जाता कि उसके पास घर लौटने के लिए पैसे हैं या नहीं। जिसके पास पैसे नहीं होते, उसे बस या अन्य गाड़ी का भाड़ा दिया जाता। जहाँ ज्यादा पैसे की आवश्यकता होती, वहाँ मैं लायंस एवं रोटरी क्लब वाले को पकड़ता और उनसे पैसे दिलवाता। आयुक्त और मेरी सक्रियता ने उस जिले के जिला पदाधिकारी का काम काफी आसान कर दिया था।

एक दूसरा अनुभव सरकार द्वारा दी जाने वाली पशुधन सहायता के लिए था। हर पहाड़ी परिवार के पास दो-तीन बकरी, चार-पाँच मुर्गियाँ, एक तोता और कुछ के पास दो-तीन सुअर थे। दूसरी तरफ, सरकारी योजना बीस बकरियों और दो बकरे की थी। मुर्गी की योजना पचास मुर्गे-मुर्गियों की थी। उनको इतनी बड़ी संख्या में पशुधन पालने का न तो कोई अनुभव था और न उनकी क्षमता थी। मैंने निर्णय किया, इसके

लिए अलग से पशुधन की ईकाई बनाई जाये, जिसमें दो मुर्गी, दो बकरी, एक बकरा और एक तोता हो और यह उन्हें दिया जाये। सभी लोगों ने इसे सहर्ष स्वीकार किया। एक बार इन्हीं आदिवासियों के बीच बैंक ऋण की वसूली के अभियान में मैं एक आदिवासी गाँव में गया। एक व्यक्ति के विरुद्ध पाँच हजार रुपये का ऋण पशुपालन के लिए दिखाया गया था। जब मैंने पूछा कि उनके पशु कहाँ हैं? अब तक उन्होंने ऋण क्यों नहीं चुकाया, तो उस व्यक्ति का कहना था कि ऋण अच्छी चीज नहीं है और हम नहीं लेना चाहते थे, फिर भी मेरे नाम पर ऋण पास किया गया और जो राशि दी गई है, वह आज भी उसी प्रकार रखी हुई है। वह मकान के अंदर गया और फूस की छत से एक मुड़ा हुआ अखबार लेकर आया। उस अखबार में चार हजार रुपये के नोट लिपटे पड़े थे। इससे स्पष्ट हुआ कि जिसने भी उसके नाम पर पाँच हजार रुपये का ऋण स्वीकृत करवाया है, उसने एक हजार रुपये बीच में से ले लिए। मैंने बैंक के प्रबंधक को कहा कि आप चार हजार रुपये लीजिये और इसे ऋणमुक्त कीजिये, नहीं तो मैं आपके बैंक पर एक हजार रुपये रिश्वत का वाद दायर करूँगा। अंत में वह गरीब ऋणमुक्त हुआ।

हजारीबाग के प्रमंडलीय आयुक्त श्री एम.सी. सुवर्णों द्वारा निम्न आय के व्यक्तियों के लिए बैंक ऋण की योजना की समीक्षा की गई थी। उस समीक्षा में स्पष्ट हुआ कि रामगढ़ शहर के एक बैंक ने ऋण वितरण में बहुत कम रुचि दिखाई है। आयुक्त महोदय ने मुझे कहा कि मैं कल रामगढ़ होता हुआ धनबाद जाऊँगा और उसी क्रम में रामगढ़ के बैंक का निरीक्षण करूँगा। मैंने सुझाव दिया कि बैंक के साथ इस योजना की प्रगति की समीक्षा मैं कर लूँगा। बैंक वालों ने ऋण वितरण में रुचि नहीं दिखाई है, उनके विरुद्ध कार्रवाई करूँगा। लेकिन आयुक्त महोदय ने कहा, "नहीं, वे खुद बैंक जायेंगे।" मैं आयुक्त महोदय के साथ ही कार में बैठकर रामगढ़ गया। वहाँ बैंक में पहुँचकर बैंक प्रबंधक की काफी खिंचाई हुई। बैंक प्रबंधक ने अगले एक माह में स्थिति सुधारने का आश्वासन भी दिया। आयुक्त महोदय संतुष्ट नहीं हुये और उन्होंने कहा कि इस बैंक में ताला लगा देना चाहिए। मुझे नहीं मालूम था कि उनका अंगरक्षक हजारीबाग से एक चेन और बड़ा ताला लेकर आया था। यह कहकर वे धनबाद चले गये।

मैंने बैंक प्रबंधक को बुलाया और कहा कि आज का काम वे जल्दी निपटायें और बैंक में ताला तो लगेगा ही। उस बैंक में सभी कर्मियों के निकल जाने पर ताला लगा दिया गया। यह घटना पूरे देश में फैली और बैंकों के संगठन ने केंद्र सरकार से तुरंत बैंक खुलवाने का अनुरोध किया। अब तो बैंक में ताले लगाये जाने को सही भी साबित करना था और बैंक भी खुलवाना था। मैंने वहाँ अपने रामगढ़ के कैंप कार्यालय से दंड प्रक्रिया की धारा 144 में एक आदेश पारित किया। कहानी यह बनाई गई कि इस बैंक द्वारा गरीबों को ऋण नहीं दिये जाने के कारण हजारों की संख्या में उत्तेजित लोग बैंक की ओर आ रहे थे। इस बड़ी भीड़ को देखकर मुझे स्पष्ट हुआ कि ये लोग बैंक को जान-माल का नुकसान पहुँचाना चाह रहे थे। अतः बैंक एवं बैंककर्मियों की सुरक्षा के लिए दंड प्रक्रिया संहिता के धारा 144 के अंतर्गत बैंक में ताला लगवाया गया। लोगों को काफी समझाया गया और यह आश्वस्त कर कि एक महीने में सबका ऋण वितरण होगा, भीड़ को वापस किया गया। मैंने पूरी बात की जानकारी धनबाद पहुँच चुके आयुक्त महोदय को दी। आयुक्त महोदय ने कहा, आपने न्यायिक प्रक्रिया के अंतर्गत धारा 144 लगाने का निर्णय लिया। अतः राज्य सरकार से जो बैंक खुलवाने का आदेश आयुक्त महोदय को मिला था, वो भी मेरे कोर्ट में भेज देंगे। मैंने उन्हें बताया, मैं तभी तक कोर्ट के रूप में कार्य कर रहा हूँ, जब तक अनुमंडल पदाधिकारी हूँ। राज्य सरकार मुझे कभी भी अनुमंडल पदाधिकारी के पद से हटा सकती हे।

बैंकों का संगठन मुझे निलंबित कराने और मेरे विरुद्ध अन्य कार्रवाई के लिए दबाव बना रहा था। मैंने अगले दिन बैंक खोल दिया और उस बैंक प्रबंधक ने लंबित आवेदनों का भी एक सप्ताह में निस्तार कर दिया। अब राज्य सरकार पर मेरे विरुद्ध कार्रवाई का दबाव था। उस समय के मुख्य सचिव ने एक बड़ा अच्छा ब्यूरोक्रेटिक उपाय निकाला। उन्होंने सरकार से यह आदेश लिया कि बैंक और सरकारी पदाधिकारियों के बीच बराबर इस तरह की घटनाएँ विभिन्न जगहों से प्रतिवेदित हो रही हैं। अतः राज्य सरकार को एक नीतिमूलक निर्णय लेना चाहिए कि जब किसी अनुमंडल पदाधिकारी और बैंक के बीच झगड़ा हो तो जिला पदाधिकारी के स्तर पर इसका निस्तार किया जायेगा। किसी जिला पदाधिकारी और बैंक का झगड़ा होता है तो उसका निस्तार आयुक्त के स्तर पर किया जायेगा। आयुक्त और बैंक के बीच

विवाद हो तो उसका निपटारा राज्य सरकार के स्तर पर किया जायेगा। इस नीतिमूलक निर्णय से मैं निलंबन से बच गया।

हजारीबाग में अनुमंडल पदाधिकारी के कार्यालय के सामने एक बड़ा सरकारी मकान था, जहाँ कभी कार्यपालक अभियंता का कार्यालय चलता था। यह भवन खास महल क्षेत्र में था और जिसे आवंटित करने का अधिकार राज्य सरकार को था। एक दबंग कार्यपालक अभियंता ने अपने कार्यकाल की समाप्ति के समय जिला पदाधिकारी से उस मकान को उनके साथ बंदोबस्त करने का आवेदन दिया। हालांकि सरकार द्वारा उनके साथ बंदोबस्ती नहीं हुई, फिर भी वे उसे अपने मकान के रूप में उपयोग में लाने लगे। काफी लंबी अवधि तक यह मकान उनके अनधिकृत कब्जे में रहा।

जब मैंने इस सरकारी मकान को अनधिकृत कब्जे से मुक्त करने का विचार बनाया तो बहुत सारे लोगों ने मुझे समझाया कि उस दबंग पदाधिकारी का बड़ा राजनीतिक संरक्षण है और मकान खाली नहीं हो पायेगा। मैंने मकान खाली करने के लिए एक सप्ताह का समय देकर सूचना भेजी, जिसका कोई असर नहीं हुआ। उस व्यक्ति ने मुझसे मिलकर ये समझाने की कोशिश की कि अभी मैं अपरिपक्व हूँ और मेरा पूरा कैरियर सामने पड़ा है। अगर मैं उनसे उलझूँगा तो मेरा कैरियर प्रभावित होगा और वे मकान तो बिल्कुल खाली नहीं करेंगे। मैं जिले के आरक्षी अधीक्षक के यहाँ पहुँचा और उनसे पर्याप्त संख्या में फोर्स की प्रतिनियुक्ति करने का अनुरोध किया, ताकि कोई दुर्घटना न हो। अगले दिन जब मकान खाली करना था, तब मुझे पता चला कि वहाँ कोई पुलिस फोर्स नहीं गई है और थानेदार, इंस्पेक्टर और डीएसपी निरीक्षण के नाम पर मुख्यालय से बाहर हैं। उस समय अनुमंडल एवं जिला कार्यालय में एक उम्मीदवार पीऊनों का पैनल होता था। मैंने नजारत उप-समाहर्त्ता को पचास उम्मीदवार पीऊनों को बुलाने के लिए कहा और उनके लिए अच्छे खाने की व्यवस्था की गई। सभी को मीट चावल खिलाया गया और हम लोग उस मकान में पहुँचे। पचास उम्मीदवार पीऊन के सहयोग से मकान खाली कराया गया और सामान को मकान के हाते के बाहर रख दिया गया। साथ ही, मैंने अपने आपूर्त्ति कार्यालय को उस मकान में

स्थांतरित कर दिया और उसका बोर्ड भी लगा दिया। मैं जानता था कि इस मामले में तुरंत उच्चस्तरीय हस्तक्षेप होगा। अतः मकान में बने आपूर्त्ति कार्यालय का विडियो बनाया गया और मकान के हाते और बाहर पड़े समानों की सुरक्षा के लिए कुछ चौकीदार लगाये गये। मैंने उस दबंग व्यक्ति के दो बेटे, जो वहाँ थे, को थाने में भेज दिया और उन पर सरकारी कार्य में बाधा डालने एवं अवैध अतिक्रमणों के आरोप में मुकदमा दायर किया। उस दिन रात में जब मैं और आरक्षी उपाधीक्षक थाने गये तो पाया कि वे दोनों लड़के थानेदार की कुर्सी पर बैठे हुये हैं और रसमलाई खा रहे हैं। थाने के पदाधिकारी उनकी आव-भगत में लगे हैं। मैंने अपने सामने थाने की हाजत को खुलवाया और दोनों लड़कों को थाने की हाजत में बंद करवाया। एक लिखित प्रतिवेदन आरक्षी अधीक्षक को दिया कि थाना प्रभारी अभियुक्तों से मिले हुये हैं, उनके विरुद्ध कार्रवाई होनी चाहिए। देर रात मेरे घर आरक्षी अधीक्षक महोदय आये और उन्होंने बताया कि अगर वे कठोर कार्रवाई करेंगे तो पुलिस में विद्रोह हो जायेगा। मेरा कहना था कि हमें गलत कामों को प्रश्रय नहीं देना चाहिए और कार्रवाई तो होनी ही चाहिए। अंत में जिला पदाधिकारी के हस्तक्षेप होने पर वे अपने पद से हटाये गये और अन्यत्र हस्तांतरित हुये। अगले दिन राँची उच्च न्यायालय से यथास्थिति बनाये रखने का आदेश आया। इस आदेश को लेकर कार्यपालक अभियंता, जो सेवानिवृत्त हो चुके थे, मेरे पास आये और मुझे कहा कि उच्च न्यायालय ने मेरी कार्रवाई को निरस्त कर दिया है। मैंने उन्हें न्यायालय के आदेश को पुनः पढ़ने को कहा। न्यायालय का आदेश यथास्थिति बनाये रखने का था और मैंने आश्वस्त किया कि यथास्थिति बनी रहेगी। उस कार्यालय में अनुमंडल आपूर्त्ति कार्यालय जो चल रहा है, वह चलता रहेगा और उनका समान हाते के बाहर रखा रहेगा। कुछ दिनों के बाद वे अपना समान लेकर चले गये और एक सरकारी मकान सरकारी कब्जे में वापस लौटा।

हजारीबाग में सांप्रदायिक तनाव का इतिहास रहा है। वहाँ हर साल दूर्गापूजा एवं मुर्हरम के अवसर पर घटनाएँ हुआ करती थीं। अधिकांश घटनाएँ रूट को लेकर होती थीं। हिंदू लोग अपनी मूर्ति के जुलूस को मुस्लिम बहुल इलाकों से ले जाना चाहते थे और मस्जिदों के सामने देर तक गाना बजाने का काम करते, ताकि मस्जिद नमाज

बाधित हो। प्रशासन की चुनौती होती थी कि जुलूस को सही रूट से समय की पाबंदी के साथ गुजारे।

मेरे अनुमंडल के बड़कागाँव प्रखंड में दुर्गापूजा के जुलूस के समय एक बड़ी घटना हुई। वहाँ के कई जुलूस वाले निर्धारित रूट का पालन नहीं करते और जबर्दस्ती मुस्लिम बहुल इलाके से गुजरना चाहते थे। मैंने कहा कि इस बार रूट का पालन तो होगा ही और जो रूट सही है, वही मिलेगा। पहले कुछ वर्षों में ऐसा हुआ था कि स्थानीय प्रशासन ने जुलूस के लोगों के दबाव में आकर उसे निर्धारित रूट से अलग मुस्लिम बहुल इलाकों से निकलवा दिया था। इससे लोगों में क्षोभ और विरोध तो होता था, लेकिन यह कहकर अगली बार से निर्धारित रूट का पालन किया जायेगा, काम चला लिया जाता। मैंने सभी स्थानीय पूजा समितियों की बैठक बुलाई और उन्हें स्पष्ट कर दिया कि इस बार जुलूस निर्धारित रूट से ही जायेगा और समय का पालन भी करेगा।

वहाँ परंपरा यह थी कि तीस-चालीस गाँव का जुलूस अलग-अलग निर्धारित रूट से आकर एक बड़े मैदान में जमा होता था, जहाँ कुछ देर के कार्यक्रम के बाद विसर्जित हो जाता था। मैं हजारीबाग में शहर के दुर्गापूजा के जुलूसों को निकलवा रहा था कि उसी समय खबर आई कि बड़का गाँव के लोग जबर्दस्ती मुस्लिम बहुल मुहल्लों से जाना चाहते हैं। जब ऐसा नहीं होने दिया गया तो उस क्षेत्र के विभिन्न जुलूस, जो बड़े मैदान में आये थे, वे यह कहने लगे कि जब तक विवादित जुलूस मुस्लिम मुहल्लों से होकर नहीं आयेगा, वे आगे नहीं बढ़ेंगे। मैं वहाँ पहुँचा, सारे लोगों से देर रात तक बात होती रही। काफी बातचीत के बाद मुझे आश्वस्त किया गया कि वे लोग बड़े मैदान वाले कार्यक्रम को शीघ्र समाप्त कर लेंगे। लेकिन अंदर ही अंदर उनके नेताओं ने योजना बनाई कि मैदान में काफी बड़ी संख्या में लोग जमा हो गये हैं और यह अच्छा मौका है कि मुस्लिम बहुल गाँव में आक्रमण किया जाये, ताकि वे विरोध ही छोड़ दें। ये सब होते-होते सुबह होने लगी थी। मैंने उनके नेताओं को साफ स्पष्ट कर दिया कि वे किसी भी हालत में उस गाँव में आक्रमण नहीं कर पायेंगे, चाहे उन्हें रोकने के लिए मुझे कुछ भी करना पड़े।

सुबह की हल्की रौशनी में जब वहाँ से लोग गाँव की ओर चले तो मेरे पास जो पुलिस बल था, उससे उन्हें रोका गया और हल्का लाठी चार्ज भी किया गया। इसके जवाब में कुछ ग्रामीणों ने बंदूक से गोलियाँ भी चलाई। इसके बाद पुलिस के पास भी गोलियाँ चलाने के अलावा कोई विकल्प नहीं था। भीड़ में तीन लोग मारे गये। अब लाशों को हटाना जरूरी था। गोली चलने से इतना हुआ कि भीड़ तितर-बितर हो गई और लौटने लगी। इसके बाद बड़ी संख्या में जिला से पुलिस बल आ गया।

मेरा गुस्सा बहुत बढ़ा हुआ था और मैं लोगों को अपने सांप्रदायिक आचरण के लिए एक सीख देना चाहता था। इतनी बड़ी संख्या में पुलिस बल और पदाधिकारियों के आने के बाद सुदूर गाँव में खाने का इंतजाम करना मुश्किल था। मैंने कहा कि गाँव में बड़े लोगों के घर में या उनके खेत में जो भी साग-सब्जी, मुर्गी या बकरी उपलब्ध हैं, वह सब उठा लिया जाये। गरीबों को छोड़ दिया गया। हम लोगों ने दस दिनों तक

गाँव के संपन्न लोगों का अनाज, सब्जी, मुर्गी, बकरी, दूध खाया-पीया। जब हमारी जीप उनके गाँवों से गुजरती तो लोग डर कर अपने घरों में छुप जाते।

हम लोगों ने ट्रेनिंग में सीखा था कि सांप्रदायिक मामले में जब इस तरह की घटना घटे तो चारों ओर यह देखना चाहिए कि लोगों ने आपस में कोई जान-माल की क्षति तो नहीं की है। सभी गाँव में बैठक की गई और पता लगाया गया कि कोई व्यक्ति गायब तो नहीं है। एक जगह पता चला कि एक हिंदू व्यक्ति अपनी ससुराल के लिए, जो बगल के गाँव में ही था, गया था, लेकिन लौटा नहीं। उसकी छानबीन शुरू हुई। छानबीन के क्रम में एक जानवर चराने वाले बच्चे ने सूचना दी कि उस गाँव के बगल से गुजरने वाली नदी के किनारे बालू में कुछ छिपा हुआ है, जिस पर चील-कौए काफी जमा हो रहे हैं। जब उसे खोदकर निकाला गया तो पाया गया कि एक कटा हुआ हाथ है और उस हाथ पर एक व्यक्ति का नाम गुदा हुआ है। यह उसी व्यक्ति का हाथ था, जो गायब था। जिस गाँव के बगल में उस व्यक्ति का कटा हाथ मिला था, वह मुस्लिम बहुल था।

अगले दिन बड़ी संख्या में सुबह पाँच बजे मैं पुलिस बल के साथ वहाँ पहुँचा। साथ में आरक्षी अधीक्षक भी थे। हम लोगों ने पूरे गाँव को घेरा और हर घर से खोज कर बीस से चालीस वर्ष के पुरुषों को पकड़कर मैदान में जमा किया गया। उनसे पूछताछ शुरू हुई। मैंने वहाँ पूछताछ का तरीका भी सीखा। इन्हें स्कूल के चार-पाँच कमरे में अलग-अलग बैठा दिया गया। पूछताछ के क्रम में उन्हें सूचना दी गई कि बगल के कमरे में पता चला है कि इस आदमी को मारने के लिए इस व्यक्ति ने पकड़ा था। दूसरे कमरे में यह सूचना दी गई कि उसे मारने के लिए हथियार दूसरे व्यक्ति ने दिया था, मारने का काम तीसरे व्यक्ति ने किया था। फिर छुपाने का काम चौथे व्यक्ति ने किया था। इस प्रकार, उन लोगों के बीच एक-दूसरे के प्रति शक पैदा कर दिया गया और इस तरह की पूछताछ से दो घंटे में हमें पता चल गया कि किन लोगों ने उसे पकड़ा था, किस हथियार से उसे मारा गया था और किसने उसे छिपाने में सहयोग किया था। मारने में उपयोग हुये हथियार की भी बरामदगी हो गई। जब इन लोगों को पुलिस द्वारा मैदान में इकट्ठा कराया जा रहा था, तो उस समय कई के चेहरे लहुलूहान थे। हो यह

रहा था कि पुलिस उन्हें घर से मैदान ले जाते समय अपनी रायफल के बोनेट से मारते हुये ला रही थी। ये देखकर मुझे बहुत गुस्सा आया। मैंने पुलिस के एक हवलदार की वर्दी फाड़ी और कहा कि अभी तुमको इस तरह के व्यवहार के लिए बर्खास्त किया जायेगा। इसका असर हुआ और लोग बिना मार-पीट के मैदान में लाये जाने लगे। बड़का गाँव के महूदी गाँव में हुये इस प्रकरण में एक स्थानीय नेता ने सांप्रदायिक सौहार्द बिगाड़ने में मुख्य भूमिका निभाई थी। बाद में वे वहाँ के विधानसभा के चुनाव में भी खड़े हुये। हम लोगों ने काफी सख्ती से निर्वाचन कराया और वे बुरी तरह हारे, जबकि वे सोच रहे थे कि वहाँ हिंदू-मुस्लिम के बीच घटना कराकर अपने पक्ष में हिंदुओं को गोलबंद कर लिया है। पर ऐसा हुआ नहीं।

हजारीबाग शहर में भी दूर्गापूजा के समय में ऐसी ही बड़ी घटना हुई। दूर्गापूजा के जुलूस का विसर्जन शहर के एक बड़े तालाब में होता था। वहाँ भी एक जुलूस ने जबर्दस्ती रूट बदलकर मुस्लिम बहुल इलाके से निकलना चाहा। उन्हें प्रशासन ने रोक दिया तो वे दुर्गा जी की प्रतिमा को छोड़कर भाग गये। प्रशासन के समक्ष चुनौती थी, उस मूर्ति का जुलूस के रूप में तालाब तक लाना और उसका विसर्जन कराना। इस सांप्रदायिक तनाव को दूर करने के लिए एक शांति समिति की बैठक नगर थाने में आयोजित हुई। वहाँ शहर के कुछ हिंदू नेता, जिसमें कुछ गुंडे भी थे, ने यह आश्वासन दिया कि वे उस मूर्ति का विसर्जन करायेंगे। मेरा विचार था कि मूर्ति का विसर्जन प्रशासन द्वारा अपनी देख-रेख में कराना चाहिए, क्योंकि पहले से काफी तनाव बढ़ चुका है। खैर, जिला पदाधिकारी ने यह निर्णय लिया कि उन लोगों की बात पर विश्वास करना चाहिए और उन्हें जन-सहयोग से मूर्ति विसर्जन कराने की अनुमति देनी चाहिए। उन लोगों ने जिस तरह से मूर्ति का जुलूस निकाला और नारे लगाये, उसका मुस्लिम लोगों ने प्रतिकार किया और दोनों के बीच पत्थरबाजी हुई। इससे देवी की मूर्ति भी कुछ टूट गई। अब तो पूरे शहर में यह अफवाह फैल गई कि शहर के विभिन्न मुहल्लों में हिंदू-मुस्लिम के बीच दंगा हो रहा है और लोग एक-दूसरे की जान ले रहे हैं। यह सब जब होने लगा तो वह हिंदू नेता और उनके सहयोगी स्थल से भाग गये, जिसकी मुझे आशंका थी। मैंने उन नेताओं को उनके घरों से गिरफ्तार किया और थाने की हाजत में बंद कर दिया। अब चुनौती थी—अफवाह को दूर करना और मूर्ति

का ठीक से विसर्जन करना। बाद में, सादे लिबास में सौ पुलिस के जवानों ने मूर्ति के साथ जुलूस निकाला और उसका तालाब में विसर्जन कराया। फिर उसके बाद कर्फ्यू लगाया गया। यह प्रचारित कराया गया कि मूर्ति का विसर्जन हो चुका है। हिंदू और मुस्लिम के बीच कोई दंगा नहीं हुआ है और जिन लोगों ने दंगा भड़काने की कोशिश की, उन्हें गिरफ्तार भी किया जा चुका है। दो दिनों तक देर रात जग कर यह सुनिश्चित करते रहे कि असामाजिक तत्व सड़क पर नहीं निकलें और निकले तो उन्हें गिरफ्तार कर लिया जाये। जिस प्रमुख हिंदू नेता ने ये दंगा भड़काने की कोशिश की थी, उसके घर से काफी मात्रा में अवैध शराब और अवैध हथियार जब्त हुए।

उन दोनों सांप्रदायिक हिंसा की घटनाओं से दो स्पष्ट सीख मिली कि एक सांप्रदायिक तनाव को कठोरता के साथ संभालना चाहिए। पहले दिन दो-तीन लोगों पर ठोस कार्रवाई हो जाती है तो लोग समझ जाते हैं कि गड़बड़ी करने वालों को छोड़ा नहीं जायेगा। चाहे वे कोई भी हों। दूसरा, शांति समिति में बुजुर्ग लोग की तुलना में वैसे लोगों को रखना चाहिए जो इन कार्यक्रमों में सक्रिय भागीदारी रखते हैं।

एक दिन मैं किसी काम से पटना गया था। मेरा ससुराल पटना के कंकड़बाग में था। वहाँ मैं अपने साले के साथ एक पान की दुकान पर पान खा रहा था, तभी एक युवक वहाँ आया और मेरे साले से कहा कि चलिये, मिठाई खिलाता हूँ। जीजा जी की कृपा से सब कुछ बहुत अच्छा चल रहा है। इस पर मेरे साले ने पूछा कि वह क्या काम करता है, तो उसने बताया कि वह हजारीबाग में ट्रक से कोयला ढोने का काम करता है। उसने बताया कि उसने हजारीबाग में प्रचारित कर दिया है कि अनुमंडल पदाधिकारी मेरे जीजा जी हैं और मैं उनके ट्रक को चलवाता हूँ और कोयला ढोता हूँ। इनका नाम लेने से पुलिस और ट्रैफिक वाले मुझे बिल्कुल तंग नहीं करते और इस कारण वह काफी पैसे बचा रहा है। उसके ट्रक की जाँच भी नहीं होती। मैं यह सब ध्यान से सुन रहा था। फिर उसने बताया कि एक बदमाश ट्रैफिक इंस्पेक्टर आ गया है, जिसने मुझे कहा कि किसी की भी गाड़ी हो, पैसा तो लगेगा ही। इस आदमी ने अपनी बुद्धि का प्रयोग करते हुए उस ट्रैफिक इंस्पेक्टर को कहा कि ठीक है, लेकिन मेरे पास तो पैसा नहीं है, पैसा तो एसडीओ साहब से माँगकर ही लाना पड़ेगा। उसने

जब अपना ट्रक एसडीओ के घर की तरफ मोड़ा तो ट्रैफिक इंस्पेक्टर घबरा गया और अंत में बोला, ठीक है, आप जाइये। वह आदमी चटकारे लेकर इन सारी चीजों का बखान कर रहा था। बिना जानते हुए कि उसका एसडीओ जीजा मैं ही हूँ। खैर, जब मैं हजारीबाग लौटा तो अनुमंडल आरक्षी पदाधिकारी से जाँच कराकर उस व्यक्ति को जेल भेजा और जो पुलिस और ट्रैफिककर्मी और पदाधिकारी पैसा उगाही में संलिप्त पाये गये, उन्हें निलंबित कर उन पर विभागीय कार्यवाही चलाई गई।

हजारीबाग के चरही में टाटा की बहुत बड़ी कोयला खदान थी। वहाँ के कोयले की गुणवत्ता भी अच्छी थी और वहाँ ओपेन कास्ट माइनिंग से कोयला निकाला जाता था, इसलिए खर्च भी कम आता था। हजारीबाग के उस समय के आयुक्त श्री के.बी. सक्सेना के पास कुछ आदिवासी लोग आये, जिन्होंने कहा कि कोयला खदान में उनकी जमीन भी गई है, लेकिन टाटा ने उनकी जमीन का नगद मुआवजा तो दिया है, लेकिन नौकरी नहीं दी गई है। मैंने प्रबंधन को एक नोटिस भेजा। प्रबंधन ने बताया कि यह मामला तो बहुत पुराना है और मुआवजा दिया जा चुका है और मुआवजा दिये जाने के समय लाभार्थी के परिवार में कोई भी वयस्क नहीं था, इसलिए नौकरी नहीं दी गई।

मुझे पता चला कि टाटा प्रबंधन के रूसी मोदी चरही आ रहे हैं तो मैं भी चला गया। मैंने उन्हें यह बात बताई कि इस मामले में लिए गये जमीन के बदले आवेदक को कोई नौकरी नहीं मिली। उस आदमी का एक बच्चा तो 20 वर्ष का था, लेकिन दूसरा 16 वर्ष का था। टाटा प्रबंधन के श्री मोदी को समझ में आ रहा था कि उन्हें नौकरी देने का वैधानिक दायित्व नहीं है, लेकिन उन्होंने कहा कि हमें वैधानिक दायित्व से बाहर भी जाना चाहिए। उन्होंने 20 वर्ष के आयु वाले बच्चे को न केवल नौकरी दी, बल्कि 16 वर्ष के बच्चे के लिए भी एक नौकरी आरक्षित करवा दी। फिर बातचीत में उन्हें पता चला कि मैं हजारीबाग शहर में एक स्टेडियम बनवा रहा हूँ तो उन्होंने तुरंत अपनी तकनीकी टीम को कहा कि आप जाकर देखिये और हर तरह का सहयोग कीजिये। अगले दिन हजारीबाग में टाटा की तकनीकी टीम बड़े-बड़े उपकरणों के साथ आई

और स्टेडियम बहुत तेजी से बनने लगा। मैंने श्री रूसी मोदी के साथ बिताये गये कुछ घंटों में प्रबंधन के बहुत सारे तरीकों को भी सीखा।

देश के तत्कालीन प्रधानमंत्री श्रीमती इंदिरा गाँधी की हत्या उनके सिख सुरक्षाकर्मी के द्वारा की गई थी। इस कारण पूरे देश में सिखों के विरोध में बहुत बड़ी हिंसक कार्रवाई प्रारंभ हो गई। हजारीबाग अनुमंडल के रामगढ़ में दो आर्मी रेजीमेंट-सिख रेजीमेंट एवं पंजाब रेजीमेंट का मुख्यालय था। सिख रेजीमेंट शत-प्रतिशत सिखों का रेजीमेंट था, जबकि पंजाब रेजीमेंट में आधे सिख और आधे गैर-सिख थे। उस समय रामगढ़ हजारीबाग अनुमंडल का एक हिस्सा था, जहाँ मैं कैंप कोर्ट एवं अन्य बैठकों के लिए जाता था। मैं छावनी एरिया के प्रशासन के प्रभार में भी था, इसलिए मेरी दोनों रेजीमेंट के कमांडिंग ऑफिसरों के साथ भेंट होती रहती थी। रामगढ़ बाजार में भी सिखों की एक बड़ी आबादी रहती थी, जिनका आर्मी रेजीमेंट से काफी घनिष्ठ संबंध हो गया था। उन्हीं दिनों जब एक शाम मैं ब्रिगेडियर पुरी, जो सिख रेजीमेंट के कमांडिंग ऑफिसर थे, के घर खाने गया तो मैंने उनसे सिख समुदाय के बीच तनाव की बात की। ब्रिगेडियर पुरी ने मुझसे कहा कि तुम सिविलियन लोगों का दिमाग गंदा होता है। सिख रेजीमेंट के सारे सिख जवान और पदाधिकारी मेरे बच्चे हैं। फिर भी मैंने उन्हें रामगढ़ बाजार में चल रहे अफवाह से अवगत कराया। अफवाह यह थी कि सिख रेजीमेंट के जवानों को घर जाने के लिए छुट्टी नहीं मिल रही है। वे लोग अपने परिवारों की सुरक्षा के लिए चिंतित हैं। उनके घरों से जो चिट्ठी आती है उसे भी स्क्रीन किया जाता है।

इसके तीन दिन बाद जब मैं हजारीबाग में था तो सुबह नौ बजे खबर आई कि रामगढ़ अवस्थित सिख रेजीमेंट में बड़ी संख्या में जवान बाहर निकलकर हवा में फायरिंग कर रहे हैं। मैंने पता किया तो आरक्षी अधीक्षक रांची गये हुए थे और उन्हें भी घटना की जानकारी हो गई थी। जिले के जिला पदाधिकारी नये-नये आये थे और अपना सामान लाने पटना गये थे। अतः मैं ही हजारीबाग में उच्च पदाधिकारी बचा था। मैं रामगढ़ के लिए चला। उस जमाने में अनुमंडल पदाधिकारी के पास जीप होती थी। मैं उसे खुद चला रहा था और चालक पीछे बैठा था। मैं गाड़ी में लाल बत्ती नहीं लगाता था, इसलिए गाड़ी सामान्य व्यक्ति की लगती थी। जब मैं हजारीबाग से रामगढ़

की ओर पंद्रह-बीस किलामीटर पहुँचा तो मैंने देखा कि दर्जनों ट्रक में सिख जवान रामगढ़ की ओर से आ रहे हैं। आसमान में हवाई फायरिंग कर रहे हैं और भिंडरवाला जिंदाबाद, इंदिरा गाँधी मुर्दाबाद, पंजाब चलो आदि का नारा लगा रहे हैं। यह स्थिति देखकर मेरे चालक ने गाड़ी चलाने की पेशकश की तो मैंने उसे मना कर दिया। मैं गाड़ी चलाता हुआ मुख्य सड़क के बगल में अवस्थित चरही थाना पहुँचा। थाने के वायरलेस से रामगढ़ संपर्क किया तो वहाँ पदस्थापित अनुमंडल आरक्षी पदाधिकारी ने बताया कि सिख रेजीमेंट के जवानों ने बिग्रेडियर पुरी की हत्या कर दी है। वहाँ का शस्त्रागार लूट लिया है और उसकी कैंटीन भी लूट ली है। ये सभी लोग रेजीमेंट परिसर से बाहर निकलकर सड़क की गाड़ियों को पकड़ रहे हैं। शुरू में तो उन लोगों ने ज्यादा संख्या में ट्रकों को पकड़ा, बाद में बस, कार आदि भी लेने लगे और इन वाहनों के माध्यम से पंजाब की ओर जाने का कार्यक्रम प्रारंभ किया। यह भी पता चला कि उस दिन सुबह सिख रेजीमेंट के परिसर में अवस्थित गुरुद्वारों में बाहर का कोई धर्मगुरु आया था, जिसने सारे लोगों को भड़काया। उसने बताया कि पंजाब में माँ-बेटियों के साथ जुल्म हो रहा है और बड़ी संख्या में लोग मारे जा रहे हैं। अतः सभी को अस्त्र-शस्त्र के साथ पंजाब जाकर उनकी रक्षा करनी चाहिए। जब धर्मगुरु के इस भाषण की जानकारी कमांडिंग ऑफिसर ब्रिगेडियर पुरी को मिली, तो उन्होंने ऑफिसरों से कहा कि मैं खुद जाकर उन्हें समझाऊँगा। कुछ बच्चे बहक गये होंगे, लेकिन मैं स्थिति संभाल लूँगा। लूटे जा रहे शस्त्रागार के सामने जब वह पहुँचे तो सिख जवानों ने दर्जनों गोलियाँ चलाकर उनकी हत्या कर दी। आश्चर्यजनक यह था कि सिख रेजीमेंट के बिल्कुल बगल में पंजाब रेजीमेंट था, लेकिन पंजाब रेजीमेंट ने इस घटना को रोकने में कोई दिलचस्पी नहीं दिखाई और वे अपनी सुरक्षा में ही लगे रहे। वहाँ के कमांडिंग ऑफिसर ने अपने परिवार को पूरी सुरक्षा के साथ रामगढ़ से बाहर भेज दिया। मैंने इस मामले की सूचना पटना में गृह विभाग को दी और अनुरोध किया कि पटना से आर्मी भेजी जाये, ताकि इन लोगों को रोका जा सके। पटना में इस घटना को लेकर एक कंट्रोल रूम स्थापित हुआ। कंट्रोल रूम से मुझे आदेश आया कि पंजाब जा रहे लोगों को मुख्य सड़क को ब्लास्ट कर रोका जाये। मैंने अपनी पुलिस लाइन से पता किया तो दस-बारह सिपाही लाइन में थे, जो पूजा कराने, खाना बनाने

आदि का काम करते थे। बाकी लोगों की प्रतिनियुक्ति कहीं-कहीं हो चुकी थी। मैंने भारतीय प्रशासनिक सेवा में सेना के साथ प्रशिक्षण के क्रम में ये पाया था कि सेना के पास अत्याधुनिक हथियार होते है, जबकि हमारी पुलिस के पास 303 की रायफल होती है। यह भी सवाल था कि सड़क को कैसे उड़ाया जाये। मैंने अपने अनुमंडल की कोयला खदानों से संपर्क किया तो उन्होंने बताया कि रामगढ़ में उनका एक्सप्लोसिव का स्टोर है, जहाँ से एक्सप्लोसिव निकालकर भेजने और उसे लगाकर सड़क ब्लास्ट करने में चार-पाँच घंटे का समय लगेगा। मैंने पटना के कंट्रोल रूम को स्थिति बताई और मैंने स्पष्ट किया कि इन्हें सेना के द्वारा ही रोका जा सकता है। स्थानीय पुलिस के लोग उनका कुछ नहीं बिगाड़ पायेंगे। हजारीबाग के आरक्षी अधीक्षक, जो राँची की ओर रामगढ़ होते हुए हजारीबाग आ रहे थे, मैंने उनसे अनुरोध किया कि आप राँची से आने वाले वाहनों को रोकें ताकि इन्हें रामगढ़ से पंजाब जाने के लिए वाहन नहीं मिल सके। फिर मुझे हजारीबाग से खबर आने लगी कि रामगढ़ से जितने लोग चले हैं, वे और उनके वाहन हजारीबाग बस स्टैंड में आकर रुक गए है। वाहन में तेल की कमी हो रही थी। अधिकांश लोगों ने काफी लूटी हुई शराब पी ली थी, लेकिन चार-पाँच घंटे में जब उनका नशा कम होने लगा तो उनमें से बहुत सरकार के प्रतिनिधि के सामने आत्मसमर्पण करना चाहते थे। उन्हें यह भी डर होने लगा था कि उनका कोर्ट मार्शल होगा और उन पर सख्त कार्रवाई होगी। समस्या तब बढ़ गई, जब बिहार और बंगाल के बीच चलने वाली बसें, जिन पर सामान्य यात्री यात्रा कर रहे थे, वे हजारीबाग बस स्टैंड से आगे नहीं बढ़ पा रहे थे। इससे दो तरह की समस्या पैदा हुई। जो बाहर की गाड़ियाँ आ रही थीं और हजारीबाग में रुकी हुई थीं, उन्हें अपने गंतव्य की तरफ भेजना और दूसरी ओर सिख रेजीमेंट के जो सैनिक और उनके पदाधिकारी पंजाब जाना चाहते थे, उन्हें पंजाब की ओर भेजना। काफी देर तक बस में बैठे रहने के कारण लोग पानी, चाय, दूध और खाने की अन्य सामग्री चाह रहे थे। जो पंजाब की ओर जा रहे थे, वे भी खाने-पीने की सामग्री खोज रहे थे। यह सब जानकर मैं हजारीबाग लौटा और सभी के लिए पानी, तुरंत खाने की सामग्री आदि की व्यवस्था की। कुछ पदाधिकारियों की सहायता से वैसे ट्रकों को चिन्हित किया गया, जिनके चलाने वाले सिख थे। उन सबको एक लाइन में लगवाकर तैयार करने के बाद विभिन्न वाहनों से

आये पंजाब जा रहे अधिकांश लोगों को उन ट्रकों में बैठा दिया गया। कुछ जो अन्य वाहनों में थे और उसी से आना-जाना चाहते थे, उनको भी छोड़ दिया गया।

पटना से सूचना आई कि दानापुर रेजीमेंट से बड़ी संख्या में आर्मी के सैनिक और पदाधिकारी इन लोगों को रोकने के लिए चल रहे हैं। मैंने पटना मुख्यालय को बताया कि दो घंटे में वे बरही पार कर जायेंगे, जो हजारीबाग की सीमा थी। अतः उनको आगे के जिले में रोका जाये, इसलिए आर्मी को वहाँ भेजना होगा। यद्यपि बड़ी संख्या में लोग आगे के लिए निकल चुके थे, लेकिन कुछ लोग अभी भी रामगढ़ और हजारीबाग के बीच छोटे-बड़े वाहनों में पड़े थे। उन लोगों ने यह सोचकर कि मुख्य सड़क से जाना ठीक नहीं होगा, कई ग्रामीण सड़कों का उपयोग किया और पंजाब के लिए निकले। चार बजे मुझे सूचित किया गया कि दानापुर रेजीमेंट से सेना रामगढ़ जा रही है। लेकिन दानापुर रेजीमेंट से सेना उस दिन रात में ही चल पाई और अगली सुबह बरही में रुक गई। पता चला कि उस सेना के कमांडिंग ऑफिसर की गाड़ी खराब हो गई है और जब तक उसकी मरम्मत नहीं होती, पूरा काफिला रुका रहेगा।

अगले दिन सुबह 8 बजे आर्मी का वह काफिला हजारीबाग आया। मुझे पटना से हिदायत मिली कि मैं उस काफिले के कमांडिंग ऑफिसर, जो मेजर दर्जे के पदाधिकारी थे, से बात करूँ और उनसे कहा जाये कि वे काफिला वापस पटना की ओर लौटायें। हुआ यह था कि पंजाब जा रहे सैनिकों और पदाधिकारियों में से कुछ लोग वाहन सहित ग्रैंड ट्रंक रोड छोड़कर पटना की तरफ चल दिये। पटना में यह डर हो गया था कि अब ये पटना में समस्या पैदा करेंगे। अतः रामगढ़ जा रहे काफिले को लौटाने की बात हुई। यह भी बताया गया कि रामगढ़ की समस्या को दूर करने के लिए राँची से सेना भेजी जा रही है। जब मैंने कॉन्वाय के कमांडिंग ऑफिसर को पटना के निर्णय की जानकारी दी तो वह सुनने से इंकार करने लगा और कहा कि हमें रामगढ़ जाने का आदेश हुआ है और हम रामगढ़ ही जायेंगे। मैंने पढ़ा था कि अनुमंडल पदाधिकारी प्रोटोकॉल में अपने क्षेत्र में मेजर से सीनियर होता है। अतः उसे मैंने डाँटकर कहा कि आप पहले अपने सुपीरियर से बात करें, जहाँ से यह आदेश आया है। मजबूरी में उसने बात की और वह कॉन्वाय वापस पटना की ओर गई। अगले दिन मैं रामगढ़ पहुँचा।

पूरे सिख रेजीमेंट का परिसर क्षत-विक्षत था और ब्रिगेडियर पुरी की लाश जलाने के लिए आवश्यक कार्रवाई की जा रही थी। वहाँ आरक्षी अधीक्षक भी आ गये थे। हमने ब्रिगेडियर पुरी की चिता ससम्मान जलवाई और पूरे परिसर, शस्त्रागार एवं कैंटीन की जाँच कर सरकार को एक प्रतिवेदन भेजा। यह भी बात सामने आई कि बहुत सारे लोग जो हथियार आदि लेकर निकले थे, वे वाहनों की कमी के कारण हजारीबाग जिला से बाहर नहीं निकल पाये। रामगढ़ से हजारीबाग के बीच के थानों में लाउडस्पीकर से प्रचार कराया गया कि ऐसे सभी लोग अपने शस्त्र के साथ स्थानीय पुलिस के समक्ष आत्मसमर्पण करें। इसका प्रभाव ये हुआ कि कई दर्जन लोगों ने पुलिस के सामने आत्मसर्मपण किया, लेकिन अधिकांश के पास हथियार नहीं थे। उन्होंने बताया कि वे बिना हथियार के ही निकले थे, जबकि बाद में सच्चाई सामने आई कि काफी बड़ी संख्या में इनके हथियार असामाजिक तत्वों के पास चले गये। इनमें से कई सैनिकों ने तो ट्रैफिक पुलिस के सामने ही आत्मसमर्पण कर दिया था।

पंजाब जा रहे इन भगोड़ों को बिहार के बाहर बनारस के पास रोका जा सका। आर्मी ने उन्हें रोका। इन सारी घटनाओं का रामगढ़ और हजारीबाग शहर में काफी कुप्रभाव पड़ा। हिंदू -सिख के बीच तनाव काफी बढ़ गया था। रात में एक तरफ जय बजरंग बली, दूसरी तरफ भिंडरवाला जिंदाबाद के नारे लगते रहे। हम लोग पूरी रात लाउडस्पीकर से शांति-व्यवस्था बहाल करने की अपील करते रहे। दोनों समुदायों के जो असामाजिक तत्व थे, उनके घरों की तलाशी ली गई तो भारी संख्या में अस्त्र-शस्त्र बरामद हुए। उन सबको रात में ही जेल भेजा गया। इस कार्रवाई का प्रभाव हुआ। अगले दिन तक स्थिति सामान्य हो गई।

दो वर्ष के कार्यकाल के बाद मेरा हजारीबाग से स्थानांतरण हुआ। इस अवसर पर आयुक्त महोदय ने मुझे रात के खाने पर बुलाया। सक्सेना साहब खुद अपना खाना बनाते थे। रोटी-सब्जी और दाल बनी थी। जब मैं खाना खाने वाला था, तभी वे एक छोटी-सी रम की बोतल ले आये। वे शराब के विरोधी थे। लेकिन वे जानते थे कि मैं शराब पीता हूँ।

हजारीबाग से स्थानांतरित होकर मैं गोपालगंज चला आया। यहाँ मेरी पोस्टिंग उप-विकास आयुक्त के रूप में हुई थी। जब मैं योगदान देने गोपालगंज पहुँचा तो मेरे पास दो सूटकेस थे। उप-विकास आयुक्त का आवास अंग्रेज के जमाने का बना एक पुराना बंगला था। जब मैं बंगले पर पहुँचा, तब करीब तीस-पैंतीस आदमी उस बंगले में घूम रहे थे। मैं अकेला था। उन दिनों मेरी पत्नी जेएनयू में पीएच डी कर रही थी। मैंने उस बंगले के एक छोटे कमरे का रहने के लिए चयन किया। मैंने सोचा कि मैं नया-नया आया हूँ, इसलिए इतने सारे लोग मिलने या देखने आये हैं। काफी समय गुजर जाने के बाद भी वे उसी बंगले में घूम रहे थे, तो मैंने निजी सहायक से पूछा कि ये यहाँ पर क्यों हैं और ये क्या करते हैं। निजी सहायक ने बताया कि ये इसी आवास में काम करते हैं। इन लोगों की आठ-आठ घंटे की टेलीफोन ड्यूटी है, दो लोग गाय पालने के लिए हैं, दो व्यक्ति कुत्तों का ख्याल रखते हैं। सात-आठ माली हैं, तीन खानसामा (खाना बनाने वाला) है, बाकी आदेशपाल एवं सुरक्षाकर्मी हैं। मैंने उन्हें बताया कि मेरे पास न तो गाय है और ना ही कुत्ता है। मुझे इतने लोगों की जरूरत नहीं है। न्यूनतम लोगों को रखकर बाकी को दूसरे कामों में लगाया जाये। बाद में पता चला कि जिला परिषद के ऐसे तीन सौ कर्मचारी थे, जो बिना विशिष्ट आवश्यकता के अवैध रूप से नियुक्त थे। मेरे इस निर्णय के बाद आठ लोगों को छोड़कर बाकी लोगों को हटाने का निर्णय हुआ। अगले दिन पता चला कि हटाए गये लोगों में से एक व्यक्ति शहर के बगल से गुजरने वाली नदी पर बने पुल से कूद गया। उसे किसी तरह बचाया गया। नौकरी से हटाये जाने से निराश होकर उसने आत्महत्या की कोशिश की थी।

इस घटना से मैं समझ गया कि नौकरी से हटाना उपाय नहीं है। इन सभी से कुछ-न-कुछ तो काम लेना ही होगा। अगले कार्य दिवस पर जिला परिषद के सभी पदाधिकारियों एवं कर्मचारियों की बैठक बुलाई गई। मैंने स्पष्ट कह दिया कि हर कर्मी को जिला परिषद के लिए इतनी आय तो करनी होगी, जितनी कि वे वेतन लेते हैं। गोपालगंज में कई चीनी मिल थी, जहाँ पाँच-छह महीने चीनी बनाने का काम होता था। गाँव से किसान बैलगाड़ी-टायरगाड़ी से अपना गन्ना मिलों में लाते थे। जिला परिषद को उन बैलगाड़ी, टायरगाड़ी से टैक्स लेने का प्रावधान था। बहुत दिनों से यह

काम नहीं हो रहा था। मैंने बड़ी संख्या में कर्मचारियों को इस काम में लगाया कि आप टैक्स वसूलें। जिला में जिला परिषद की कई सड़के ऐसी थीं, जिनके किनारे बहुत पुराने-पुराने वृक्ष लगे थे। उन वृक्षों के गिरने पर स्थानीय दबंग लोग कागजी नीलामी दिखाकर औने-पौने दाम पर ले लेते थे। उन्हें रोका गया और यह निर्णय हुआ कि जिला परिषद की सड़क के किनारे गिरे ऐसे वृक्षों को उठाकर अनुमंडल स्तर पर लाया जायेगा और उसकी नीलामी विस्तृत विज्ञापन करके की जायेगी। इससे भी जिला परिषद को काफी आय होने लगी। बाकी लोगों को जिला परिषद की संपति पर, वृक्षों की नंबरिंग और सूची बनाने में लगाया गया। कुछ लोगों को जिला परिषद की बिखरी हुई संपतियों को चिन्हित करने, उसे सुरक्षित करने में लगाया गया।

गोपालगंज शहर के बीच जिला परिषद की काफी अच्छी जमीन थी, उसे शॉपिंग कॉम्प्लेक्स के रूप में विकसित करने का निर्णय लिया गया। शॉपिंग कॉम्प्लेक्स का एक नक्शा बनाकर यह विज्ञापन निकाला गया कि जिस दुकान के लिए जो लोग सबसे ज्यादा चंदा देंगे, उनके साथ उस दुकान की बंदोबस्ती की जायेगी। इससे काफी बड़ी राशि आई और उससे शॉपिंग कॉम्प्लेक्स का निर्माण हुआ। उस कॉम्प्लेक्स के ऊपरी तलों को बैंकों को किराये पर दे दिया गया। जब दुकानदारों को पता चला कि यह तो उनको दस वर्षों के लीज पर मिला है, और उनकी संपत्ति नहीं हुई तो वे न्यायालय गये। न्यायालय ने कहा कि विज्ञापन में स्पष्ट था कि सबसे अधिक चंदा देने वाले के साथ दुकान की बंदोबस्ती की जायेगी। आपने चंदा दिया है, दुकान नहीं खरीदी है। अतः उनके साथ लीज पर बंदोबस्ती हुई। हालाँकि लीज में अवधि विस्तार का प्रावधान रखा गया। इससे इतनी अच्छी आय हुई कि हमें अपने पदाधिकारी-कर्मचारियों को हर माह समय पर वेतन आदि भुगतान करने में कोई दिक्कत नहीं होती थी, भले ही सरकार से समय पर अनुदान आये या नहीं।

गोपालगंज में प्रसिद्ध थावे का मंदिर है। गोपालगंज के लोग अपने हाथ पर लाल धागा बाँधते थे, जिसे सुरक्षा कवच माना जाता है। गोपालगंज शहर में मोटर साइकिल, रायफल और लाल सुरक्षा धागे का फैशन था। मैंने पाया कि गोपालगंज के लड़के काफी लंबे, स्वस्थ और मजबूत हैं, लेकिन रोजगार के अभाव में चौक-

चौराहों पर चाय पीने, थानों और प्रखंडों में दलाली करने में अधिकांश समय गुजारते हैं। उनमें से कई तो काफी अच्छे फुटबॉल, वॉलीबॉल, बैंडमिंटन के खिलाड़ी भी थे। मैंने इन लड़कों को बुलाया और कहा कि अगर उन्हें काम मिले तो करेंगे तो उन्होंने कहा, अगर मिले तो जरूर करेंगे। उस समय ग्रामीण विकास विभाग की एक योजना थी, जिसमें स्व-रोजगार के लिए एक लाख रुपये तक का ऋण मिलता था। मैंने तीस बेरोजगार खिलाड़ियों को ये ऋण दिलवाया और जिला परिषद की सड़क के किनारे की जमीन को आवंटित कर उनकी दुकान शुरू करवाई। तीस में से बीस की दुकान काफी अच्छी चल निकली और वे वहाँ रोल मॉडल बने।

एक दिन मेरे आवास पर शाम को एक कार्यक्रम था, जिसमें काफी संख्या में शहर के लोग आये हुए थे। शहर के एक प्रमुख चिकित्सक ने बगल में बैठे आरक्षी अधीक्षक से कहा कि वह बाहर गाड़ी खुली ही छोड़कर आ गये हैं, उसे लॉक करके आते हैं। आरक्षी अधीक्षक ने कहा कि शहर के अधिकांश बदमाश अभी उप विकास आयुक्त के परिसर में ही हैं, इसलिए चोरी नहीं होगी। यही बदमाश बाद में अच्छे व्यवसायी बन गये और बेहतर नागरिक भी।

गोपालगंज में जब मेरा पदस्थापन हुआ था, उसके कुछ समय पूर्व ही वहाँ के जिला पदाधिकारी की हत्या हुई थी। यह हत्या एक धार्मिक गुरु ने करवाई थी। जिले में उदंडता का माहौल था। हमने आरक्षी अधीक्षक से मिलकर निश्चित किया कि पहले जिले में कानून का राज कायम किया जाये, तभी विकास का काम हो सकता है। साथ ही, उपाय करके युवाओं को रोजगार एवं खेलकूद में लगाना पड़ेगा और असामाजिक तत्वों के विरुद्ध कठोर कार्रवाई करनी होगी, ताकि लोगों को लगे कि कोई कानून से ऊपर नहीं है।

मेरे आवास के पीछे एक फुटबॉल स्टेडियम था, जिसका नाम मिंज स्टेडियम था। लेकिन उस स्टेडियम में कोई गैलरी नहीं होने के कारण बड़ी संख्या में दर्शक खेल का आनंद नहीं ले पाते थे। मैंने मिंज स्टेडियम के चारों ओर गैलरी निर्माण का निर्णय लिया और इसके लिए राशि भी स्वीकृत कराई। स्टेडियम की गैलरी के लिए अतिरिक्त भूमि की आवश्यकता थी। मैंने सरकार को प्रस्ताव भेजा कि उप-विकास

आयुक्त के आवास, जिला परिषद कार्यालय एवं अन्य सरकारी भवन से कुछ जमीन लेकर यह काम किया जा सकता है। लंबे समय तक इस पर सरकार का कोई निर्णय नहीं आया तो मैंने निर्णय की प्रतीक्षा में गैलरी का निर्माण करा दिया। जब निर्माण हो गया और उसकी चर्चा राज्य में होने लगी, तब मुझसे स्पष्टीकरण माँगा गया कि यह निर्माण मैंने सरकार की स्वीकृति के बिना कैसे कराया। मैंने सरकार को सूचित किया कि राज्य सरकार किसी को भी भेजकर इस कार्य की जाँच करा सकती है कि गैलरी बनी है या नहीं और जितनी राशि व्यय हुई है, वह सही है या नहीं। खैर, इस मामले का अंत हुआ।

एक बार मैं जिला परिषद के अध्यक्ष पद का निर्वाचन पदाधिकारी था। ग्यारह बजे तक नामांकन किया जाना था। ग्यारह बजने के दो मिनट पहले तक कोई नामांकन नहीं आया, फिर एक व्यक्ति आया, जिसके हाथ में दो कागज थे। उसने एक कागज मुझे दिया, जिसमें उसके नाम का प्रस्ताव था और दूसरा कागज मेरे सामने चबा गया। जब मैंने लोगों को बताया कि अध्यक्ष पद के लिए एक ही नामांकन आया है तो काफी लोगों ने उस व्यक्ति की पिटाई प्रारंभ की। जाँच करने पर पता चला कि सभी लोगों ने आपस में मिलकर सर्वसम्मति से किसी अन्य व्यक्ति के नाम का प्रस्ताव किया था, लेकिन उस प्रस्ताव के कागज को वह व्यक्ति खा गया और अपने नाम वाले प्रस्ताव का कागज मुझे उपलब्ध करा दिया। बाद में पुलिस आई और लोगों को हटाया गया। वह व्यक्ति एकल नामांकन के आधार पर अध्यक्ष पद पर निर्वाचित हुआ।

एक बार उप-विकास आयुक्त रहते हुए जिला पदाधिकारी के पद के प्रभार में था तो उस जिले के सिविल सर्जन मेरे कार्यालय में काफी गुस्से में आये। मुझे मालूम था कि उनका स्थानांतरण गोपालगंज से किसी अन्य जिले के लिए हो गया है। उन्होंने लिखित आवेदन देकर कहा कि उन्हें स्थानांतरित जगह अंतिम वेतन पुर्जे के साथ जाना है और अंतिम वेतन पुर्जा देने वाले प्रशाखा के प्रशाखा पदाधिकारी इस कार्य के लिए सौ रुपये की रिश्वत माँग रहे हैं। मैंने उस प्रशाखा पदाधिकारी को अपने कार्यालय कक्ष में बुलवाया और मैंने पूछा कि सिविल सर्जन अंतिम वेतन पुर्जा देने के लिए आपके द्वारा रिश्वत माँगने की बात कर रहे हैं। क्या आपने रिश्वत माँगी है?

उस प्रशाखा पदाधिकारी ने कहा कि हाँ, मैंने रिश्वत माँगी है। इस पर मेरा गुस्सा बढ़ा, मैंने कहा कि इसके लिए आपको निलंबित कर विभागीय कार्यवाही चलाई जायेगी। प्रशाखा पदाधिकारी ने कहा कि रिश्वत माँगने के लिए उनके विरुद्ध कार्यवाही चलनी चाहिए, लेकिन सिविल सर्जन महोदय के विरुद्ध भी कार्यवाही होनी चाहिए। सिविल सर्जन साहब अस्पताल के समय में निजी प्रैक्टिस करते हैं। प्रशाखा पदाधिकारी ने अपने बच्चे को उनसे दिखाया है और सौ रुपये फीस दी है। मैंने कहा कि दोनों बात गलत है। प्रशाखा पदाधिकारी के विरुद्ध विभागीय कार्यवाही नहीं हुई और सिविल सर्जन साहब बिना घूस दिये अपना अंतिम वेतन पुर्जा लेकर अपने स्थानांतरित जिला में चले गये।

जब मैं वैशाली जिला का जिला पदाधिकारी नियुक्त हुआ, इसे रेड डिस्ट्रीक्ट (लाल जिला) कहा जाने लगा। क्योंकि वहाँ के डीएम, एसपी और एसडीओ—तीनों जेएनयू के पूर्ववर्त्ती छात्र थे। तीनों की पत्नियाँ भी जेएनयू की थीं। आरक्षी अधीक्षक रितुराज की पत्नी दक्षिण भारत की थीं, तो अनुमंडल पदाधिकारी त्रिपुरारी शरण की पत्नी दूसरी जाति से आती थीं।

लोकसभा के चुनाव का समय था। मेरे जिले में हाजीपुर लोकसभा निर्वाचन क्षेत्र का पूरा क्षेत्र था और वैशाली लोकसभा निर्वाचन क्षेत्र का दो बिहार विधानसभा का क्षेत्र। मैं हाजीपुर लोकसभा क्षेत्र का जिला निर्वाचन पदाधिकारी था और वैशाली क्षेत्र के लिए जिला पदाधिकारी, मुजफ्फरपुर जिला निर्वाचन पदाधिकारी थे। वैशाली लोकसभा क्षेत्र से मुख्यमंत्री की पत्नी श्रीमती किशोरी सिन्हा चुनाव लड़ रही थीं और हाजीपुर से श्री रामविलास पासवान। हाजीपुर लोकसभा निर्वाचन क्षेत्र से रामविलास पासवान रिकॉर्ड मत से जीते और विश्व रिकॉर्ड भी बनाया। उनकी जीत पाँच लाख मतों से ज्यादा की थी। उस जमाने में भारतीय निर्वाचन आयोग का जिला निर्वाचन पदाधिकारियों पर पूर्ण विश्वास होता था। चुनाव पर्यवेक्षक तो होते थे, लेकिन आज की तरह पूरी चुनाव-प्रक्रिया में उनकी दखलअंदाजी नहीं होती थी। हाजीपुर लोकसभा क्षेत्र में मतदान के बाद प्राप्त प्रतिवेदनों के आधार पर कुछ जगह पुनर्मतदान की स्थिति आई। चुनाव पर्यवेक्षक ने मुझसे पूछा कि कितने केंद्रों पर पुनर्मतदान

कराने के लिए बैलेट पत्र हैं। मैंने बताया कि तीन मतदान केंद्र पर हम पुनर्मतदान कर सकते हैं। चुनाव पर्यवेक्षक ने तीन केंद्रों पर पुनर्मतदान की घोषणा की। जब हाजीपुर लोकसभा निर्वाचन क्षेत्र के मतों की गिनती चल रही थी तो मतदान समाप्त होने के समय श्री रामविलास पासवान जी को 4,99,000 के आस-पास मत आये। वे लोग पाँच लाख मतों का आँकड़ा पार करना चाहते थे। उनके प्रतिद्वंद्वी की तो जमानत जब्त हो गई थी। मैंने रामविलास जी से कहा कि आपकी इतनी अच्छी विजय हो रही है। पाँच लाख के फेरे में मत पड़िये और आपके निर्वाचन की घोषणा के बाद शहर में विजय जुलूस भी नहीं निकलना चाहिए। विधि व्यवस्था की कोई समस्या पैदा नहीं होनी चाहिए। वे मान गये। मैंने उनके प्रतिद्वंद्वी को अपनी कार से उनके घर भेज दिया। चुनाव के परिणाम की घोषणा हो गई और श्री रामविलास पासवान वहाँ से लोकसभा सदस्य निर्वाचित किये गये। अगले दिन जब चुनाव के आँकड़ों की बूथवार रिपोर्ट बन रही थी, तो यह बात प्रकाश में आई कि राघोपुर विधानसभा क्षेत्र के एक राउंड में श्री रामविलास पासवान के प्राप्त मतों को कुल मतों में जोड़ा ही नहीं गया है। निर्वाचन से जुड़े पदाधिकारियों ने कहा कि चुनाव का परिणाम घोषित हो चुका है और श्री रामविलास पासवान जी को सर्टिफिकेट भी दिया जा चुका है तो छूट गये मतों को छोड़ देना चाहिए अन्यथा कई तरह की समस्या आयेगी। लेकिन मेरा मन नहीं माना। मैंने फिर से बूथवार टोटलिंग कराई और राघोपुर के छूट गये मतों को जोड़ने के बाद श्री रामविलास पासवान का मत पाँच लाख से ज्यादा हो गया। मैंने भारतीय निर्वाचन आयोग एवं चुनाव पर्यवेक्षक को इसकी सूचना दी। चूँकि ये एक बोनाफाईड मिस्टेक था और रिजल्ट में कोई परिवर्तन नहीं हो रहा था तो चुनाव आयोग ने भी आसानी से मान लिया। मैंने श्री रामविलास पासवान जी को फोन से सूचित किया कि चलिये आप पाँच लाख का आँकड़ा पार कर गए हैं।

मैंने हाजीपुर निर्वाचन क्षेत्र के चुनाव की तैयारी वैज्ञानिक ढंग से की थी, इसलिए हमारे हर कार्य चुनाव के दिन के दो दिन पहले पूरे हो गये थे। मैंने अपनी टीम को कहा भी था कि अंतिम दिन और अंतिम समय में काम करना कमजोर टीम की निशानी है। हमने मतों की गिनती भी बिहार में रिकॉर्ड समय (बारह घंटे के अंदर) पूरी की, हालाँकि उस समय मतगणना आज की तरह इलेक्ट्रॉनिक नहीं थी, कंप्यूटर भी नहीं

था। मतपत्रों की गिनती, भौतिक गिनती से होती थी। बारह घंटे में मतपत्रों की गिनती, इसलिए संभव हो पाई, क्योंकि मतगणना के कार्य में मैंने केवल बैंक के कर्मियों को लगाया था। बैंककर्मी पटना से आते-जाते थे। अतः पटना में ही बसों की व्यवस्था कर सुबह कर्मियों को हाजीपुर लाया गया और मतगणना का कार्य शाम को 7 बजे समाप्त हो गया।

वैशाली लोकसभा क्षेत्र में दो प्रमुख उम्मीदवारों के बीच कड़ी टक्कर थी। मुजफ्फरपुर के आयुक्त एवं आरक्षी उप-महानिरीक्षक, मुख्यमंत्री की पत्नी की जीत को आसान बताते। जबकि मुझसे पूछे जाने पर मैं कहता था कि मेरे जिले के क्षेत्र में तो कड़ी टक्कर है। इस पर श्रीमती किशोरी सिन्हा को आश्चर्य भी होता था कि जब सभी जीत को इतना आसान बता रहे हैं तो मुझे क्यों इतना कठिन लग रहा है। पटना से बहुत सारे लोग उनके चुनाव प्रचार के लिए हाजीपुर आते। वे मेरे कार्यालय में मुझसे मिलकर और चाय पीकर पटना लौट जाते थे। पटना जाकर बताते थे कि वे पूरा क्षेत्र घूमकर आये हैं और स्थिति काफी अच्छी है। जबकि यह सच नहीं था।

इस चुनाव में पटना और बाढ़ के क्षेत्र से कुछ लोग अस्त्र-शस्त्र लेकर आये थे। वे लोग दिन में ही शराब पीये हुये थे और एक रेलवे क्रॉसिंग पर उनकी गाडी रुकी हुई थी। गाँव के कुछ बच्चे गाड़ी देखकर उनकी ओर दौड़े तो कार में बैठे लोगों को लगा कि वे उन पर आक्रमण करने आये हैं, जबकि ऐसी बात नहीं थी। कार से निकलकर सारे लोग नशे की हालत में भाग निकले। जब हम वहाँ पहुँचे, तब तक उन बच्चों ने उस कार को सड़क के बगल में जमे पानी में धक्का दे दिया था। जब कार को निकाला गया तो कार की डिक्की से और कार के अंदर से काफी अस्त्र-शस्त्र निकले। जब जाँच हुई तो पता चला कि ये बाहर के लोग थे और उपद्रव करने के लिए आये थे। ऐसे ही एक ग्रुप के लालगंज में होने की सूचना मिली। वहाँ छापा डालने पर दस-बारह लोग नशे में धुत्त थे और अस्त्र-शस्त्र के साथ क्षेत्र में निकलने की योजना बना रहे थे। उन्हें सीआरपीएफ की टुकड़ी ने घेरा और उन लोगों के पास से भी काफी देशी पिस्तौल, बम, बारूद और रुपये की जब्ती हुई।

इस चुनाव में प्रचार करने देश के तत्कालीन प्रधानमंत्री श्री राजीव गाँधी भी आये थे। राजीव गाँधी वैशाली आये और कई जगह गये। उन दिनों डीएम के पास अंबेसडर कार होती थी। प्रधानमंत्री की कार भी अंबेसडर ही थी, लेकिन उसमें इसुजू ईंधन लगा हुआ था। प्रधानमंत्री खुद अपनी गाड़ी चला रहे थे, जो हमारे लिए चिंता का विषय था। रात की लंबी सड़क-यात्रा में प्रधानमंत्री कई जगह रुके और लोगों के आवेदन लिए। रात में दो-तीन बजे उनकी सभा थी। सभा में भीड़ नहीं थी। जितनी भीड़ थी, उतने पुलिसकर्मी और चौकीदार थे। सभा देर रात हो रही थी। हमें विधि व्यवस्था एवं सुरक्षा की चिंता थी। खैर, जब वे यात्रा समाप्त कर पटना एयरपोर्ट जा रहे थे, तो हाजीपुर की सीमा समाप्त होने पर हम लोगों ने संतोष की साँस ली, क्योंकि सबकुछ निर्विघ्न संपन्न हुआ था।

हाजीपुर को पटना से जोड़ने के लिए एक नये सेतु का निर्माण गंगा पर हुआ था। उत्तर बिहार खासकर उत्तर पश्चिम के जिलों को दक्षिण बिहार और राज्य की राजधानी पटना को जोड़ने के लिए गंगा पर इस सेतु की बहुत आवश्यकता थी। इस सेतु के निर्माण के पूर्व उत्तर बिहार और दक्षिण बिहार को जोड़ने के लिए केवल मोकामा में गंगा पर एक पुल था। अतः उत्तर बिहार के पश्चिमी जिलों को गंगा के उस पार जाने अथवा राज्य की राजधानी पटना जाने के लिए मोकामा पुल से गुजरना पड़ता। हाजीपुर के सामने गाँधी सेतु बन जाने से उत्तर बिहार के बहुत सारे जिलों को सामान और लोगों के आवागमन में बहुत सुविधा हुई। अचानक गाँधी सेतु से जुड़ने वाली सड़क पर ट्रैफिक बहुत ज्यादा बढ़ गया। आये दिन हाजीपुर शहर में ट्रैफिक जाम लगा रहता था और गाँधी सेतु से जुड़ने वाली सड़क पर काफी दुर्घटनाएँ होती थीं। दुर्घटना का मूल कारण यह था कि इतनी महत्वपूर्ण सड़क सघन आबादी वाले इलाके के बीच में बन गई थी। वहाँ गाँव के लोगों के घर सड़क के एक तरफ थे, तो उनकी जमीन दूसरी तरफ। बस्ती एक तरफ थी तो स्कूल और प्राथमिक स्वास्थ्य केंद्र दूसरी तरफ। जानवरों को चारागाह आदि ले जाने के लिए सड़क पार करना पड़ता था। इन सारी गतिविधियों के कारण सड़क पर तेज गति से चलने वाले वाहनों के कारण काफी दुर्घटनाएँ होती थीं और दुर्घटना के बाद रोड जाम। जिला प्रशासन का एक महत्वपूर्ण काम रोड जाम

हटाना होता था। इस स्थिति का मूल कारण यह था कि सड़क के दोनों ओर जाने के लिए कोई अंडरपास या ओवरब्रिज की व्यवस्था नहीं की गई थी।

इस पुल के बन जाने के बहुत सारे फायदे थे। लेकिन कुछ घाटे भी। हाजीपुर जिले में काम करने वाले अधिकांश पदाधिकारी पटना से आना-जाना करने लगे। शाम के 4 बजे के बाद अपने घर जाने के लिए ऑफिस छोड़ रहे थे। मुझे गाँधी सेतु पर जांच की व्यवस्था करनी पड़ी, ताकि लोग समय से पहले कार्यालय नहीं छोड़ें। जिला प्रशासन में बहुत सारी विधि-व्यवस्था की समस्या कार्यालय अवधि के पहले या बाद हुआ करती थी। उस समय पदाधिकारियों के जिला मुख्यालय में नहीं रहने के कारण काफी दिक्कत थी। मैंने पदाधिकारियों और कर्मचारियों के लिए रहने की सुविधा बढ़ाई, ताकि मुख्य पदाधिकारी, कर्मचारी एवं जिला पदाधिकारी रह सकें।

उस समय हाजीपुर के आरक्षी अधीक्षक भी प्रायः पटना आया-जाया करते थे। एक बार जब वे पटना से हाजीपुर लौट रहे थे तो गाँधी सेतु के बाद हाजीपुर की सड़क पर बड़ा रोड जाम लगा हुआ था। हुआ यह था कि ट्रकों की जाँच के क्रम में कुछ पुलिसकर्मियों ने एक चालक की पिटाई कर दी थी, जिससे उसके चेहरे और आँख पर काफी चोट आई थी। इसके विरोध में ट्रक चालकों ने एक ट्रक को सड़क पर तिरछा लगाकर जाम पैदा कर दिया था। पटना की ओर से जब आरक्षी अधीक्षक की गाड़ी जाम के स्थल पर आई तो लोगों ने गाड़ी का घेराव कर लिया। यद्यपि वहाँ पर पर्याप्त संख्या में आरक्षी बल था, फिर भी आरक्षी अधीक्षक अपनी कार को छोड़कर पैदल बगल में अवस्थित सर्किट हाउस में चले गये और मुझे वहाँ से जाम की सूचना दी। गाँधी सेतु से हाजीपुर शहर की तीन-चार किलोमीटर दूरी में तीन पुलिस स्टेशन थे, जहाँ पर्याप्त आरक्षी बल भी था। लेकिन जाम से निबटने के बजाय उन्होंने सर्किट हाउस में आकर सुरक्षित होना सही समझा। उस दिन 26 जनवरी के गणतंत्र दिवस के अवसर पर हाजीपुर शहर में एक सांस्कृतिक कार्यक्रम का आयोजन था, जिसमें मैं भाग ले रहा था। वहीं यह सूचना मिली तो मैं जाम के स्थल तक पहुँचा। आरक्षी अधीक्षक सर्किट हाउस में ही रहे। जब मैं वहाँ पहुँचा तो चालकों में बहुत आक्रोश था। मैंने आरक्षी उपाधीक्षक से तुरंत

जाँच कराकर दोषी पुलिसकर्मी की पहचान करवाई और उन्हें निलंबित किया। जाम के कारण काफी बड़ी संख्या में बस, ट्रक रुके हुए थे और उन वाहनों में बैठे लोग भी आंदोलित हो रहे थे। वहाँ पचास से ज्यादा संख्या में पुलिस बल था, जो पर्याप्त था। दोषी पुलिस कर्मचारी पर कार्रवाई के बाद मैंने अपनी गाड़ी से घायल चालक को जिला अस्पताल भेजा। जब यह सब हो रहा था, तभी मेरे अंगरक्षक ने तिरछी खड़ी बस में चढ़कर ट्रक को सीधा कर दिया और ट्रक के सीधा होते ही अगल-बगल से गाड़ियाँ निकलने लगीं और तीस मिनट में पूरा जाम खत्म हो गया। इस बीच आरक्षी अधीक्षक की खड़ी गाड़ी को वहाँ जाम में फँसे उत्तेजित लोगों ने उलटकर उसमें आग लगा दी। उस गाड़ी का चालक किसी तरह गिरता-पड़ता हुआ वहाँ से भागा।

इन सारी समस्याओं से निबटने में देर रात हो गई। फिर मैं आरक्षी अधीक्षक को उनके आवास पर छोड़ता हुआ अपने घर चला गया। उस रात मैं घर में खाना खाकर एक बजे रात में सो पाया। सुबह 6 बजे फोन की घंटी बजी। उस जमाने में मोबाइल नहीं होता था। मैंने आधी नींद में फोन उठाया तो उधर से आवाज आई कि मैं मुख्यमंत्री बोल रहा हूँ। फोन पर तत्कालीन मुख्यमंत्री सत्येन्द्र नारायण सिंह थे। उन्होंने कहा, "यह सब क्या हो रहा है! आरक्षी अधीक्षक की गाड़ी जलाई गई है। आरक्षी अधीक्षक की गाड़ी जलना राज्य का अपमान है।" जवाब में मेरे मुँह से निकल गया कि इस जिले के आरक्षी अधीक्षक भ्रष्ट एवं निकम्मे हैं। वहाँ आरक्षी बल की कोई कमी नहीं थी। उन्हें दुर्घटना स्थल से भागना नहीं चाहिए था।

मुझे लगा कि आरक्षी अधीक्षक पर जरूर कार्रवाई होगी। लेकिन ऐसा कुछ नहीं हुआ। मैं एक बार मुख्यमंत्री के वैशाली भ्रमण के क्रम में उनकी गाड़ी में था और जिले की सीमा तक छोड़ने जा रहा था। उन्होंने कहा कि जब यहाँ तक आ गये हैं तो आवास तक चलिये। मैं जब वहाँ आवास पर पहुँचा तो वहाँ आरक्षी अधीक्षक पहले से मौजूद थे। उनके साथ अन्य नेतागण भी थे। वे सब चाय और मिठाई खा रहे थे। मैं समझ गया कि मुख्यमंत्री बहुत भले हैं और शायद ही उन पर कार्रवाई हो।

मेरे सेवा काल का एक बड़ा समय दुमका में बीता। मैं वहाँ का उप आयुक्त/जिला पदाधिकारी था। तीन साल से ज्यादा रहा वहाँ। मुझे वहाँ बहुत कुछ सीखने और नई पहल का अवसर मिला। जब मैं दुमका में साक्षरता अभियान चला रहा था तो मैंने पाया कि आदिवासी लोग प्रकृति के साथ रहने का तरीका भलीभाँति जानते हैं। वे सरल तो थे, लेकिन उनकी बुद्धिमत्ता और संग्रहित ज्ञान काफी बड़ा था। एक बार मुझे याद है कि दुमका के ही अभियान में दिल्ली से पत्रकारों का एक दल आया और वे दुमका के सुदूरवर्ती गाँव में गये। एक गाँव में उन्होंने एक बूढ़े व्यक्ति से अपना नाम लिखने को कहा। वे जानना चाहते थे कि अभियान के कारण लोग साक्षर हुये हैं या नहीं, नाम आदि लिख सकते हैं या नहीं। बार-बार प्रयास करने के बावजूद वह व्यक्ति अपना नाम लिखने को तैयार नहीं हुआ। तो उन लोगों ने उस व्यक्ति को कॉपी और कलम भी दी, उस व्यक्ति ने उसे लौटा दिया। जब बार-बार कहा जाने लगा तो उसने जमीन पर पड़े एक पत्थर का टुकड़ा उठाया और जमीन की मिट्टी पर अपना नाम लिख दिया। लिखने के तुरंत बाद मिटा भी दिया। बाद में, उसने कहा कि जब भी किसी बाहरी व्यक्ति ने किसी कागज पर दस्तखत करवाया है या अंगूठा लगवाया है तो उसकी जमीन या जायदाद चली गई है। अब तो दिल्ली के पत्रकारों का चेहरा देखने लायक था।।

आदिवासी क्षेत्र में काम करना कठिन भी था और सरल भी। आदिवासियों ने अपने जीवन में देखा था कि अधिकतर मामले में गैर-आदिवासियों ने उनकी नौकरी छीनी है, उनकी जमीन ली है और शोषण किया है। जब मैं साक्षरता अभियान के दौरान गाँव में घूमता था तो लोगों के बीच विश्वास जगाने में बहुत समय लगता था। उनके साथ घूमते रहने, खाने-पीने और उनके दुख-दर्द को बाँटने एवं उनके त्योहारों में हिस्सा लेकर ही विश्वास बना। लेकिन जब एक बार विश्वास बन गया और उन्हें लगने लगा कि यह व्यक्ति सच में उन लोगों की भलाई चाहता है, तब उन्होंने पूरा विश्वास किया। वे पूरे तीन वर्षों तक किसी प्रकार के बहकावे में नहीं आये।

दुमका एक गरीब पिछड़ा अशिक्षित जिला जरूर था, लेकिन वहाँ प्राकृतिक संपदाओं की कमी नहीं थी, लोग सरल और मेहनती थे। जब यह लगा कि बिना

शिक्षा के लोग अपना हक और अधिकार नहीं जान पाएँगे और शोषित होते रहेंगे तो साक्षरता अभियान चलाने का निर्णय लिया गया। साक्षरता अभियान चलाने के लिए केंद्र सरकार से मदद मिलती थी। केंद्र सरकार मौलिक रूप से साक्षरता को बेहतर बनाने के लिए अभियान चलाती थी। मेरा मानना था कि केवल साक्षरता के लिए साक्षरता अभियान चलाने का कोई मतलब नहीं है। जब तक जागरूकता और विकास से साक्षरता को नहीं जोड़ा जाये, तब तक दुमका जैसे जिले में उसका कोई खास फायदा नहीं होगा। कई राज्यों और जिलों का अनुभव भी था कि जहाँ लोग साक्षरता अभियान के कारण थोड़ा पढ़ना-लिखना एवं गणित जान भी गये, लेकिन उसका उनके जीवन में बहुत उपयोग नहीं हुआ। अतः वे फिर निरक्षर होते गए। हम लोगों ने यह माना कि अगर साक्षरता अभियान को उनके हक एवं अधिकार बताने में, विकास में भागीदारी बढ़ाने में और उनकी आर्थिक स्थिति बेहतर करने में लगाया जाये, तभी सफल होंगे। वातावरण-निर्माण के लिए भी पारंपरिक तरीकों से हटकर जनजातीय पर्व-त्योहारों, उनके भाषा, गीतों एवं खेल आदि के उपयोग किये जायें।

दुमका में साक्षरता अभियान चलाने के लिए तीन वर्ष के लिए लगभग चार करोड़ रुपये मिले थे। चूंकि साक्षरता अभियान को विकास और जागरूकता से जोड़ दिया गया था, इसलिए गरीबों और महिलाओं की बहुत बड़ी भागीदारी हुई। मैं अभियान के केंद्र बिंदु में महिलाओं को रखना चाहता था। मेरा मानना था कि अगर परिवार की एक महिला साक्षर हो जायेगी तो पूरा परिवार साक्षर हो जायेगा। अब तक का अनुभव भी था कि महिलाएँ अगर एक बार ठीक से अभियान को समझ गईं और उसमें उन्हें अपने परिवार एवं समाज की भलाई दिखने लगी तो फिर अभियान को छोड़ेंगी नहीं। शुरू-शुरू में कुछ जगहों पर कुछेक के पतियों द्वारा रोक-टोक किया गया। जब मैं गाँव में जाता था तो गाँव में महिला-पुरुष सबको साथ में बैठाकर बात करता। पुरुषों को भी समझाता कि अगर उनकी पत्नी और माँ पढ़-लिख गईं तो वे ठगी नहीं जाएँगी। बच्चों की बेहतर ढंग से देखभाल होगी और वे सरकारी योजनाओं का बेहतर लाभ ले पायेंगे।

दुमका में जो साक्षरता अभियान चला उसका नाम *अकिल बत्ती* था। जब हम लोग साक्षरता अभियान चलाने और अभियान के स्वरूप पर बातचीत कर रहे थे, तो अभियान के लिए एक नाम एवं प्रतीक चिन्ह चुनने का प्रश्न आया। सामान्यतः देश में ऐसे अभियानों के नाम साहित्यिक एवं महत्वाकांक्षी रखे जाते थे, लेकिन हमने तय किया कि अभियान का नाम और प्रतीक चिन्ह सरल हो, जो जिले के लोगों को अपना लगे और उसे समझने में उन्हें दिक्कत भी न हो। अभियान में लगे प्रमुख लोगों की एक बैठक बुलाई गई और उनसे नाम और प्रतीक चिन्ह पर सुझाव मांगे गये। कुल सात-आठ सुझाव आये, जिन पर वहाँ उपस्थित लगभग तीन सौ लोगों का मतदान कराया गया। *अकिल बत्ती* नाम को सबसे ज्यादा मत मिला और अभियान का नाम *अकिल बत्ती* हो गया।

दुमका में आदिवासियों की संख्या काफी बड़ी थी और आदिवासियों में भी संथाली लोगों की संख्या सबसे ज्यादा थी। *अकिल बत्ती* संथाली भाषा से लिया गया था, जिसका हिंदी में मतलब था, "ज्ञान की रौशनी"। यह नाम काफी लोकप्रिय हुआ।

साक्षरता अभियान से जुड़े स्वयंसेवकों की संख्या कई हजार हो गई थी। स्वयंसेवकों में बड़ी संख्या में महिलाएँ थीं। महिलाओं की बड़ी संख्या होने के कारण मुझे इस अभियान को घर-घर पहुँचाने और उपयोगी बनाने में बहुत सहायता मिली। निरक्षरता की समस्याएँ महिलाओं में ज्यादा थी। इसलिए उन्हें इस अभियान में बड़े रूप में भाग लेना था। इसके लिए कई उपाय किये गये।

साक्षरता अभियान देश और बिहार के कई जिलों में संचालित हो रहा था। यह केंद्र सरकार की एक योजना थी, जिसके अंतर्गत वयस्क निरक्षरों को साक्षर करना था। निरक्षरों को पढ़ने के लिए राज्य स्तर पर संसाधन केंद्र द्वारा कुछ पुस्तिकाएं विकसित की गई थी और उन्हें उपयोग के लिए जिलों में भेजा गया था। दुमका के *अकिल बत्ती* अभियान में भी उस किताब के चलने का निर्णय था। लेकिन हम लोगों ने जब किताब को देखा तो किताब पसंद नहीं आई। किताब के अंदर कहानियों में जो नाम थे, वो स्थानीय नहीं लगते थे। जिन पर्व-त्यौहारों का वर्णन था, वे दुमका जिले के लिए उतने महत्वपूर्ण नहीं थे। उनके बहुत महत्वपूर्ण अन्य पर्व-त्यौहार थे, जिसका

किताब में जिक्र नहीं था। पुस्तक में जो चित्र थे, वे भी स्थानीय नहीं लगते थे। व्यक्तियों और बच्चों का चेहरा भी अलग था। इस किताब की प्रथम पाठ की पहली पंक्ति थी, "भारतवर्ष के शीर्ष पर हिमालय का ताज है।" दुमका के गरीब लोगों ने न तो भारतवर्ष का नाम सुना था, न ही हिमालय जानते थे और न ही ताज क्या है, यह समझते थे। पुस्तक की भाषा भी साहित्यिक और कठिन थी। इन कारणों से हम लोगों ने साक्षरता अभियान में उपयोग होने वाले पुस्तकों को बदलने का निर्णय लिया। हमने निर्णय किया कि हम अपनी किताब बनायेंगे। जिन्हें स्थानीय लोग लिखेंगे। किताब की भाषा सरल होगी, चित्र, नाम स्थानीय एवं घटनाएं भी स्थानीय होगी। जिसे पढ़ने और समझने में लोगों को आसानी हो। इस तरह हमने उस जिले के पर्व-त्यौहारों, महापुरुषों, फसलों और लोगों को होने वाली बीमारियों पर आधारित कहानियाँ लिखवाई। ये पुस्तकें साक्षरता अभियान में काफी लोकप्रिय हुईं और हमें लोगों को साक्षर बनाने में भी काफ़ी आसानी हुई।

अभियान से लोगों में अभूतपूर्व उत्साह आया और उन्हें अपने जीवन में परिवर्तन भी दिखने लगा। उन्हें न्यूनतम मजदूरी भी मालूम हो गई थी, इसलिए उससे कम नहीं लेते थे। विकास योजनाओं के लिए बैठक होने लगी और वे अपनी जरूरी योजना चुनने लगे। योजनाओं के क्रियान्वयन के लिए समितियाँ बनाई गईं और उन्हें हिसाब-किताब रखने, मापी पुस्तिका भरने आदि का प्रशिक्षण दिया गया। कुछ योजनाओं को सरल भी कर दिया गया। जैसे पहले गरीबों के लिए आवास कॉलोनी के रूप में बनते थे, जो उनके घर से दूर, बाहर और ठेकेदारों द्वारा बनाये जाते थे। ऐसे अधिकांश घर बेकार हो गये, क्योंकि लोग पुराने घर, जानवर आदि को छोड़कर नहीं गये। तब लोगों को कहा गया कि वे अपने पुराने घर दो सौ वर्गफीट में बना लें और पैसा भी ले लें। गृह निर्माण की योजना को परिवार की महिला के नाम से स्वीकृत किया गया। योजना की मापी का अधिकार इंजीनियर के अलावा कर्मचारी, पंचायत सेवक आदि को भी दे दिया गया। महिलाओं की भागीदारी बढ़ाने के लिए महिला समितियों को प्रत्येक पंचायत में एक-एक काम दिया गया। विभाग ने सवाल उठाया कि उन्हें ईंट, सीमेंट, बालू, छड़ आदि की खरीददारी का अनुभव नहीं है। हम लोगों का जवाब था कि लोग अपने घर बनाने के लिए इन सारी चीजों को तो खरीदते ही हैं, तब ये

विद्यालय, आंगनबाड़ी, बस पड़ाव जैसी छोटी योजनाओं के लिए खरीददारी क्यों नहीं कर सकते!

महिलाओं के बीच बचत की प्रवृत्ति को बढ़ाने के लिए हर गाँव में दीदी बैंक खोले गये, जहाँ गाँव की औरतें एक चयनित महिला के यहाँ अपनी बचत को जमा करती थी और जरूरत पड़ने पर कर्ज लेती थी। प्रशासन की ओर से इन बैंकों को केवल एक छोटा बक्सा और रजिस्टर दिया गया। गाँव की औरतों को छोटे-छोटे कार्यों जैसे बीमारी के लिए दवा, बच्चे के लिए कपड़े एवं किताब के लिए पैसे की जरूरत होती थी। छोटे-छोटे काम-धंधे के लिए उन्हें पूँजी आदि की जरूरत पड़ती थी, जिसके लिए पहले उन्हें महाजनों के यहाँ जाना पड़ता था। इस बैंक के खुल जाने से महिलाओं को महाजनों के यहाँ नहीं जाना पड़ा, बल्कि गाँव में ही पैसा मिलने लगा। यह बैंक व्यावसायिक बैंक की तरह नहीं था, क्योंकि यहाँ पैसा दिन-रात कभी-भी मिल जाता था, सरकारी छुट्टी के दिन भी। बाद में इन बैंकों में बहुत बड़ी राशि जमा हो गई और इसकी निगरानी भी बढ़ानी पड़ी। बैंकों की तरफ से यह कहा जाने लगा कि ऐसे बैंक नहीं खोले जाने चाहिए, लेकिन हम लोगों ने चलाया, क्योंकि इससे लोगों की जरूरत पूरी होती थी।

महिलाओं के बीच साग-सब्जी का उत्पादन, मुर्गी पालन, बकरी पालन आदि की योजनाओं को लोकप्रिय किया गया। इन सब प्रयासों से महिलाओं में विकास के लिए एक नई ललक एवं जागृति पैदा हुई। वे एक से बढ़कर एक काम करने लगी थीं। कहीं भी अन्याय, शोषण या घूसखोरी होती तो उसका जमकर विरोध करतीं।

दुमका की एक बड़ी समस्या थी पेयजल। सरकार ने विभिन्न योजनाओं में काफी चापाकल गाँव में लगाए थे, लेकिन अधिकांश छोटी-मोटी मरम्मतों के अभाव में खराब पड़े थे। पानी की समस्या को दूर करने के लिए बड़ी संख्या में महिलाओं को प्रशिक्षित किया गया। उन्हें साइकिल दी गई, औजार दिये गये। ये महिलाएँ एक छोटी राशि लेकर जातीं और चापाकलों की मरम्मत कर देती। ये चापाकल दीदियाँ इतनी प्रसिद्ध हुई कि इन पर एक फिल्म बनी। यह फिल्म लाल बहादुर शास्त्री राष्ट्रीय

प्रशिक्षण संस्थान, मसूरी में भारतीय प्रशासनिक सेवा के प्रशिक्षणार्थियों को दिखाई जाने लगी।

एक वर्ष जनजाति योजना में पाँच लाख फलदार पौधों के लिए राशि आई। उसे वितरित करने के लिए एक मापदंड बनाना था। यह निर्णय लिया गया कि पिछले वर्ष जिन परिवारों में लड़कियाँ पैदा हुई हैं, उनके उपलब्ध जमीन को देखते हुए पाँच से दस फलदार वृक्ष दिये जायें। महिलाओं को पंचायत, प्रखंड जाने, प्रशिक्षण आदि देने के लिए मोबिलिटी की दिक्कत थी। पाँच लाख रुपये की सीड मनी के साथ एक योजना प्रारंभ की गई, जिससे महिलाएँ साइकिल खरीदने के लिए राशि उधार ले सकती थीं और उसे एक वर्ष में लौटा सकती थीं। इसके लिए कई महिलाओं ने, जिनमें कुछ अधेड़ भी थीं, साइकिल चलाना सीखा। ये साइकिल योजना काफी लोकप्रिय हुई। ये पाँच लाख की राशि भी मुझे महिलाओं के कारण ही प्राप्त हुई थी।

दुमका में बड़ी संख्या में लोग साइकिल पर बोरे में कोयला अवैध खदानों से लादकर लाते थे और स्थानीय बाजार में बेचते थे। मैं इन्हें दुमका के ऊँची-नीची सड़कों पर साइकिल खींचते देखता था। वे पंद्रह-बीस किलोमीटर साइकिल पर एक-दो बोरा कोयला लादकर लाते और उसे बाजार में बेचते। मैंने एक बार इन लोगों के साथ बैठक की, तो उन्होंने बताया कि उन्हें गर्मी और बरसात के दिनों में काफी दिक्कत होती है। क्योंकि रास्ते में उन्हें रुकने, आराम करने या पानी पीने की जगह नहीं मिलती है। दूसरा, उन्हें सेंट्रल कोल फिल्ड लिमिटेड के पदाधिकारियों के द्वारा तंग किया जाता है। कहीं-कहीं पुलिस उन्हें तंग करती है। मैंने सेंट्रल कोल फिल्ड लिमिटेड के पदाधिकारियों को कहा कि आप कोयला निकालने का प्रबंधन ठीक करें और न्यूनतम मूल्य पर इन गरीब युवकों को कोयला दें, ताकि वे अपना रोजगार कर सकें। मैं जानता था कि ऐसा होगा नहीं। मैंने रास्ते में इन लोगों के लिए चार जगहों पर सड़क के किनारे यात्री-पड़ाव बनवाया, जहाँ पीने के पानी के लिए चापाकल भी लगवाया। इन लोगों को मेरा संरक्षण देखकर पुलिस वालों ने उन्हें तंग करना छोड़ दिया।

दुमका में मुझे महिला महोत्सव के आयोजन का अवसर प्राप्त हुआ। इस आयोजन में एक हजार से ज्यादा खिलाड़ियों एवं खेल पदाधिकारियों ने भाग लिया। दुमका

जैसी छोटी जगह में इतने खिलाड़ियों के लिए सात दिनों का आवासन, अच्छे खेल मैदानों एवं प्रेक्षागृहों की व्यवस्था करनी थी। दुमका में इतना बड़ा आयोजन पहली बार हो रहा था। मैंने शहर के लोगों को बुलाकर उनसे सहयोग की अपेक्षा की। पूरे शहर ने अभियान चलाकर शहर की सफाई करने का निर्णय लिया। सबने अपने घरों की सफेदी, रंग-रोगन कराया। कार्यक्रम की अवधि में विभिन्न कार्यक्रम स्थलों पर पानी, चाय आदि का जिम्मा लिया। दुमका के आस-पास कई तरह के उद्योग थे, उनसे इस महोत्सव में भाग लेने का अनुरोध किया गया। जब एक बहुत बड़े औद्योगिक घराने ने इस कार्यक्रम के लिए पच्चीस हजार रुपये का सहयोग भेजा, तो मैं पूरे आयोजन को लेकर चिंतित हो गया। मैंने जिले में कार्यरत कर्मियों (चतुर्थ वर्गीय कर्मचारी को छोड़कर) से सहयोग का आह्वान किया। सभी लोगों से दो सौ रुपये प्रति व्यक्ति की अपेक्षा थी। दो-तीन दिनों में ही मुझे बाइस लाख रुपये प्राप्त हुये। चतुर्थ वर्गीय कर्मचारियों का एक प्रतिनिधि मंडल मुझसे मिला और उसने कहा कि उन्हें सहयोग से क्यों अलग किया जा रहा है, तो मैंने कहा कि चूँकि आप अल्प वेतनभोगी हैं, इसलिए आपको छोड़ा गया है। उन लोगों ने कहा कि नहीं, ये हमारे जिले की इज्जत की बात है और वे लोग भी सौ रुपये प्रति व्यक्ति देंगे। मैंने उद्योगपति से जो पैसे आये थे, उसे लौटा दिया और उन्हें सूचित किया कि मुझे कर्मचारियों ने ही इस बड़े आयोजन के लिए काफी पैसे दे दिये हैं। इससे आराम से आयोजन हो जायेगा। मुझे यह भी मालूम हुआ कि लोगों की ताकत में कितना बल होता है।

हम लोगों ने नवसाक्षर महिलाओं को अपने नजदीक के डाकघर में केंद्र सरकार की महिला समृद्धि योजना में खाता खोलने को कहा था। इस योजना में पचहतर रुपये जमा करने पर केंद्र सरकार से पच्चीस रुपये दिये जाते थे। हमारा उद्देश्य था लोग फॉर्म भरना सीखें और अपने हस्ताक्षर का महत्व समझें। एक सरकारी संस्था में जायें और एक पासबुक पायें। जितनी बड़ी संख्या में खाते खोले जाने थे, उतनी संख्या में डाकघर नहीं थे। अतः डाकघर को कहा गया कि वे हाट बाजार के दिन एक शिविर लगाएँ और वहाँ लोग खाता खुलवाएँगे। इन सबका फल यह हुआ कि महिला समृद्धि योजना के अंतर्गत देश में सर्वश्रेष्ठ उपलब्धि का पुरस्कार दुमका को मिला और साथ

में पाँच लाख का एक चेक भी। इसी राशि को महिलाओं को साइकिल देने के लिए सीड मनी बनाया गया।

अकिल बत्ती अभियान में "जागो बहना" नामक संस्था की स्थापना हुई, जिसे जिले के प्रत्येक प्रखंड में स्थापित किया गया। इन्हें हर घर में साक्षरता अभियान को फैलाना था। महिलाओं के निरक्षर रहने से होने वाली समस्याओं से भी अवगत कराना था। महिलाओं को मजदूरी कम मिलती थी। वे सरकार की योजनाओं की जानकारी के अभाव में लाभ नहीं ले पाती थीं। सरकारी योजनाओं के लाभ के लिए उन्हें बिचौलियों का सहारा लेना पड़ता था। वे अपने एवं अपने समाज की जरूरतों को पूरा करने के लिए आवाज नहीं उठा पाती थीं। मर्दों के बीच शराब पीने की बड़ी समस्याओं से लड़ नहीं पाती थीं। अपने बच्चों के स्वास्थ्य का ख्याल एवं अच्छी शिक्षा की व्यवस्था नहीं कर पाती थीं। हालाँकि स्वास्थ्य एवं शिक्षा की व्यवस्था सरकार द्वारा निःशुल्क की गई थी, लेकिन सरकारी अस्पताल में डॉक्टर, नर्स की कमी रहती और विद्यालयों में शिक्षक एवं किताबों की। अपने आर्थिक विकास के लिए संगठित होकर काम करना, अपने उत्पाद को बाजार से जोड़ने आदि में उन्हें कठिनाई थी। कम आय के कारण उनकी बचत नहीं के बराबर थी। इसलिए आकस्मिक जरूरतों के लिए उन्हें गाँव के महाजन के पास जाना पड़ता, जिसके लिए ऊँचे दर पर ब्याज भी देना पड़ता।

ये लोग अपने प्रखंड में चल रहे सारक्षता अभियान का अनुश्रवण करते थे। महिलाओं के हक के लिए लड़ते थे और बाल विवाह एवं दहेज प्रथा जैसी कुरीतियों का विरोध करते थे। इससे पूरे जिले में लगभग दो सौ तीन सौ महिलाओं में नेतृत्व क्षमता पैदा हुई। जिले की राजनीतिक गतिविधियों में भी उनकी पैठ हुई। प्रखंड स्तरीय संगठन के पदाधिकारियों के लिए चुनाव एवं मतदान करवाया जाता था, ताकि योग्य महिलाएँ "जागो बहना" संस्था में आयें।

एक बार की बात है। रानीश्वर प्रखंड में प्रखंड संगठन का चुनाव हो रहा था। वहाँ एक परिवार की दो महिलाएँ बहुत कर्मठ थीं। मैं चाहता था कि उन दोनों में से एक ही महिला संगठन की कार्यकारिणी में चुनी जाये, ताकि दूसरे लोगों को भी मौका मिले।

इसे सुनिश्चित करने के लिए दुमका में कार्यरत भारतीय प्रशासनिक सेवा के प्रशिक्षु को वहाँ भेजा गया। उनके साथ तीन-चार पुलिस वाले भी थे। भारतीय प्रशासनिक सेवा के प्रशिक्षु को पुलिस के साथ देखकर वहाँ चुनाव के लिए एकत्रित महिलाएँ उग्र हो गईं और प्रशिक्षु को वापस जाने को कहा। उनका कहना था कि यह उनका चुनाव है और उसमें वे किसी तरह का हस्तक्षेप बर्दाशत नहीं करेंगी। रानीश्वर के चुनाव में उस परिवार की दोनों महिलाएँ विजयी हुईं।

इसी तरह की एक घटना तब हुई, जब मैं जिलास्तरीय कार्यकारिणी समिति का गठन कर रहा था। उस कार्यकारिणी समिति में दो महिलाओं को लेना था। सदस्य बनने के लिए लगभग सौ महिलाएँ साक्षरता कार्यालय में एकत्र हुईं। मेरे लिए चुनना मुश्किल हो रहा था।

साक्षरता भवन में मेरा कार्यालय दूसरे तल पर था। मैंने कहा कि मैं उन लोगों की प्रतिबद्धता देखना चाहता हूँ। जो महिला दूसरे तल से नीचे कूद जायेगी, उसे ही चुना जायेगा। दूसरे तल से कूदने के लिए नौ महिलाएँ तैयार हो गईं। तब मैंने उन नौ महिलाओं के बीच मतदान कराया और इस विधि से दो महिलाओं का चयन हुआ।।

दुमका के साक्षरता अभियान में मीडिया की महत्वपूर्ण भूमिका रही। मेरा विचार था कि मीडिया के लोग भी स्थानीय लोग ही हैं और उन्हें साक्षरता अभियान में बड़े रूप में भाग लेना चाहिए। साक्षरता अभियान की गतिविधि को वे बाहर से देखें और मूल्यांकन करें, लेकिन वे अगर अभियान के प्रबंधन में भी जुड़ते हैं तो बेहतर रहेगा। साक्षरता अभियान से संबंधित कई समितियों में मीडिया कर्मियों को रखा गया, जिसमें प्रमुख थे वातावरण निर्माण, दस्तावेजीकरण और यहाँ तक कि एक प्रमुख पत्रकार को वित्त समिति में भी रखा गया। अब सही स्लेट आई या नहीं या कॉपी और पेंसिल की सही खरीद हुई या नहीं, इसे वे सीधे देख रहे थे। मीडिया का सरकार के प्रबंधन के साथ काम करने का यह पहला मौका था। इसलिए उन्होंने यह काम बड़ी जिम्मेवारी और उत्साह से किया।

साक्षरता से संबंधित अखबार एवं पत्रिकाओं में प्रकाशित होने वाले समाचारों एवं लेखों की कतरनों को जमा किया जाने लगा। मेरा विचार था कि विभिन्न समाचार-पत्र एवं पत्रिकाओं में जो प्रकाशित हो रहा है, उन सबका संकलन कर एक किताब निकाली जाये। यह किताब अभियान के बाह्य मूल्यांकन का काम तो करेगी ही, हमें भी पता चलेगा कि कब कौन-सी घटना हुई और क्यों। प्रकाशित कतरनों को तिथिवार सजाकर "सुर्खियों में साक्षरता" नाम से एक किताब निकाली गई। इसमें केवल प्रकाशित कतरन थी, जिसे हू-ब-हू उसी रूप में छापा गया, जैसा वह प्रकाशित हुई थी। कई समाचार एवं पत्रिकाओं के लेख हमारे विरोध में और आलोचना भरे थे, लेकिन उन्हें भी उसी रूप में छापा गया। तिथिवार संकलन से साक्षरता अभियान कैसे शुरू हुआ, कैसे परवान चढ़ा और कैसे सफलतापूर्वक संपन्न हुआ, यह स्पष्ट रूप से सामने आया। हमें यह भी पता चला कि बहुत सारे लोग जो शुरू में लोभ-लालच या केवल महत्व के लिए जुड़ना चाहते थे, वे धीरे-धीरे अलग हो गये और बहुत लोग जो शुरू में नहीं जुड़े थे, बाद में अभियान से जुड़े तथा काफी मेहनत की और क्षेत्रीय नेतृत्व भी दिया। "सुर्खियों में साक्षरता" पुस्तक काफी लोकप्रिय हुई और इस किताब की माँग देश के उन जिलों से होने लगी, जहाँ साक्षरता अभियान चलाया जा रहा था।

साक्षरता अभियान के दौरान साक्षरता कर्मियों ने अखबार निकालने की योजना बनाई। तय हुआ कि जिले का हर प्रखंड अपना अखबार निकालेगा। प्रकाशित होने वाले समाचार का संग्रह उस प्रखंड की महिला साक्षरताकर्मी करेगी और उन्हीं में से सक्षम लोग अखबार का संपादन भी करेंगे। इन प्रखंड स्तरीय संपादकों को प्रशिक्षित करने के लिए मैंने पटना से प्रकाशित होने वाले दैनिक हिंदुस्तान के संपादक और उनकी टीम को दुमका आमंत्रित किया। इस टीम ने हमारे संपादकों को दो दिनों तक प्रशिक्षण दिया। प्रशिक्षण के दौरान हिंदुस्तान के संपादक श्री सुनील दुबे साक्षरता अभियान से जुड़ी महिलाओं से बहुत प्रभावित हुए, उन्होंने कहा कि उनकी टीम ने इन महिलाओं से काफी कुछ सीखा। संपादक साक्षरता अभियान से भी इतने प्रभावित हुए कि उन्होंने हिंदुस्तान के संपादकीय पेज पर दुमका से संबंधित लेख लगातार छापने की इच्छा व्यक्त की। हम लोग पंद्रह-बीस लेख ही लिख पाये, जिसे उन्होंने प्रमुखता

से छापा। मुझे बाद में उन्होंने बताया कि दुमका में साक्षरता अभियान के कारण उनके अखबार की बिक्री दुमका में काफी बढ़ गई।

इन प्रखंड स्तरीय अखबारों के लिए कुछ नियम बनाये गये। जैसे अखबार में किसी भी मंत्री, बड़े पदाधिकारी, यहाँ तक कि जिला पदाधिकारी, जो साक्षरता अभियान की कार्यकारिणी के अध्यक्ष थे, की प्रशंसा के समाचार नहीं छपेंगे। यह अखबार साक्षरता कर्मियों का होगा, जिसमें वे अपने प्रखंडों की साक्षरता की गतिविधियों, साक्षरता कर्मियों द्वारा किये जा रहे प्रयोगों, साक्षरता से समाज में हो रहे परिवर्तन आदि की खबर जमा करेंगे। शुरू में प्रति प्रखंड एक हजार अखबार छापने की योजना बनी और शुरू के तीन महीने तक जिला साक्षरता कार्यालय से एक रुपये/प्रति अखबार का आर्थिक सहयोग दिया गया। कल्पना यह थी कि तीन महीने बाद लोग खुद अपने पैसे से अखबार खरीदेंगे और अखबार स्वशासी हो जायेगा। ये अखबार बहुत लोकप्रिय हुये और यहाँ तक कि लोग अखबार के फोटो स्टेट को पढ़ने लगे। इन अखबारों में साक्षरता और साक्षरता कर्मियों से संबंधित समाचार होते थे और उन्हें अखबार में अपना नाम देखकर बहुत आश्चर्य होता और उत्साह भी। कुछ अखबार जिला साक्षरता के कार्यालय की गतिविधियों की आलोचना करने में भी नहीं चूकते थे। एक बार तो एक अखबार ने मेरे बारे में यह निकाला कि अब जिला पदाधिकारी ने अपने क्षेत्रों में रात्रि विश्राम कम कर दिया है और मुझे साक्षरता अभियान में ज्यादा समय लगाना चाहिए।

एक बार एक प्रखंड से "जागो बहना" की कुछ महिलाएँ मुझसे मिलने साढ़े दस बजे सुबह मेरे आवासीय कार्यालय में आईं। पिछले दिन क्षेत्रीय भ्रमण से मैं देर रात लौटा था। इसलिए उस दिन जगने में देर हुई थी। मैं उस समय स्नान कर रहा था। महिलाओं को मेरे कार्यालय में बताया गया कि मैं अभी स्नान कर रहा हूँ। वे लोग थोड़ा इंतजार करें। उन महिलाओं ने कहा कि मुझे साढ़े दस बजे नहाने का वेतन नहीं मिलता है। कार्यालय के समय में मुझे कार्यालय में ही रहना चाहिए। उनकी जागृति देख मैं मन-ही-मन खुश हुआ।

दुमका के जामतारा प्रखंड की एक शिक्षिका—के. सुशीला साक्षरता अभियान के नेतृत्व में अग्रणी पंक्ति की थी। जामतारा शहर में एक साक्षरता अभियान की रैली आयोजित की गई थी। उसके एक दिन पहले सुशीला का गर्भपात हुआ था। हम लोग उसे सांत्वना देने पहुँचे तो वह लोगों के साथ साक्षरता रैली की तैयारी में लगी थी।

"जागो बहना" का दल सुदूरवर्त्ती पहाड़ी जंगलों के गाँव में जाता था, जहाँ साक्षरता की गति धीमी होती थी। वहाँ "जागो बहना" संस्था की महिलाएँ समूह में जाकर दस-पंद्रह दिन रहतीं और साक्षरता की गतिविधियों को शुरू कराकर ही लौटती थीं। इसमें से एक महिला की मृत्यु साँप काटने से एक सुदूरवर्त्ती गाँव में हो गई। वह एक क्रिस्चन महिला थी। उसे राजकीय सम्मान के साथ दफनाया गया। मैं आरक्षी अधीक्षक और सभी वरीय पदाधिकारी के साथ उपस्थित था।

दुमका शहर में एक बड़े परिवार के लड़के ने धोबी समाज की एक किशोर लड़की के साथ बलात्कार किया था। बलात्कार के बाद उसे मरा समझकर मोहल्ले के एक सूखे कुएँ में फेंक दिया। बाद में, अगल-बगल के कुछ लोगों ने पाया कि एक अधमरी लड़की कराह रही है। उसे कुएँ से निकाला गया और अस्पताल लाया गया। "जागो बहना" की महिलाओं ने तुरंत एक आपातकलीन बैठक बुलाई। मैं घर से कार्यालय जा रहा था तो मुझे इस बैठक की जानकारी हुई। साक्षरता भवन मेरे आवास और कार्यालय के बीच था। मैं साक्षरता भवन में रुका और "जागो बहना" की बैठक में जाने लगा। यह देखकर कुछ बहनें बाहर आईं और उन्होंने कहा कि मुझे इस बैठक में भाग नहीं लेना चाहिए। "जागो बहना" की बैठक ही जिला प्रशासन के विरुद्ध हो रही है। अतः वे अपनी माँगों के साथ जिला पदाधिकारी कार्यालय में आयेंगी। मैंने कहा कि "जागो बहना" संस्था का मैं ही अध्यक्ष हूँ। तब एक ने कहा कि कभी-कभी अध्यक्ष का भी विरोध करना पड़ता है। "जागो बहना" की महिलाओं ने पूरा बाजार बंद करा दिया एवं आवागमन का मार्ग भी प्रभावित करवा दिया। उन्होंने हमें 24 घंटे की मोहलत दी, जिसमें अपराधी को पकड़कर उन्हें सूपुर्द करना था। फिर महिलाओं ने बहुत बड़ा जुलूस पूरे शहर में निकाला, जिसमें आश्चर्यजनक रूप से अपराधी के परिवार की महिलाएँ भी थीं। पुलिस अधीक्षक ने पुलिस की तीन टीम बनाई और

अपराधी को तुरंत पकड़ने का निर्देश दिया। देर रात वह अपराधी दुमका के बगल के शहर देवघर के एक होटल में पकड़ा गया। पुलिस उसे अगले दिन 10 बजे सुबह तक न्यायालय में उपस्थित कराना चाहती थी। उसे दुमका शहर के थाने में रखा गया। यह बात आग की तरह फैली और सैकड़ों महिलाओं ने थाने में आकर जूते-चप्पलों से उसकी पिटाई शुरू कर दी।

उस जमाने में मानवीय अधिकार का उतना डर नहीं था और न उतने टी.वी चैनल थे। खैर, उस लहूलुहान अपराधी को कोर्ट में पेश किया गया और जेल भेजा गया। महिलाओं ने जिला न्यायालय में एक ऐसा दबाव बनाया कि महीनों तक उसकी तरफ से दुमका का कोई वकील बेल मूव नहीं कर पाया। "जागो बहना" पीड़ित लड़की को अच्छे इलाज के लिए मिशनरी के अस्पताल में ले गई। हम लोगों ने इलाज के लिए कुछ राशि देनी चाही, जिसे उन्होंने स्वीकार नहीं किया। उन्होंने इलाज के पैसे चंदा से जमा किये।

इन समस्याओं के निराकरण के लिए महिलाओं को लाभ पहुँचाने वाली योजना एवं कार्यक्रमों की एक सरल पुस्तिका बनाई गई और इसकी जानकारी उन तक पहुँचाई गई। अपने गाँव के सामुदायिक विकास के लिए योजनाओं की माँग करने का तरीका बताया गया। सरकारी योजनाएँ ठीक से क्रियान्वित हों, इसे देखने के लिए उन्हें प्रशिक्षित किया गया। हर योजना के कार्यस्थल पर न्यूनतम मजदूरी अंकित की गई, ताकि कम मजदूरी मिलने पर वह विरोध प्रदर्शित कर सकें। विभिन्न व्यवसायों एवं उद्योगों के लिए उनके छोटे-छोटे समूह बनाये गये और उन्हें कार्यशील पूँजी के रूप में ऋण दिलवाया गया।

दुमका बिहार का पहला जिला बना जहाँ साक्षरता अभियान सफल माना गया। यह सफलता बहुत महत्वपूर्ण थी। बिहार में केरल एवं अन्य दक्षिण के राज्यों की तरह जन संगठनों द्वारा साक्षरता अभियान नहीं चलाया गया था। यहाँ सरकार ने जन सहयोग से इस अभियान को चलाया था। हमें पता था कि एक अच्छे जन संगठन को तैयार करने में ही काफी समय लग जायेगा। अतः हम उसका इंतजार नहीं कर सकते और मेरा मानना था कि ऐसे अभियान के लिए स्वयंसेवियों की जरूरत है, स्वयंसेवी

संगठन की नहीं। दूसरी बात यह थी कि दुमका के लोग अपने भाई-बहन, पिता-चाचा और अपनी माँ के लिए अभियान चला रहे थे। जो सरकारीकर्मी, शिक्षक आदि थे, वे भी दुमका के ही थे और उनके बीच अपने समाज को जागरूक और विकसित करने की ललक पैदा की गई।

साक्षरता अभियान को चलाने के लिए प्राप्त पैसे की सूद से लगभग बीस लाख रुपये की राशि प्राप्त हुई थी। मैंने इसका उपयोग दुमका में एक साक्षरता भवन के निर्माण में किया। देश में साक्षरता अभियान में हो रहे अच्छे कार्यों को पुरस्कृत करने के लिए केंद्र सरकार द्वारा यूनिसेफ के सहयोग से सत्येन मित्रा राष्ट्रीय साक्षरता पुरस्कार की घोषणा की गई। दुमका जिले को पहला सत्येन मित्रा राष्ट्रीय साक्षरता पुरस्कार प्राप्त हुआ। एक तरफ देश में सर्वश्रेष्ठ साक्षरता अभियान के लिए यह पुरस्कार प्राप्त हुआ और दूसरी तरफ महालेखाकार से एक ऑडिट पारा आया। इस ऑडिट पारा में यह कहा गया कि दुमका में साक्षरता अभियान की समाप्ति के बाद भी शत-प्रतिशत लोग साक्षर नहीं हुए, जबकि पूरी राशि खर्च की गई। दुमका में साक्षरता अभियान के कारण साक्षरता दर लगभग तीस प्रतिशत से बढ़कर साठ प्रतिशत हो गई थी। मैंने जवाब दिया कि दोनों बात कैसे हो सकती है। एक तरफ केंद्र सरकार दुमका के इस अभियान को देश का सर्वश्रेष्ठ अभियान मानती है, वहीं दूसरी ओर महालेखाकार की आपत्ति भी प्राप्त होती है। महालेखाकार ने साक्षरता भवन के निर्माण को भी अनियमित पाया था। उनका कहना था कि सूद की राशि सरकार को लौटा देनी चाहिए थी। खैर, यह मामला बहुत दिनों तक चलता रहा और शायद अब यह समाप्त हो गया है।

लोगों को अब इस अभियान में मजा आने लगा था। साक्षरता से उनमें चेतना आई। मेरे बारे में उन्हें लगने लगा कि यह आदमी मेरे काम का है। हमारे बीच ही सदा रहे, तो हम लोगों का विकास हो! उन लोगों ने मेरे वेतन का पता लगाया। यह भी कि मैं कितने वर्षों तक नौकरी में रहूँगा और पूरी अवधि में कितना वेतन पाऊँगा। उस समय के हिसाब से मेरे पूरे कार्यकाल का वेतन एक करोड़ सत्तर लाख रुपये जोड़ा। दुमका जिले की पूरी आबादी सत्रह लाख थी। इन लोगों ने मेरे सामने प्रस्ताव रखा कि

वे लोग दुमका के लोगों से दस-दस रुपये जमा कर मेरे लिए एक करोड़ सत्तर लाख रुपये की व्यवस्था कर देंगे। मुझे नौकरी छोड़कर चल रहे अभियान का नेतृत्व करना चाहिए। उन लोगों ने कुरुआ पहाड़ में मेरे लिए आश्रम बनाने का प्रस्ताव रखा। यह मेरे लिए बहुत आश्चर्यजनक था। मैंने अभियान के दौरान महसूस किया था कि लोगों के बीच जागरूकता, संघर्ष करने की क्षमता, अन्याय के विरुद्ध एक वातावरण एक बड़े अभियान के माध्यम से बनाया जा सकता है। लेकिन लोगों के बीच जब परिवर्तन की ललक पैदा हो जाती है, तो उस समय नेतृत्व देना काफी चुनौतीपूर्ण हो जाता है। खासकर, सरकारी व्यवस्था इस लगी आग को बहुत लंबे समय तक संतुलित नहीं रख पाती और लोगों में निराशा की भावना आने लगती है। होता यह है कि लोगों में, उनकी सोच में एक बड़ा परिवर्तन आता है, लेकिन जो सामाजिक संस्थाएँ हैं, वे इन नई माँग के अनुरूप अपने को ढाल नहीं पातीं। दुमका जिले में तीन वर्ष के कार्यकाल के बाद मेरा स्थानांतरण हुआ। मैं अपनी नौकरी के पूरे वेतन एवं रहने की पूरी व्यवस्था होने के बावजूद दुमका में नहीं रह पाया।

मैं आयुक्त के रूप में पूर्णिया प्रमंडल एवं तिरहुत प्रमंडल में पदस्थापित रहा। पूर्णिया में मैं पहले भी प्रोबेशनर के रूप में वर्ष 1982-83 में रह चुका था। पूर्णिया में बहुत बदलाव नहीं आया था। पूर्णिया प्रमंडल नया-नया ही बना था। प्रमंडलीय आयुक्त का एक मुख्य काम न्यायिक कार्य होता है, जिसमें जिला पदाधिकारियों के आदेश की अपील की सुनवाई करनी होती है। जब मैंने वहाँ योगदान दिया, तब मुझे पता चला कि मेरे न्यायालय में वादों की संख्या काफी कम है। इसलिए प्रतिदिन न्यायिक कार्य करने की योजना छोड़नी पड़ी। सप्ताह में न्यायिक कार्यों के लिए दो दिन निश्चित किये। मैंने जब अपने न्यायालय के पेशकार से पूछा कि यहाँ वाद इतने कम क्यों हैं, तब उसने कहा कि सर, यहाँ अपील ही आती है। जब जिलों में जिला पदाधिकारी न्यायालय में बैठेंगे और आदेश पारित करेंगे, तभी तो लोग अपील के लिए यहाँ आयेंगे। मैंने जब इस स्थिति की समीक्षा की, तब पाया कि अधिकांश जिला पदाधिकारी कार्यों की व्यस्तता बताकर कोर्ट कर ही नहीं रहे हैं। मैंने न्यायिक कार्यों के लिए दिन निश्चित किये और उनके यहाँ लंबे वादों के निष्पादन की मासिक समीक्षा रखी।

पहले के जमाने में प्रमंडलीय आयुक्त के पद पर भारतीय प्रशासनिक सेवा के वरीयतम व्यक्तियों का पदस्थापन होता था। प्रमंडलीय आयुक्तों का क्षेत्र भी काफी बड़ा होता था। यातायात की सुविधा नहीं थी। इसलिए सुदूर क्षेत्रों में कैंप कोर्ट होते थे, ताकि लोगों को अपनी समस्याओं के निराकरण के लिए बहुत दूर नहीं जाना पड़े। धीरे-धीरे जिलों एवं प्रमंडलों की संख्या बढ़ी और कुछ प्रमंडल तो दो जिलों के लिए भी बनाये गये। यातायात में सुधार के कारण अब पदाधिकारीगण क्षेत्र में कैंप नहीं करते थे, बल्कि अपने मुख्यालय से आते-जाते थे।

पूर्णिया में सड़कों की स्थिति काफी खराब थी। एक बार मुझे पूर्णिया के आयुक्त रहते हुए कोसी प्रमंडल, सहरसा के आयुक्त का भी अतिरिक्त प्रभार लेना पड़ा। मैं उस पद पर योगदान देने जा रहा था। मेरे सचिव ने दो कार की व्यवस्था की। मैंने पूछा कि दो कार की क्या जरूरत है। मेरे सचिव ने कहा कि पूर्णिया से सहरसा का रास्ता बहुत खराब है। गाड़ी को जाने दिया जाये, लेकिन मैं नहीं माना। मैं एक ही कार से सहरसा के लिए प्रस्थान कर गया। सचिव की बात सच निकली। 20-25 किलोमीटर जाने के बाद गाड़ी का एक्सल टूट गया। वास्तव में, दूर-दूर तक सड़क गड्ढे में परिणत हो चुकी थी। लंबे समय से मरम्मत नहीं होने के कारण बड़े-बड़े गड्ढे बन गये थे। सचिव ने दूसरी गाड़ी आगे के प्रखंड में भेज दी थी। वहाँ से गाड़ी आई, तब मैं सहरसा पहुँचा। अगले दिन योगदान करने के बाद सहरसा से पूर्णिया के लिए वापस हो रहा था, तब रास्ते में दो ट्रक रुके हुये थे। पूछने पर ट्रक के चालकों ने बताया कि कुछ बदमाशों ने उनके ट्रक को रोककर उनका पैसा छीन लिया है और पूर्णिया की तरफ भागे हैं। मैंने चालक को गाड़ी तेज चलाने के लिए कहा। लेकिन जिन बदमाशों ने ट्रक चालकों से पैसा लिया था, वो मोटर साइकिल में हमारी गाड़ी से तेज भागते हुए आगे निकल रहे थे। हम लोग उन बदमाशों को नहीं पकड़ पाये। ऐसी स्थिति देखकर मैंने यह पता लगाने की कोशिश की कि लोग सहरसा और पूर्णिया के बीच कैसे आते-जाते हैं। लोगों ने बताया कि एक पैसेंजर ट्रेन है, जिससे लोग पूर्णिया और सहरसा के बीच आना-जाना करते हैं। मुझे यह भी बताया गया कि पहले भी पूर्णिया एवं सहरसा के प्रमंडलीय आयुक्तों को एक-दूसरे के अतिरिक्त प्रभार मिले हैं, तब वे लोग भी ट्रेन से ही आते-जाते थे।

पूर्णिया में मछली काफी अच्छी मिलती थी, क्योंकि पूर्णिया के पास से गंगा और कोसी दो प्रमुख नदियाँ बहती हैं और हिमालय से कई छोटी-छोटी नदियाँ निकलकर पूर्णिया जिले से गुजरती हैं। पूर्णिया में चौर और तालाबों की भी काफी संख्या थी, जहाँ मिट्टी खाने वाली मछली जैसे सिंघी, मांगुर एवं कवई आदि बड़ी मात्रा में मिल जाती हैं।

मैं जब पूर्णिया गया, तब मुझे मेरे पहले के एक कमिश्नर की कहानी बताई गई। वे कमिश्नर साहब बंगाली थे। उन्हें मछली का काफी शौक था। वे काफी सीधे-साधे व्यक्ति थे। मछली खरीदने मछली बाजार खुद जाते थे। चूँकि उनका परिवार काफी छोटा था, इसलिए वे कम मात्रा में मछली खरीदते थे। उनको देखकर मछली विक्रेता घबरा जाते थे कि पता नहीं किस बड़ी मछली से काटकर 500 ग्राम मछली देनी होगी। मैंने बंगाल में भी देखा है कि वहाँ के लोगों के लिए 200 ग्राम से 500 ग्राम तक मछली खरीदना सामान्य है। जबकि बिहार में एक किलोग्राम से कम मछली लेने पर दुकानदार अच्छी नजर से नहीं देखता। खासकर, जब कोई बड़ी मछली का अच्छा हिस्सा देना हो, तब दुकानदार उम्मीद करता है कि कम-से-कम दो किलोग्राम एक साथ बेचा जाये।

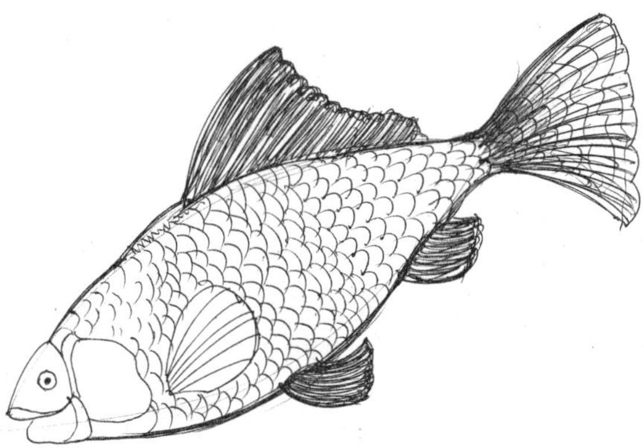

पूर्णिया में मेरे एक मित्र थे खोखन दादा, जो भारतीय जीवन बीमा निगम में काम करते थे। वे भी मछली के बहुत शौकीन थे। उनका काम था रोज सुबह-सुबह मछली बाजार जाना और अपने और मेरे लिए मछली खरीदकर लाना। एक बार उन्होंने बताया कि अब बाजार में अच्छी मछली नहीं मिल पा रही है, क्योंकि सिलीगुड़ी से व्यापारी आकर पहले ही अच्छी मछली बाजार से उठा ले रहे हैं। इससे पूर्णिया के लोगों को बची-खुची मछली ही मिल पाती है। तो मैंने एक अनौपचारिक निर्णय करा दिया कि सिलीगुड़ी के व्यापारियों को 8 बजे सुबह के पहले मछली नहीं बेची जा सकती। पूर्णिया के मछली बाजार पर मछली खरीदने का पहला हक पूर्णिया के लोगों का है।

तिरहुत (मुजफ्फरपुर) प्रमंडलीय आयुक्त के पद का अनुभव थोड़ा अलग था। पूर्णिया जितना सोया हुआ और शांत था, मुजफ्फरपुर उतना ही गतिविधियों से भरा हुआ था। मुजफ्फरपुर पूर्णिया की तुलना में काफी विकसित शहर था।

मुजफ्फरपुर में आयुक्त के आवास को लाल कोठी कहा जाता था। यह बिहार में राजभवन के बाद दूसरा बड़ा आवासीय बंगला था। इस आवासीय बंगले में एक काफी बड़ा डांसिंग फ्लोर एवं कई हॉल बने हुए थे। ऊपर के तल पर बहुत सारे कमरे थे। डांसिंग फ्लोर के नीचे पानी का एक तालाब था, जो कमरे को ठंडा रखने के लिए अंग्रेजों ने बनवाया था। इतने बड़े भवन की सफाई और मेंटनेंस बहुत बड़ी समस्या थी। हम लोगों ने कुछ ही कमरे खोले और उसी में रहने लगे। मैंने इस बड़े आवासीय भवन के बारे में वरीय पदाधिकारियों को बताया। मेरे विचार से इस बड़े भवन में कोई कॉलेज या संस्थान आसानी से चलाया जा सकता था। आयुक्त के लिए इसी परिसर में आसानी से एक अलग भवन बनाया जा सकता था।

पूर्णिया की तुलना में मुजफ्फरपुर में वादों की भरमार थी और न्यायालय वादों का स्वरूप भी बड़ा पेचीदा था। अधिकांश मामले जमीन से संबंधित थे और यहाँ वकीलों का स्तर भी काफी अच्छा था। मैंने मुजफ्फरपुर में कला, संस्कृति, खेल-कूद आदि की गतिविधियाँ बढ़ाई। तिरहुत महोत्सव का आयोजन किया गया। अंतर्राष्ट्रीय कबड्डी भी आयोजित हुई।

मेरे कार्यकाल में बूढ़ी गंडक में काफी बाढ़ आई, जिससे लाखों लोग प्रभावित हुए। मैं बाढ़ में राहत-सामग्री के वितरण की समीक्षा कर रहा था, तब मुझे मालूम हुआ कि एक विधायक जी राज्य सरकार द्वारा आई हुई राहत-सामग्री का दो-तिहाई भाग अपने क्षेत्र में ले जाना चाहते हैं, जबकि बाढ़ की स्थिति के अनुसार उनका हिस्सा 1/10 भाग ही हो रहा था। मैंने कहा कि ये बिल्कुल गलत होगा और उनके क्षेत्र की उपलब्धता के अनुसार हिस्से की राहत-सामग्री उपलब्ध कराई गई। इस पर विधायक महोदय मुझसे काफी नाराज हो गये और उन्होंने पटना जाकर मेरा स्थानांतरण करवा दिया। बाद में मैंने उन्हें इसके लिए धन्यवाद भी दिया। तब वे अपनी सफाई देने लगे।

5
केंद्रीय सरकार में पाँच साल

मैं वर्ष 1998 में केंद्रीय प्रतिनियुक्ति पर नई दिल्ली गया। शायद मेरे बायोडाटा के आधार पर केंद्र सरकार में मेरी प्रतिनियुक्ति मानव संसाधन विकास मंत्रालय में निदेशक के पद पर हुई। मैं राज्य में सचिव स्तर पर प्रोन्नत हो चुका था। लेकिन केंद्र में मेरे बैच के लोग, अभी निदेशक के पद पर ही थे। अतः मेरी प्रतिनियुक्ति भी निदेशक के पद पर हुई।

केंद्र सरकार में प्रतिनियुक्ति के लिए मैं बिहार सरकार से बहुत मुश्किल से छूटा था। जब मुझे केंद्र सरकार में प्रतिनियुक्ति का आदेश मिला तो मैंने बिहार सरकार के कार्मिक एवं प्रशासनिक सुधार विभाग से विरमित करने का अनुरोध भेजा। आज के सामान्य प्रशासन विभाग का नाम तब कार्मिक एवं प्रशासनिक सुधार विभाग था। जब पंद्रह दिनों तक कुछ नहीं हुआ तो मैं कार्मिक एवं प्रशासनिक सुधार विभाग के सचिव श्री देवाशीष गुप्ता से मिलने गया। मैंने कहा कि प्रतिनियुक्ति आदेश में लिखा है कि अगर पंद्रह दिनों में केंद्र सरकार में योगदान नहीं दूँगा, तो प्रतिनियुक्ति आदेश रद्द हो जायेगा। उन्होंने कहा कि बैठो पहले, चाय पिओ। अगर एक महीने में विरमित हो जाओ तो खुद को भाग्यशाली समझना। उन्होंने कहा कि मुझे मुख्यमंत्री जी से मिलना होगा और उनसे केंद्र सरकार में जाने की अनुमति लेनी होगी। उन्होंने बताया कि बिहार में यह परंपरा है। उन्होंने यह भी बताया कि मुख्यमंत्री क्या बोलेंगे और मुझे क्या

बोलना है। मुख्यमंत्री बोलेंगे कि सभी अच्छे पदाधिकारी केंद्र सरकार में चले जायेंगे, तो बिहार में कौन रहेगा, जिसका जवाब होना चाहिए कि मैं बच्चों की पढ़ाई के लिए जाना चाहता हूँ और आईएएस अधिकारी को केंद्र सरकार में एक बार तो जाना ही पड़ता है, नहीं तो बाद में फिर ऊँचे स्तर में प्रतिनियुक्ति में जाने में कठिनाई होती है। उस समय मेरे एक मित्र थे, श्री अब्दुल बारी सिद्दिकी। मैंने उन्हें बताया कि ऐसी व्यवस्था कीजिये कि मेरी भेंट मुख्यमंत्री से अकेले में हो। सिद्दिकी साहब ने ऐसी ही व्यवस्था की और मैं मुख्यमंत्री से मिला। श्री लालू प्रसाद यादव मुख्यमंत्री थे। बिल्कुल वैसी ही बात हुई, जैसा श्री देवाशीष गुप्ता ने मुझे बताया था। अगले दिन मुझे विरमित करने का आदेश निकल गया।

मैंने भारत सरकार के मानव संसाधन विकास मंत्रालय के निदेशक के पद पर योगदान दिया। मुझे व्यावसायिक शिक्षा निदेशालय का काम मिला। मेरा साक्षरता के क्षेत्र में बिहार में काफी काम था। इसलिए कभी-कभी साक्षरता के प्रशिक्षण, अनुश्रवण आदि के काम भी करने पड़े। उस जमाने में मुझे पान खाने की आदत थी। पहला जो सदमा लगा, वह कमरे में पीकदान का नहीं होना था। दूसरा सदमा था कि कार्यालय आने-जाने के लिए कोई गाड़ी नहीं थी। पानी, चाय लाने के लिए कोई अनुसेवी नहीं था। चाय के लिए कैफ्टेरिया में फोन करना पड़ता था और पानी पीने के लिए गिलास लेकर वाटर कूलर से पानी लाना पड़ता था। इन सुविधाओं की बिहार में आदत लग गई थी, इसलिए इन सुविधाओं का नहीं होना शुरू में तो खला, लेकिन बाद में अभ्यस्त हो गया। निदेशालय में मेरे नीचे एक उप-सचिव, दो प्रशाखा पदाधिकारी और कई सहायक थे। पहले दिन ही मुझे जो संचिका आई उसकी अंग्रेजी और टिप्पणी की गुणवत्ता बहुत बेहतर थी। मैं तो यह देखकर घबरा गया कि एक अवर सचिव को विषय की इतनी अच्छी जानकारी कैसे है और कितने अच्छे ढंग से वह उसे प्रस्तुत कर रहा है। दस-पंद्रह दिन काम करने पर इसका भेद खुला। केंद्र सरकार में कंप्यूटर और इंटरनेट का प्रयोग काफी होता था। हर विषय पर तथ्यों को लोग इंटरनेट से निकाल लेते थे और उसी से कट, कॉपी एवं पेस्ट करके अच्छी-अच्छी

टिप्पणी लिखते थे। मुझे अपने विषयों से संबंधित संसाधन एक महीने तक इंटरनेट से निकालने पड़े और अपने कंप्यूटर में रखने पड़े। कभी-कभी किसी-किसी संयुक्त सचिव को देर रात तक काम करने की आदत थी। वो 5 बजे शाम के बाद ही ज्यादातर काम निकालते थे। 5:30 बजे कनीय सहकर्मी चले जाते थे। मुझे लोगों ने बताया कि कुछ संयुक्त सचिव ऐसे हैं, जो देर तक घर नहीं जाना चाहते। इसलिए वह देर तक बैठे रहने का बहाना खोजते हैं। मुझे समय काटने की आदत नहीं थी, इसलिए अपने कार्यक्षेत्र में कुछ नया करने की सोचने लगा। केंद्र सरकार में निर्णय की प्रक्रिया बहुत जटिल थी। शुरू-शुरू में आवश्यक निर्णय में होने वाली देरी से मुझे बेचैनी होती थी। धीरे-धीरे आदत लग गई।

मुझे मेरे दोस्तों ने बताया कि अपने पाँच वर्ष के कार्यकाल में एक-दो नया काम कर पाओ तो बहुत है। खैर, जब मैं सामाजिक अधिकारिता मंत्रालय में विकलांगता का काम देख रहा था तो उस समय एक नई योजना का सूत्रपात किया। वह था हर जिले में विकलांगों के लिए एक विकलांग केंद्र खोलने की योजना। विकलांगता के कार्यों के लिए जब विभिन्न राज्यों का भ्रमण किया तो पाया कि विशेष आवश्यकता वाले लोग समाज में हाशिये पर हैं। उनकी समस्याओं का निराकरण किसी एक जगह से नहीं हो पाता और उन्हें कई जगह भटकना पड़ता है। अतः हर जिले में एक ऐसा केंद्र होना चाहिए, जहाँ उनका हर काम हो जाये। विशेष आवश्यकता वाले लोगों को विकलांगता का प्रमाणपत्र मिल जाये। उनके पुनर्वास का इंतजाम हो, उन्हें आर्थिक रूप से सुदृढ़ किया जाये और उनकी इज्जत बढ़ाई जाये। उन्हें आवश्यक उपकरण मिल जाये और इलाज हो जाये। तब इज्जत बढ़ेगी। उस समय के विभागीय मंत्री को यह प्रस्ताव अच्छा लगा। इस कार्यक्रम के लिए बहुत बड़ी धनराशि की मांग नहीं थी, इसलिए यह योजना पूरे देश में एक वर्ष के अंदर जमीन पर उतर पाई।

दूसरी जो महत्वपूर्ण समस्या मुझे दिखाई पड़ी, वह थी मानसिक विकलांगता से ग्रस्त लोगों की स्थिति को सुधारने की। उस समय विकलांगता के लिए केंद्र सरकार का जो कानून था उसे, Person With Disability Act-2005 कहते हैं। इस कानून में शारीरिक रूप से विकलांग जैसे-अस्थिजनित विकलांगता, सुनने की विकलांगता,

देखने की विकलांगता से प्रभावित लोगों के विकास के लिए प्रावधान किये गये थे। केंद्र सरकार ने यह पाया था कि अपने देश में लगभग तीन प्रतिशत आबादी इस प्रकार के विकलांग हैं, जो सामाजिक मुख्यधारा से बाहर हैं। उनकी शिक्षा, स्वास्थ्य और रोजगार के लिए इस कानून में प्रावधान किये गये थे। पहले देश में ज्यादा लोग अस्थि विकलांगता के पाये जाते थे, क्योंकि पोलियो बीमारी बहुत होती थी। कई लोगों की दृष्टि भी बाधित थी, जो अंधे थे या जिन्हें कम दिखाई पड़ता था। बच्चे और वयस्कों में सुनने की भी समस्या थी। कुछ लोग बोल नहीं पाते थे, इन विकलांगताओं के लिए राष्ट्रीय स्तर पर संस्थान बनाये गये और इनके लिए उपकरण आदि के निर्माण के लिए "अलिम्को" जैसे संस्थाओं की स्थापना की गई। जैसे-जैसे देश का विकास हुआ पोलियो जैसी बीमारी के विरुद्ध अभियान चलाया गया, तो इन विकलांगताओं में कमी आई। सरकार ने भी ऐसे लोगों के इलाज के लिए जिला स्तर पर केंद्र खोले और इन क्षेत्र में काम करने वाले स्वयंसेवी संगठनों को प्रोत्साहित किया।

विकलांगता के कार्य से मैंने देश के लगभग सभी राज्यों का भ्रमण किया। भ्रमण में स्पष्ट हुआ कि शारीरिक विकलांगता में तो कमी आ रही है और उन्हें सहायता भी मिल रही है, लेकिन बड़ी संख्या में लोग खासकर बच्चे मानसिक विकलांगता से प्रभावित हो रहे हैं। Person With Disability Act-2005 में शारीरिक विकलांगता को ही कवर किया गया था, मानसिक विकलांगता को नहीं। पहले यह विचार था कि सरकार के पास जो संसाधन हैं, उससे शारीरिक विकलांगता से ही प्रभावित लोगों को प्राथमिकता दी जा सकती है। मानसिक विकलांगता के लिए उतनी जागरूकता नहीं थी और वह संपन्न परिवारों की बीमारी मानी जाती थी। लेकिन क्षेत्रीय भ्रमणों से स्पष्ट होने लगा था कि मानसिक विकलांगता भी देश की एक बड़ी समस्या है और उसके निराकरण में विलंब नहीं किया जा सकता है। दक्षिण के राज्य केरल, कर्नाटक एवं महाराष्ट्र में मानसिक विकलांगता पर कुछ स्वयंसेवी संस्थाएं काम भी कर रही थी। मैंने इन संस्थाओं का अध्ययन किया। केंद्र सरकार में उच्चस्तरीय विचार विमर्श हुआ और मानसिक रूप से विकलांग व्यक्तियों के लिए नेशनल ट्रस्ट एक्ट लाया गया, इसमें मानसिक रूप से विकलांग व्यक्तियों के लिए शिक्षा, स्वास्थ्य, रोजगार एवं उपकरण के साथ उन्हें प्रशिक्षित करने की व्यवस्था आदि का प्रावधान किया गया।

कुछ मानसिक रूप से विकलांग बच्चे बिना अभिभावक के थे, उनके अभिभावक कौन होंगे, इसकी व्यवस्था की गई। नेशनल ट्रस्ट एक्ट के अंतर्गत केंद्रीय स्तर पर केंद्र सरकार के सचिव स्तर के एक व्यक्ति को पदस्थापित किया गया। उसके अंतर्गत जो सबसे बड़ा काम हुआ वह यह था कि देश की चिकित्सा प्रणाली में लगे चिकित्सकों एवं पारा मेडिकलों को मानसिक रोग के चिकित्सा के तरीकों से अवगत कराया जाये एवं मानसिक रूप से विकलांग बच्चों को समाज के मुख्यधारा में लाने के लिए विचार किया जाये।

खासकर, बच्चों में जो मानसिक विकलांगता आती है, उसका उपाय तो शुरू से ही करना पड़ेगा, नहीं तो वे कभी समाज के लिए या अपने लिए उत्पादक नहीं हो पायेंगे। खैर, इस प्रस्ताव में भी विभागीय मंत्री और विभागीय सचिव का पूरा सहयोग मिला। नेशनल ट्रस्ट एक्ट पारित कराया गया और मानसिक विकलांगता से ग्रसित लोगों के लिए काम शुरू हुआ।

उस समय श्रीमती मेनका गाँधी विभागीय मंत्री थीं। उनसे विभाग के सभी पदाधिकारी काफी घबराते थे, क्योंकि वह एक हार्ड टास्क मास्टर थीं और हर काम तेजी से करना चाहती थीं। काम में विलंब होने पर प्रायः उनकी भाषा अमर्यादित हो जाती थी। मैंने इसके कुछ उपाय निकाले। मंत्री जी अपनी समीक्षा के दौरान किसी काम के बारे में किसी पदाधिकारी से पूछती थीं, कितना समय लगेगा तो वह पदाधिकारी डर के मारे बोल देता था कि पंद्रह दिन में हो जायेगा, जबकि उस काम के होने में कम-से-कम एक महीने का समय आवश्यक था। मंत्री जी गुस्से में बोलतीं कि आप इस काम को एक सप्ताह में करके लाइये और एक सप्ताह में अगर संचिका नहीं पहुँचती तो उनका ई-मेल और फोन आने लगता। पूरे विभाग में एक आतंक का वातावरण था। जब वह मुझसे पूछतीं कि किसी प्रस्ताव को लाने में कितना समय लगेगा तो मैं बोलता कि इस पर काफी अध्ययन करना पड़ेगा और काफी विचार-विमर्श भी। इसलिए एक माह का समय तो लगेगा ही। मंत्री जी अपनी आदत के अनुसार मुझे पंद्रह दिन का समय देतीं, जो उस कार्य के लिए पर्याप्त था। दूसरा तरीका जो मैंने अपनाया, वह नहीं डरने का था। मंत्री जी की समीक्षात्मक बैठक में

अधिकांश पदाधिकारी सर झुकाये और बिना कुछ बोले बैठे रहते थे और मंत्री जी बोलती रहती थीं। मैं सर झुकाये बिना उनकी आँख में आँख मिलाकर बातें करता, तो मुझे कोई दिक्कत नहीं हुई। मैं समझ गया कि मंत्री को रूटीन कार्यों में रुचि कम है और नये-नये काम करना चाहती हैं। मैं भी यही चाहता था और मैंने उनसे नये-नये प्रस्ताव स्वीकृत करवाये।

केंद्र सरकार में निजी सचिव की बहुत महत्वपूर्ण भूमिका होती है। मेरी पहली निजी सचिव एक पंजाबी महिला थीं, जो काफी शौकीन और अपने स्वास्थ्य का ख्याल रखने वाली थी। वह पूरे दिन फल, सलाद एवं जूस लेती थी। मैं अपने घर से टिफिन लाता था, जिसमें रोटी, भुजिया और सलाद होता। मेरे खाने को देखकर उसे आश्चर्य होता। एक बार तो उसने मेरी पत्नी को कह दिया कि साहब के खाने में प्रोटीन ज्यादा होने चाहिए, कार्बोहाईड्रेट कम। खैर, इस महिला का स्थानांतरण हो गया।

मेरा दूसरा निजी सचिव आया। वह काफी परिपक्व था। वह केरल का था और मंत्री के कार्यालय में काम कर चुका था। उसका काम बहुत सिस्टमेटिक था। केंद्र सरकार में निजी सचिवों का जो संवर्ग है, उसमें वह महत्वपूर्ण स्थान रखता था। मेरे पास पटना से आने वाले और दिल्ली के दोस्त तीन-चार कामों के लिए आते थे। चूँकि मैं मानव संसाधन विकास मंत्रालय में था, इसलिए वो अपने बच्चों के नामांकन के लिए पैरवी करने आते थे और दूसरा वर्ग पटना से इलाज कराने आये लोगों का था। कुछ लोग रेलवे का टिकट कन्फर्म कराने आते थे और कुछ दोस्त दिल्ली घूमने और मार्केटिंग के लिए। नामांकन एवं इलाज के काम के लिए मेरे निजी सचिव ने एक स्टैंडर्ड पत्र का ड्राफ्ट बना लिया था, जिसमें विद्यालयों में नामांकन की अनुशंसा की जाती और प्राथमिकता पर इलाज करने का अनुरोध किया जाता। निजी सचिव मुझसे दस्तखत कराकर लोगों को पत्र दे देता। जब मैं निजी सचिव से पूछता कि नामांकन का क्या हुआ, तो उसका जवाब होता कि हम लोग का काम अनुशंसा करना है, जो हमने कर दिया, अब अनुशंसा के बाद आगे उनको देखना है कि कैसे नामांकन होगा। यह बात शुरू में तो अटपटी लगती थी, क्योंकि बिहार में तो जब तक काम हो ना जाये, तब तक लोग लगे रहते थे। निजी सचिव की दूसरी खूबी थी कि वह जितने

लोगों की अनुशंसायें की जातीं, उनके नाम और फोन नंबर रखता। जैसे रेलवे के किसी पदाधिकारी की नामांकन के लिए अनुशंसा की गई, तो वह उनका उपयोग रेलवे के टिकट को कन्फर्म कराने में करता। एक बार मैं केंद्र सरकार में स्थापना पदाधिकारी से मिलना चाहता था, जो काफी वरीय पदाधिकारी थे। मैंने निजी सचिव को दस-पंद्रह दिनों में अपॉइंटमेंट फिक्स कराने को कहा। अगले दिन मेरे निजी सचिव ने फोन किया कि मैं 10 बजे स्थापना पदाधिकारी से मिलता हुआ कार्यालय आऊँ। मैं चकित था कि उसने एक दिन में ही कैसे अपॉइंटमेंट करा दिया। बाद में निजी सचिव ने बताया कि उन लोगों की ऐसी नेटवर्किंग है, और उसने उनके निजी सचिव से बात कर तुरंत अपॉइंटमेंट फिक्स करा दिया।

केंद्र सरकार की योजना में कॉमनवेल्थ स्कॉलरशिप पर केंद्र सरकार के पदाधिकारी एमबीए करने कई देश के विश्वविद्यालयों में जाते हैं। मैंने भी कॉमनवेल्थ स्कॉलरशीप पर एमबीए करने का आवेदन दिया था। चयन का आधार पदाधिकारियों की वरीयता और उनकी गोपनीय चारित्री होती है। जब चयनित लोगों की सूची निकली तो उसमें मेरा नाम प्रतीक्षा सूची में था। मैंने पाया कि चयन का मानदंड कागज पर ही है, चयन तो पैरवी से होता है। मुझे नहीं पता था कि ऑस्ट्रेलिया में कॉमनवेल्थ स्कॉलरशिप से एमबीए करने का काम ऑस्ट्रेलिया की सरकार नहीं, बल्कि एक निजी संस्था ऑस एड करती है। ऑस एड नामक संस्था भारत में ऑस्ट्रेलिया सरकार द्वारा चलाये जा रहे कार्यक्रम और निवेश को देखती थी। ऑस एड का जो भारत में सर्वोच्च पदाधिकारी था, वह मेरा काफी अच्छा परिचित था। मानव संसाधन विकास मंत्रालय में ऑस एड की सहायता से काफी कार्यक्रम चल रहे थे। जब उसे यह मालूम हुआ तो उसने कहा कि मैं ऑस्ट्रेलिया कॉमनवेल्थ स्कॉलरशिप पर जरूर जाऊँगा और मैं निश्चिंत रहूँ। साथ-साथ काम करने के कारण वह मेरा दोस्त भी हो गया था। उसने इस चयन पर कार्मिक मंत्रालय से कई तरह के प्रश्न पूछने शुरू किये। जैसे चयन सूची में महिलाओं की संख्या कम क्यों है एवं इस सूची में कमजोर वर्ग से आए पदाधिकारियों की संख्या भी कम क्यों है। इन प्रश्नों का उत्तर देने में मंत्रालय को कठिनाई हो रही थी। उसने मंत्रालय को साफ कहा कि जब तक मेरा नाम चयनित सूची में नहीं होगा, तब तक वह सूची स्वीकार्य नहीं होगी। तुरंत चयनित सूची में मेरा नाम आ गया और मैं ऑस्ट्रेलिया

एमबीए करने गया। उस व्यक्ति ने मेरे पेड़-पौधे के शौक को देखते हुए न्यू साउथ वेल्स में मेरे लिए एक ऐसी यूनिवर्सिटी का चयन किया, जो जंगलों से घिरा था।

केंद्र सरकार में निदेशक के पद पर रहते हुए मुझे यही महसूस हुआ कि मैं ज्यादा वेतन पाने वाला लिपिक हूँ। बहुत कुछ चाहकर भी नहीं कर पा रहा हूँ। राज्यों की स्थिति दूसरी होती थी। वहाँ अगर कोई काम करना चाहे तो बहुत कुछ कर सकता है और जल्दी कर सकता है। राज्य में लोगों को लाभ पहुँचाने का काम तुरंत हो सकता है, जबकि केंद्र में मेरे स्तर पर ऐसा संभव नहीं था। केंद्र में जाने से यह फायदा जरूर हुआ कि पूरे देश में घूमने का मौका मिला।

कुछ समय के लिए केंद्र सरकार में योग के निदेशक का भी प्रभार मिला। इस पद पर रहते हुए मैंने देश के लगभग सभी प्रमुख योग संस्थाओं का भ्रमण किया। विभिन्न सेवाओं और संवर्ग के लोगों से दोस्ती हुई। विभिन्न राज्यों की कार्य-प्रणाली देखी। उस जमाने में राज्यों में केंद्र सरकार के पदाधिकारियों की इज्जत भी होती थी। वे लोग राज्यों में मंत्रियों एवं सचिवों से आराम से मिल पाते थे। धीरे-धीरे यह स्थिति अब बदल गई।

केंद्र सरकार में भारतीय प्रशासनिक सेवा के पदाधिकारियों को मजाक में मोबाइल दायित्व माना जाता है। भारतीय प्रशासनिक सेवा के पदाधिकारी प्रतिनियुक्तियों पर एक निश्चित अवधि के लिए आते हैं और अवधि पूरी करके चले जाते हैं। जबकि बड़ी संख्या में लोग वैसे होते हैं, जो वहीं नियुक्त होते हैं और उसी विभाग में रह जाते हैं। इन्हें मजाक में परमानेंट एसेट कहा जाता है। इस परमानेंट एसेट की नेटवर्किंग भी अच्छी होती है और वो विभाग में महत्वपूर्ण काम पा लेते हैं। बिहार के पदाधिकारी को टेढ़े और मेहनत के कामों के लिए केंद्र सरकार में बहुत अच्छा माना जाता है।

दिल्ली में मेरा सरकारी निवास काका नगर में था, जो कार्यालय (शास्त्री भवन) से ज्यादा दूर नहीं था। मुझे ऐसा मकान चाहिए था, जिसके साथ कुछ जमीन हो, ताकि मैं अपने पेड़-पौधों के शौक को बढ़ा सकूँ। मुझे भूतल स्थल पर ऐसा फ्लैट मिला, जिसके साथ काफी जमीन थी। दिल्ली की गर्मी बहुत सूखी थी, जिसके लिए हम लोगों ने पहली बार कूलर खरीदा। हालाँकि उस समय मोबाइल आ गया था, लेकिन काफी

महँगा था। दिल्ली आने पर पता चला कि पानी का भी मीटर होता है और पानी के लिए भी नगर निगम को टैक्स देना पड़ता है। काका नगर में आपूर्ति होने वाला पेयजल नमकीन था, इसलिए पानी की व्यवस्था कार्यालय से आते समय कर लेता। उस समय हम लोगों के पास एक गाड़ी थी, जिससे बच्चे स्कूल जाते थे और मैं कार्यालय जाता था। हमारे बच्चे छोटे-छोटे थे और उनका दाखिला काका नगर के बगल के स्कूलों में ही करा दिया गया था। बच्चे जब हम लोगों के यहाँ एक गाड़ी देखते और पड़ोसियों के पास कई तो उन्हें लगता कि हमारे पास कई गाड़ी क्यों नहीं है। साथ ही, जब दीपावली और नववर्ष आता तो अगल-बगल के फ्लैटों में काफी भेंट आते और हम लोगों के यहाँ भेंट लेने की मनाही थी। बच्चों को लगता कि हम आईएएस ऑफिसर नहीं हैं। क्योंकि बिहार जैसी सुविधा दिल्ली में बिल्कुल नहीं है। उनके दोस्तों के जन्मदिन फार्म हाउस या रेस्तरां में होते। जबकि हम लोगों के यहाँ जन्मदिन घर में ही मना लिया जाता। मेरे पूरे जीवनकाल में दिल्ली के पदस्थापन का काल ऐसा था, जब मेरा और मेरी पत्नी का वेतन मिलकर भी खर्च के लिए पर्याप्त नहीं होता था। महीने के अंत में थोड़ी कंजूसी बरतनी पड़ती। इस अवधि को अगर छोड़ दिया जाये तो मेरे पूरे सेवाकाल में हमारी आय हमारी आवश्यकताओं से ज्यादा रही हैं।

दिल्ली में बिहार से एक मंत्री आये। वह एक केंद्रीय मंत्री से मिलना चाहते थे, जो बिहार के थे। मैं बिहार के मंत्री को दिल्ली की दुनिया के बारे में बता रहा था कि दिल्ली में बिना बिचौलिये के बहुत काम नहीं होते। हर किसी का संबंध किसी-न-किसी बिचौलिये से होता है, जो उनके घर और परिवार का काम करवा देते हैं। जैसे वे बच्चों का नामांकन करा देंगे, अच्छा मकान दिलवा देंगे, राशन कार्ड बनवा देंगे, गैस कनेक्शन दिलवा देंगे और घर के अन्य कामों को करवा देंगे। बिहार से आये मंत्री जी ने कहा कि सब लोग ऐसा नहीं करते होंगे, तो मेरी उनसे एक शर्त लगी कि हम लोग मंत्री जी के यहाँ जा रहे हैं। वहाँ भी कोई-न-कोई इस तरह का आदमी मिलेगा। केंद्रीय मंत्री एक अच्छे छवि के ईमानदार व्यक्ति थे। बिहार के मंत्री जी ने कहा कि ऐसा नहीं होगा और हम लोगों के बीच सौ रुपये की शर्त लगी। जब हम केंद्रीय मंत्री जी के आवासीय कार्यालय में पहुँचे तब एक सरदार जी मिल ही गये, जो ऐसे कामों के लिए इंट्री ले रहे थे। मुझे दिल्ली में बताया गया कि बड़े पदों पर नियुक्तियाँ बिचौलियों के

माध्यम से होती है। मैं इन बातों पर विश्वास नहीं करता था कि ऐसा कैसे हो सकता है और बिचौलिये इतना प्रभावशाली कैसे हो सकते हैं। एक बार फूड कॉरपोरेशन ऑफ इंडिया के सीएमडी के पद पर भारतीय प्रशासनिक सेवा के एक वरीय पदाधिकारी की नियुक्ति हुई। मैं इन पदाधिकारी को मानव संसाधन विकास मंत्रालय के सचिव के रूप में जानता था। वे निस्संदेह ईमानदार और कर्मठ व्यक्ति थे। जब मैंने पूछा कि इनकी नियुक्ति कैसे हो गई, तब उस व्यक्ति ने बताया कि एक लॉबी एक्स को सीएमडी बनवाना चाहता था और उसके लिए पैसा खर्च कर रहा था। दूसरी लॉबी वाई को सीएमडी बनवाना चाहता था और उसके लिए पैसा खर्च कर रहा था। किसी कारण से जब दोनों में से किसी लॉबी का अनुकूल निर्णय नहीं हो रहा था, तो तीसरे व्यक्ति के रूप में इनका चयन हो गया। लेकिन दोनों लॉबी ने पैसा इसलिए खर्च किया कि अगर उनकी लॉबी का आदमी सीएमडी नहीं बनता है, तब दूसरी लॉबी का आदमी भी सीएमडी नहीं बने।

6

सचिवालय से मुख्यमंत्री कार्यालय तक की यात्रा

मैं स्वास्थ्य विभाग, वित्त विभाग, मंत्रिमंडल सचिवालय एवं समन्वय विभाग, बिहार शिक्षा परियोजना, शिक्षा विभाग, कृषि विभाग और मुख्यमंत्री कार्यालय में पदस्थापित रहा। जब मैं बिहार शिक्षा परियोजना में था, तब मुझे कला, संस्कृति एवं युवा विभाग का अतिरिक्त प्रभार भी मिला था। मैं 2014 से 2018 तक राज्य का मुख्य सचिव रहा। 2018 में सेवानिवृत्ति के बाद मुझे मुख्यमंत्री का परामर्शी बनाया गया।

मैं वित्त विभाग में अपर सचिव के साथ-साथ निदेशक, कोषागार भी था। उन दिनों श्री लालू प्रसाद यादव मुख्यमंत्री थे। मार्च के महीने में अखबार में एक खबर आई कि विभिन्न विभागों द्वारा मार्च लूट की जा रही है। मार्च लूट का मतलब था—विभिन्न विभागों द्वारा मार्च के महीने में बड़ी राशियों की निकासी। होता यह था कि राज्य के विभिन्न विभाग शुरू के महीनों में काफी धीमी गति से खर्च करते और मार्च के महीने में बड़ी राशियों की निकासी होने लगती। मुख्यमंत्री जी के यहाँ एक बैठक हुई, जहाँ महाधिवक्ता, मुख्य सचिव, वित्त आयुक्त और अन्य वरीय पदाधिकारी थे। यह निर्णय हुआ कि विभिन्न कोषागारों में मार्च में हुई निकासी की समीक्षा की जाये। उस समय कोषागार का सारा लेखा-जोखा हस्तलिखित होता था, क्योंकि तब कोई कंप्यूटर और सॉफ्टवेयर आदि नहीं थे। वित्त विभाग ने पहले तो मुख्यमंत्री को कहना चाहा

कि पूरे राज्य से मार्च माह में हुई निकासियों का ब्यौरा माँगना एक बहुत बड़ा काम होगा और इसमें काफी समय लगेगा। लेकिन मेरा तर्क था कि अगर सरकार चाहती है, तब यह असंभव नहीं है।

विभिन्न जिलों के कोषागारों से मार्च माह में हुई निकासी का ब्यौरा मँगाया गया, और मेरे निदेशालय में कई बोरों में ये कागजात आए। समीक्षा को सरल करने के लिए उन निकासियों की सूची बनवाई गई, जिसमें एक विपत्र से एक करोड़ से बड़ी राशि निकाली गई हो। सचिवालय के मुख्य सभागार में समीक्षा शुरू हुई, जिसमें मुख्य सचिव और वित्त सचिव के अलावा विभिन्न विभागों के सचिव और सभी जिलों के जिला पदाधिकारी उपस्थित थे। इसकी समीक्षा में चाईबासा कोषागार के मामले में यह बात सामने आई कि पशुपालन विभाग ने मार्च महीने में कई बड़ी राशि की निकासी की है। वहाँ के जिला पदाधिकारी ने कुछ जवाब तो दिया, लेकिन संतुष्ट नहीं कर पाये। अंत में यह निर्णय हुआ कि सभी जिला पदाधिकारी मार्च में हुई निकासियों की विस्तृत छान-बीन करें और उसके आधार पर आवश्यक कार्रवाई करें। इस घटना के कुछ दिन बाद ही मैं दुमका जिले का जिला पदाधिकारी बनाया गया। मैंने जिला पदाधिकारी के रूप में विभिन्न विभागों की बैठक बुलाई, जिसमें कोषागार पदाधिकारी भी उपस्थित थे और स्पष्ट किया कि मेरे कार्यकाल में किसी भी प्रकार की अनियमितता बर्दाश्त नहीं की जायेगी। जो गड़बड़ी का प्रयास करेंगे, उन पर कठोर कार्रवाई भी होगी। इसका फल यह हुआ कि मेरे जिला पदाधिकारी रहते हुए पहले साल में पशुपालन विभाग द्वारा वेतनादि एवं छोटे-छोटे विपत्रों की ही निकासी की गई।

एक बार दुमका के कोषागार पदाधिकारी ने मुझे एक संचिका भेजी, जिसमें एक छोटी-सी राशि की निकासी का मामला था। कोषागार पदाधिकारी ने मुझसे विपत्र पारित करने का अनुमोदन माँगा, यह आश्चर्यजनक था। यद्यपि जिला पदाधिकारी उस जिले का जिला कोषागार पदाधिकारी होता है, लेकिन कोषागार संहिता के अनुसार कोषागार पदाधिकारी को किसी भी राशि के विपत्र पारित करने की पूर्ण शक्ति होती है। इसलिए मैंने संचिका पर लिख दिया कि एक लाख से अधिक के विपत्र को ही

दिखाएँ और शेष अपने स्तर से नियमानुसार जाँच कर पारित करें। यद्यपि ऐसा कोई विशेष अधिकार मुझे नहीं था, फिर भी कोई भी बड़ी राशि गलत ढंग से नहीं निकाल ली जाये, इसलिए इस तरह का आदेश दिया गया। बाद में, मेरे इस आदेश को दुमका के क्षेत्रीय पशुपालन पदाधिकारी ने आयुक्त, संथाल परगना से निरस्त करवा लिया। लेकिन इसकी सूचना मुझे नहीं दी गई और आयुक्त के उस आदेश के बाद दुमका कोषागार से भी पशुपालन विभाग बड़ी-बड़ी राशियाँ निकालता रहा।

कुछ महीने बाद वित्त विभाग का एक आदेश आया। वित्त विभाग को यह जानकारी में आया था कि पशुपालन विभाग द्वारा बजट में उपबंधित राशि से ज्यादा निकासी कई जिलों के कोषागार से की जा रही है। अतः हमें यह आदेश मिला कि पशुपालन विभाग द्वारा की जा रही निकासियों की जाँच कराई जाये। इस काम के लिए मैंने कई जाँच दल बनाये और जाँच की गई। जाँच से स्पष्ट हुआ कि पशुपालन विभाग द्वारा आयुक्त के आदेश के बाद काफी बड़ी राशि अवैध रूप से निकाली गई है। जितना आवंटन था, उससे ज्यादा निकाला गया। बिना सामान की आपूर्त्ति के भुगतान किया गया है, गलत वाहन संख्या देकर सामानों की आपूर्त्ति दिखाई गई है। यह जाँच दो दिन चली, उसके बाद मैंने इस मामले में फौजदारी मुकदमा करने का निर्णय लिया। तभी वित्त विभाग का एक संदेश आया कि वित्त विभाग की ओर से एक विशेष दल भेजा जायेगा और उनके द्वारा ही कार्रवाई करने का निर्णय लिया जायेगा। लेकिन इस आदेश को मानना मेरे लिए संभव नहीं था। दुमका जैसे छोटे शहर में जिला पदाधिकारी के नेतृत्व में छापामारी एवं जाँच के बाद इतनी बड़ी घटना सामने आई थी। इसलिए बिना विलंब किये इस मामले में फौजदारी मुकदमा दायर करना जरूरी था। दुमका पशुपालन घोटाले के मामले में फौजदारी मुकदमा दायर करने वाला पहला जिला बना। पहले तो पुलिस द्वारा जाँच आदि की कार्रवाई शुरू हुई, लेकिन शीघ्र ही पशुपालन घोटाले की जाँच सीबीआई से कराने का निर्णय हुया। बाद में, यह भी निर्णय हुआ कि सीबीआई की जाँच पटना उच्च न्यायालय के न्यायाधीशों की एक पीठ के पर्यवेक्षण में हो। ये जाँच काफी दिनों तक चलती रही। सीबीआई ने मुझे इस मामले में अभियोजन पक्ष की तरफ से गवाह बनाया। सीबीआई को भी इस तरह के काम का पूर्व का बहुत अनुभव नहीं था, उन्हें भी प्रक्रिया समझने में काफी समय लगा।

तत्कालीन दक्षिण बिहार (वर्तमान झारखंड) के जिलों से इस तरह की अधिकांश निकासियाँ हुई थीं। सीबीआई को कोषागार से निकासी के मामले में जिला पदाधिकारी की कोई प्रत्यक्ष भूमिका नहीं बनती दिखी। निकासियों का एक मासिक प्रतिवेदन जिला कोषागार पदाधिकारी द्वारा तैयार कर जिला पदाधिकारी के हस्ताक्षर से महालेखाकार को भेजने की परंपरा रही है। मैंने ऐसा प्रतिवेदन जब मैं वैशाली जिले में जिला पदाधिकारी था, तो महालेखाकार को भेजा करता था। जब दुमका जिले में ऐसा मासिक प्रतिवेदन मेरे समक्ष उपस्थापित नहीं हुआ, तब मैंने कोषागार पदाधिकारी से लिखित रूप से पूछा कि ऐसा क्यों नहीं हुआ। तब कोषागार पदाधिकारी, दुमका ने लिखित रूप से सूचित किया कि दुमका जिले में जिला कोषागार पदाधिकारी के हस्ताक्षर से ही महालेखाकार को मासिक प्रतिवेदन भेजा जाता है और उसे महालेखाकार स्वीकार भी करता है। यह परंपरा बहुत वर्षों से चली आ रही है। इस प्रकार, दुमका में मासिक प्रतिवेदन मेरे स्तर से नहीं भेजा जाने लगा। बाद में, सीबीआई ने उन सभी जिला पदाधिकारियों को, जिनके जिले में अवैध निकासी हुई थी, के विरुद्ध विभागीय कार्यवाही चलाने का अनुरोध राज्य सरकार से किया गया। मेरे विरुद्ध भी यह विभागीय कार्यवाही वर्षों तक चलती रही, अंत में इसका निस्तार इस निष्कर्ष के साथ हुआ। कि मुझे भविष्य में और सचेष्ट रहना चाहिए।

पशुपालन विभाग द्वारा ये अवैध निकासियाँ एक विस्तृत योजना के रूप में की जा रही थीं। पशुपालन विभाग ने अपने बजट में उपलब्ध राशि की निकासी के लिए अन्य विभागों से भिन्न कई निकासी एवं व्ययन पदाधिकारी बनवा लिए थे। जैसे जिले के कोषागार से जिला पशुपालन पदाधिकारी या उसके समकक्ष तो निकासी कर ही सकता था, उसी मद से क्षेत्रीय पशुपालन पदाधिकारी भी निकासी कर सकता था। हर जिले का उप-आवंटन क्षेत्रीय पशुपालन पदाधिकारियों के माध्यम से किया जाता था। क्षेत्रीय पशुपालन पदाधिकारी जिलों के बजट से ज्यादा बढ़ा-चढ़ाकर उप-आवंटन देते थे। कोषागार पदाधिकारी के पास सीधे विभाग के आवंटन पत्र की प्रति नहीं जाती थी। अतः उनके द्वारा सही आवंटन जानना मुश्किल था। मैं तो निश्चिंत था कि मेरे आदेश के कारण दुमका में पशुपालन विभाग कोई बड़ी निकासी नहीं कर

रहा। लेकिन मुझे क्या पता था कि आयुक्त के स्तर से मेरे आदेश को निरस्त कराकर निकासियाँ धड़ल्ले से हो रही हैं।

एक दिन आयुक्त, संथाल परगना ने मुझे सूचित किया कि वे दुमका कोषागार का निरीक्षण करना चाह रहे हैं। बाद में पता चला कि वे निरीक्षण का भय दिखाकर पशुपालन विभाग के पदाधिकारियों से कुछ और कार्य कराना चाहते हैं। पशुपालन विभाग का इतना प्रभाव था कि मुझे कोषागार पदाधिकारी ने सूचित किया कि आयुक्त, दुमका जिला कोषागार का निरीक्षण नहीं कर सकते। कोषागार संहिता के अनुसार आयुक्त को अनुमंडलीय कोषागार के ही निरीक्षण का अधिकार है, जिले के कोषागार का नहीं। इस पर मुझे गुस्सा आया। मैंने कहा कि मैं तो कर सकता हूँ, क्योंकि मैं जिला कोषागार पदाधिकारी हूँ। खैर, यह निरीक्षण हुआ और उसके आधार पर आयुक्त ने गोपनीय प्रतिवेदन बनाये। वे इस प्रतिवेदन को लेकर पटना गये, लेकिन किसी स्तर पर उन्हें यह सलाह दी गई कि वे ये प्रतिवेदन सरकार को नहीं दें और वापस ले जायें। बाद में मेरे आदेश को निरस्त करने एवं अन्य आरोपों में आयुक्त महोदय को जेल जाना पड़ा। गत बीस-पच्चीस वर्षों तक पशुपालन घोटाले से संबंधित मामले न्यायालयों में चलते रहे और अभी भी चल रहे हैं। अधिकांश में निर्णय हो चुका है, कुछ में निर्णय होना बाकी है।

केंद्रीय प्रतिनियुक्ति से आने के बाद वर्ष 2004 में मैं बिहार में मंत्रिमंडल सचिवालय विभाग के सचिव के पद पर पदस्थापित हुआ। मंत्रिमंडल सचिवालय विभाग का काम मंत्रिपरिषद के स्तर पर होने वाले निर्णयों को कराना, अंतर्राष्ट्रीय एवं राष्ट्रीय स्तर के प्रमुख महानुभावों का बिहार भ्रमण आयोजित करना, बिहार भवनों का संचालन एवं राजकीय अभिलेखागार का संचालन आदि था।

उस समय बिहार में योजनाओं की स्वीकृति की शक्ति कम विकेंद्रित थी। इसलिए पच्चीस लाख रुपये से अधिक की कोई भी योजना मंत्रिपरिषद के स्तर पर स्वीकृति के लिए आती थी। इसके कारण विभिन्न विभागों के पच्चीस लाख से अधिक के प्रस्ताव की भीड़ रहती थी, जिस पर मंत्रिपरिषद का अनुमोदन अपेक्षित था। मुझे 2004 में यह व्यवस्था ठीक नहीं लगती थी।

बाद में योजनाओं की स्वीकृति के अधिकार का विकेंद्रीकरण हुआ और अब तो बीस करोड़ रुपये से अधिक की योजना ही मंत्रिपरिषद में स्वीकृति के लिए आती है। मंत्रिमंडल सचिवालय विभाग के सचिव को सभी विभागीय सचिव खुश रखना चाहते थे, क्योंकि सचिव के माध्यम से ही उनके विभागों की योजनाएँ मंत्रिपरिषद की स्वीकृति के लिए जाती थी। महत्व का एक कारण यह भी था कि प्रस्तावों को मंत्रिपरिषद में ले जाने के पूर्व माननीय मुख्यमंत्री की सहमति लेनी पड़ती थी। इसलिए मुख्यमंत्री एवं मुख्यमंत्री कार्यालय से सीधा संबंध रहता था। उस समय बिहार की मुख्यमंत्री श्रीमती राबड़ी देवी थीं।

राजकीय अभिलेखागार की स्थिति अच्छी नहीं थी। यद्यपि अभिलेखागार में महत्वपूर्ण पांडुलिपियाँ एवं अन्य पुराने अभिलेख थे। लेकिन उनका रख-रखाव ठीक नहीं होने के कारण विनष्ट हो रहे थे। अभिलेखागार के अभिलेखों के सुधार के लिए एक अभियान चलाया गया।

शिक्षा परियोजना में मैं राज्य परियोजना निदेशक के रूप में आया और लगभग तीन वर्षों तक वहाँ रहा और उसके बाद शिक्षा विभाग में प्रधान सचिव के रूप में चार वर्षों तक रहा।

राज्य में शिक्षा व्यवस्था बहुत बदहाल स्थिति में थी। काफी लंबी अवधि से शिक्षकों की नियुक्ति नहीं होने के कारण अधिकांश स्कूल एक-दो शिक्षकों वाले हो गये थे। बहुत जगह स्कूल मंदिर के प्रांगण में, पेड़ के नीचे या जर्जर भवनों में चल रहे थे। सरकारी विद्यालय वर्ष में सौ दिन भी नहीं खुलते थे। इससे जनता का विश्वास इन विद्यालयों से उठ गया था। गाँव में कुकुरमुत्ते की तरह निजी स्कूल खुलने लगे। कोई भी इंटर, स्नातक उत्तीर्ण लड़का एक अंग्रेजी स्कूल का बोर्ड लगाकर निजी स्कूल खोल रहा था, जहाँ न तो आधारभूत संरचना होती और न प्रशिक्षित शिक्षक। फिर भी, गाँव के लोग अपने बच्चों को इन स्कूलों में भेजते थे, क्योंकि ये विद्यालय वर्ष में तीन सौ दिन से ज्यादा खुलते थे। इन विद्यालयों में प्रार्थना होती थी और स्कूल समय पर खुलता और बंद होता था। इसके अलावा ट्यूशन का प्रचलन भी गाँव में

काफी बढ़ गया था। गरीब परिवार के लोग भी अपने बच्चों को पचास-सौ रुपये देकर ट्यूशन पढ़वाते थे।

बिहार के बारह प्रतिशत से ज्यादा बच्चें स्कूलों से बाहर थे। विद्यालयों में लड़कियों की संख्या लड़कों से कम थी। उच्च विद्यालयों की कमी के कारण लड़कियाँ आठवीं से आगे नहीं पढ़ पाती थीं और उनकी कम उम्र में शादी भी हो जाती थी।

वर्ष 2005 में नीतीश कुमार की सरकार आई। सरकार ने शुरू में ही यह निर्णय लिया कि सरकार की सर्वोच्च प्राथमिकता सु-शासन होगा। विधि-व्यवस्था को वापस पटरी पर लाया जायेगा और कानून का राज होगा। इसके लिए न्यायपालिका के साथ कार्यपालिका का विस्तृत विचार विमर्श हुआ और महत्वपूर्ण मामलों में स्पीडी ट्राईल कराकर शीघ्र न्याय दिलाने की पहल हुई। पहले केस तो होते थे लेकिन बहुत कम मामलों में ही अपराधी दंड पाते थे और अगर दंड पाते भी थे तो वर्षों का समय लगता था। जब केस का अनुसंधान और उसकी सुनवाई की मॉनिटरिंग माननीय पटना उच्च न्यायालय एवं पुलिस मुख्यालय ने शुरू कर दी तो इससे एक बहुत बड़ा परिवर्तन आया। अपराधी जान गये कि अब बिहार में अपराध करना मुश्किल है। कुछ राजनीतिक प्रभाव वाले अपराधी का ट्रायल जेल में ही शुरू करा दिया गया। व्यापारी वर्ग एवं संपन्न लोगों के बीच जो फिरौती का डर था वह भी काफी कम हुआ, क्योंकि ऐसे मामलों में अभियान चलाकर अपराधियों को पकड़ा गया।

बिहार से झारखंड के विभाजन के बाद बिहार का वह क्षेत्र जहाँ खनिज संपदा थी, उद्योग थे, वे झारखंड में चले गये। बिहार में दो-तिहाई आबादी और एक-तिहाई जमीन बची। बिहार को विकास का रास्ता चुनना था। बिहार में जमीन एवं खनिज संपदा की कमी थी, अतः बड़े उद्योग आदि लगाने में कठिनाई थी। बिहार ने शिक्षा, सांस्कृतिक विरासत, पर्यटन, कृषि आधारित उद्योग, मानव संसाधन विकास आदि को बढ़ावा देने का एक रास्ता चुना। हमें मालूम था कि बिहार में युवाओं की बहुत बड़ी आबादी है अगर उसे शिक्षित एवं कुशल बना दिया गया तो उनकी आय भी बढ़ेगी और वे बेहतर रोजगार भी पायेंगे। बिहार की सांस्कृतिक धरोहर देश की सबसे

गौरवशाली धरोहर है। यह भगवान बुद्ध, महावीर की कर्मस्थली रही है और यहाँ अशोक, चंद्रगुप्त मौर्य जैसे राजाओं का साम्राज्य रहा है। यहाँ नालंदा एवं विक्रमशीला जैसे विश्वस्तरीय उत्कृष्ट ज्ञान के केंद्र रहे हैं। इस आधार पर बिहार की कला, संस्कृति को आगे बढ़ाने एवं महत्वपूर्ण पर्यटक स्थलों को विकसित करने का निर्णय हुआ।

नालंदा की तरह ही तक्षशिला के पूरे क्षेत्र की खुदाई नहीं हुई है। बिहार में नालंदा विश्वविद्यालय इतिहास के प्राचीनतम विश्वविद्यालयों में से सर्वप्रमुख विश्वविद्यालय था, जहाँ दस हजार से ज्यादा छात्र और दो हजार से ज्यादा शिक्षक अध्ययन/अध्यापन का कार्य करते थे। नालंदा विश्वविद्यालय में बुद्धिज्म और हिंदुईज्म दोनों विचारों के आधार पर विज्ञान, ज्योतिष शास्त्र, औषधि एवं दर्शन शास्त्र आदि की पढ़ाई होती थी। यह महायान बुद्धिज्म के ज्ञान का प्रमुख स्थल था। वहीं विक्रमशीला में वज्रयान बुद्धिज्म पढ़ाई जाती थी और तांत्रिक विषयों का अध्ययन होता था। उस समय इस प्रमुख ज्ञान केंद्रों के अलावा दो और महत्वपूर्ण ज्ञान के केंद्र थे, जिन्हें तेल्हाड़ा और उदंतपुरी के नाम से जाना जाता है। तेल्हाड़ा में हाल के खुदाई से स्पष्ट हुआ है कि यहाँ भी महायान बुद्धिज्म की शिक्षा लेने वाले लगभग एक हजार भिक्षु रहते थे। तेल्हाड़ा विश्वविद्यालय को नालंदा विश्वविद्यालय का समकालीन माना जाता है और यह भी माना जाता है कि नालंदा विश्वविद्यालय में शिक्षा प्राप्त करने के बाद उच्चतर शिक्षा के लिए भिक्षु तेल्हाड़ा आते थे।

मुख्यमंत्री का यह मानना था कि राज्य के विकास के लिए शिक्षा नितांत आवश्यक है। जब तक बच्चे निरक्षर और अनपढ़ रहेंगे तो उनकी आर्थिक स्थिति नहीं सुधरेगी। बच्चों को कम-से-कम स्कूली शिक्षा तो पूरी करनी ही चाहिए। समस्याएँ इतनी बड़ी और इतनी ज्यादा थीं कि एक साथ सबका हल निकालना संभव नहीं था। सबसे प्रमुख निर्णय यह लिया गया कि सभी बच्चे स्कूल में हों। इसके लिए काफी बड़ी संख्या में स्कूल बनाने, स्कूलों में अतिरिक्त वर्ग कक्ष जोड़ने, विद्यालय में शौचालय बनाने एवं शिक्षक बहाली का काम प्राथमिकता पर लिया गया। बंद पड़े स्कूलों को खोलने और चलाने के लिए जरूरी था कि शिक्षकों की बहाली तुरंत हो। यह तभी संभव था, जब स्थानीय लोग भागीदारी करें।

यह निर्णय हुआ कि प्रत्येक पंचायत में आरक्षण के नियम का पालन करते हुए शिक्षामित्र के रूप में स्थानीय इंटर पास लड़के- लड़कियाँ बहाल किये जायें। बिहार शिक्षा परियोजना द्वारा लगभग ऐसे अस्सी हजार से ज्यादा लोगों को पंद्रह सौ रुपये प्रतिमाह के मानदेय पर विद्यालयों में बहाल किया गया। कल्पना यह थी कि लोग जब स्थानीय होंगे तो उनके रहने, परिवहन आदि पर व्यय नहीं करना होगा और उन पर एक सामाजिक दबाव भी होगा कि वे प्रतिदिन विद्यालय जायें। इसका परिणाम यह हुआ कि बंद पड़े सरकारी विद्यालय खुल गये और चलने लगे। बाद में, इनके मानदेय को भी बढ़ाया गया।

शिक्षकों का नियोजन कैसे हो, इस पर काफी विचार-विमर्श हुआ। पाया गया कि किसी आयोग या राज्य सरकार के स्तर से इतनी बड़ी संख्या में शिक्षकों का नियोजन किया जाना संभव नहीं है। संविधान के संशोधन के बाद शिक्षा का कार्य पंचायत स्तरीय सरकारों के पास चला गया था। इसलिए सरकार ने निर्णय लिया कि शिक्षकों का नियोजन पंचायती राज संस्थाओं एवं नगर निकायों के माध्यम से कराया

जाये। बिहार के अधिकांश प्रशिक्षण केंद्र बंद पड़े थे, क्योंकि प्रशिक्षित शिक्षकों की नियुक्ति काफी वर्षों से नहीं हो रही थी। अतः प्रशिक्षित शिक्षक मिलना भी मुश्किल था। उस समय शिक्षा विभाग ने प्रस्ताव बनाया कि शिक्षकों का नियोजन पंचायती राज संस्थाओं एवं नगर निकायों द्वारा नियत वेतनमान पर किया जाये। तर्क दिया गया कि एक पूर्णकालिक नियमित शिक्षक के वेतन में तीन नियोजित शिक्षक हो जायेंगे। अतः सरकार को कोई बड़ी अतिरिक्त राशि भी खर्च नहीं करनी होगी। नियुक्ति बिना परीक्षा के करने का निर्णय हुआ। इंटरमीडिएट की योग्यता वाले व्यक्तियों को नियोजन के लिए योग्य माना गया। ईकाइयों ने रिक्ति निकाली और आरक्षण का पालन करते हुये इंटरमीडिएट पास व्यक्तियों की मेधा सूची बनाई गई और चयन किया गया। एक अच्छी बात यह हुई कि लगभग आधी रिक्तियाँ महिलाओं के लिए आरक्षित हो गई। विभाग यह जानता था कि हजारों नियोजन इकाइयों द्वारा नियुक्ति की जा रही है और लाखों लोग पूरे बिहार में इसके लिए विभिन्न जगहों पर योगदान करेंगे। अतः तरह-तरह के विवाद भी होंगे। ये सारे मामले न्यायालयों में न चले जाएँ, इसलिए हर जिले में एक अपीलीए प्राधिकार बनाया गया, जिसमें सेवानिवृत्त न्यायिक एवं प्रशासनिक पदाधिकारी रखे गये। नियोजन संबंधी एवं अन्य विवादों के निस्तार का अधिकार इन्हें दिया। इन शिक्षकों को जल्दी प्रशिक्षित करना एक कठिन कार्य था, इसलिए एक पत्राचार पाठ्यक्रम बनाया गया तथा उन्हें इंदिरा गाँधी राष्ट्रीय मुक्त विश्वविद्यालय के माध्यम से प्रशिक्षित किया गया। बाद में बड़ी संख्या में बंद पड़े प्रशिक्षण संस्थानों को पुनर्जीवित करने की व्यवस्था की गई।

एक किलोमीटर की दूरी पर प्राथमिक विद्यालय बनाने का निर्णय लिया गया, ताकि छोटे बच्चों को पढ़ने के लिए ज्यादा दूर नहीं जाना पड़े। तीस हजार से ज्यादा नये विद्यालय एवं विद्यालय भवन बनाये गये और डेढ़ लाख से ज्यादा वर्ग कक्ष विद्यालयों में जोड़े गये। विद्यालय में लड़के और लड़कियों के लिए अलग-अलग शौचालय बनाये गये। शिक्षकों को प्रशिक्षित करने के लिए राज्य के हर प्रखंड में एक प्रखंड संसाधन केंद्र खोला गया। धीरे-धीरे विद्यालय के बाहर बच्चों की संख्या घटती हुई एक प्रतिशत से नीचे रह गई।

विद्यालयों में लड़कियाँ कम थीं। गरीबी के कारण उनके पास विद्यालय जाने लायक कपड़े नहीं होते थे। अतः सरकार ने बालिका पोशाक योजना शुरू की और लड़कियों को स्कूल के पोशाक और जूते के लिए सहायता दी जाने लगी। इससे न केवल विद्यालयों में लड़कियों की संख्या बढ़ी, बल्कि सरकारी विद्यालय में एक तरह की पोशाक में जाती गरीब लड़कियाँ एक परिवर्तन का संकेत देने लगीं। बाद में, पोशाक योजना में लड़कों को भी शामिल कर लिया गया।

बिहार में साइकिल योजना से बड़ा बदलाव आया। देश के कई राज्यों में अनुसूचित जाति एवं जनजाति की छात्राओं को प्रोत्साहित करने के लिए साइकिल दिये जाने की योजना संचालित है। बिहार में अनुसूचित जाति की स्कूल जाने वाली लड़कियों को साइकिल देने की योजना थी। ऐसे ही एक कार्यक्रम में मुख्यमंत्री नीतीश कुमार द्वारा लड़कियों को साइकिल दी जा रही थी। कार्यक्रम की समाप्ति के बाद, जब एक साथ 100 की संख्या में साइकिल लेकर छात्राएं निकली तो मुख्यमंत्री को यह दृश्य बहुत सुंदर एवं प्रभावकारी लगा। उन्होंने राज्य के सभी नौवीं कक्षा में पढ़ने वाली छात्राओं को साइकिल देने का मन बनाया। इसकी पृष्ठभूमि में यह बात भी थी कि लड़कियाँ दो कारणों से आठवीं के बाद उच्च विद्यालय नहीं जा पाती हैं। एक तो थी पोशाक की कमी और दूसरी उच्च विद्यालयों का केवल प्रमुख कस्बों में ही स्थित होना। लड़कियों को नौवीं और आगे की पढ़ाई करने के लिए अपने घर से तीन-चार किलोमीटर दूर तक जाना पड़ता था। विद्यालय की दूरी अधिक होने के कारण आने-जाने में लगने वाला समय एवं रास्ते में सुरक्षा आदि का अभाव होने जैसे कारणों से गरीब परिवार के अभिभावक अपनी लड़कियों को विद्यालय नहीं भेज पा रहे थे। मुख्यमंत्री ने हम लोगों से इस समस्या पर विस्तृत विचार विमर्श किया और लड़कियों के लिए साइकिल योजना की शुरुआत हुई। निर्णय यह लिया गया कि हर लड़की चाहे वह किसी भी वर्ग अथवा समुदाय की हो, आठवीं पास कर नौवीं में नामांकन कराना चाहती है तो सरकार उसे प्रोत्साहित करने के लिए एक साइकिल खरीदने की राशि देगी। साइकिल हो जाने से उनका मनोबल तो बढ़ेगा ही, साथ-साथ विद्यालय आने-जाने में काफी कम समय लगेगा। परिवार को भी लगेगा कि लड़की एक उपयोगी सामान लेकर आई है।

अधिकांश लोग चाहते थे कि लड़कियों को एक जैसी साइकिल खरीद कर दी जाये, जिस पर मुख्यमंत्री साइकिल योजना अंकित हो। उनका तर्क था कि राशि मिलने पर जरूरी नहीं कि लड़कियों के अभिभावक साइकिल खरीदें और अच्छी गुणवत्ता की साइकिल की खरीद हो पाये, लेकिन मुख्यमंत्री इससे सहमत नहीं थे। मुझे भी लगता था कि साइकिल के लिए राशि देने से लड़कियाँ अपनी पसंद के अनुसार किसी भी आईएसआई मार्क की साइकिल खरीदेंगी और वह अपने माता-पिता पर भी ऐसा दबाव बनायेंगी कि उन्हें साइकिल खरीदनी ही पड़ेगी। चूँकि उन्होंने खुद साइकिल खरीदी है, इसलिए साइकिल की गुणवत्ता खराब होने का सवाल ही नहीं उठेगा। समेकित रूप से साइकिल खरीद होने पर करोड़ों का क्रय होता और उसमें धांधली की संभावना भी बनी रहती। यह योजना जब क्रियान्वित हुई, तो ग्रामीण क्षेत्रों में अजीब दृश्य दिखते थे। जब दर्जनों लड़कियाँ एक साथ समूह में गाँव की पंगडंडियों पर साइकिल चलाते हुये जाती, तो उनके चेहरे की चमक देखने लायक होती थी। साइकिल आ जाने से उन्हें पढ़ने और घर के काम करने के लिए भी ज्यादा समय मिलने लगा। हम लोगों ने इसका सर्वेक्षण कराकर देखा और पाया कि 90 प्रतिशत से अधिक छात्राओं ने इस योजना के अंतर्गत साइकिल खरीद ली। कुछ अपवाद के मामलों में पुरानी साइकिल को रंगकर दिखा दिया गया था, लेकिन वह संख्या नगण्य थी। लड़कियों के साइकिल मिलने से लड़कों में थोड़ी मायूसी थी, इसे देखते हुए मुख्यमंत्री ने कुछ वर्षों के बाद नौवीं में जाने वाले लड़कों के लिए भी यह योजना प्रारंभ कर दी। इस योजना के क्रियान्वयन के समय मैं शिक्षा विभाग का प्रधान सचिव था। हम लोगों ने साइकिल बनाने वाली कंपनियों से संपर्क करके पर्याप्त मात्रा में साइकिल उपलब्ध कराने का काम कराया। बाद में साइकिल की बड़ी कंपनियों ने इतनी बड़ी योजना को देखते हुए, बिहार में ही साइकिल बनाने के उद्योग लगाये।

इस योजना की सफलता देश में ही नहीं दुनिया में भी चर्चित हुई और इसे लंदन स्थित इंटरनेशनल ग्रोथ सेंटर (आईजीसी) के साउथ एशिया ग्रोथ कॉन्फ्रेंस 2013 में काफी सराहा गया। इस कॉन्फ्रेंस में बिहार की साइकिल योजना पर एक रिसर्च पेपर

प्रस्तुत किया गया। इस रिसर्च पेपर में यह प्रमाणित हुआ कि 98 प्रतिशत लड़कियों को साइकिल की राशि मिली और 90 प्रतिशत छात्रायें इस योजना से काफी खुश थी।

साइकिल योजना पर कार्तिक मुरली धरण एवं नीतीश प्रकाश ने वर्ष 2017 में *अमेरिकन इकोनामी जनरल* में एक रिसर्च आर्टिकल साइकिलिंग टू स्कूल; इन्क्रीसिंग हाई स्कूल एंरोल्मेंट फॉर गर्ल इन बिहार प्रकाशित किया। साइकिल योजना का तीसरा महत्वपूर्ण अध्ययन शबाना मित्रा एवं ओ.मोयने ने 2017 में किया। इस अध्ययन का शीर्षक था—व्हील्स ऑफ पावर: लॉन्ग टर्म इफेक्ट्स ऑफ़ बिहार साइकिल प्रोग्राम इस योजना की लोकप्रियता को देखते हुए इसे नौवीं कक्षा के लड़कों के लिए भी शुरू कर दिया गया।

गरीब परिवार में बच्चे कुछ काम करके आमदनी भी करते थे। सरकार ने यह सोचा कि उनके माता-पिता उन्हें विद्यालय के लिए पूरा समय छोड़ें, इसलिए उन्हें छात्रवृत्ति दी जाये। बच्चों का उत्साह बढ़ाने के लिए दसवीं कक्षा प्रथम श्रेणी से उत्तीर्ण करने वाले छात्र-छात्राओं को दस हजार रुपये का पुरस्कार भी दिया जाने लगा।

इतनी बड़ी संख्या में नये विद्यालयों के लिए भवन बना, लाखों अतिरिक्त कक्ष का निर्माण करना, विद्यालय की चहारदीवारी बनाना, प्रखंड संसाधन केंद्र के भवन को बनाना, ये काफी समय-साध्य एवं बड़ा काम था। सरकार ने विचार किया कि इतने बड़े निर्माण-कार्य को किसी विभाग से कराया जायेगा, तो बहुत ज्यादा समय लगेगा। अतः यह दायित्व विद्यालय शिक्षा समिति, जो विद्यालय में पढ़ने वाले बच्चों के माता-पिता की समिति थी, को सौंप दिया गया। उन पर विश्वास करने का बड़ा कारण यह था कि वे अपने बच्चों के लिए भवन-निर्माण कर रहे हैं, और गाँव के लोग अपना चार-पाँच कमरों का घर तो स्वयं बना ही लेते हैं। इस निर्माण-कार्य की ब्रांडिंग के लिए यह सोचा गया कि इन भवनों का रंग एक जैसा रखा जाये, ताकि लोग गाँव आते ही इन भवनों को पहचान लें और इन पर गर्व करें। पहले भवनों के निर्माण की प्रक्रिया बड़ी जटिल थी। जिला पदाधिकारी की अध्यक्षता में स्थल चयन होता था, फिर इंजीनियर नक्शा बनाता था। पुनः जिला पदाधिकारी के स्तर से योजना की प्रशासनिक स्वीकृति दी जाती थी, तब जाकर काम शुरू होता था। नीचे के स्तर

पर इंजीनियरों की कमी थी। अतः योजना का निरीक्षण, मापी एवं संलेख संधारण में विलंब होता था। इसका उपाय यह निकाला गया कि पूरे राज्य के लिए पाँच-छह तरह के नक्शे बनवाये गये, जो जमीन की उपलब्धता के आधार पर थे। जैसे अगर जमीन ज्यादा हो तो भूतल पर ही कमरे बनाने का डिजाइन था। जहाँ जगह कम होती तो वहाँ दो मंजिले स्कूल के भवन का डिजाइन रखा गया। सभी भवनों को भूकंपरोधी बनाने का डिजाइन किया गया। इन सारे डिजाइन और प्राक्कलन की एक पुस्तिका बनाई गई और विद्यालय शिक्षा समिति को अधिकार दिया गया, कि उस किताब से जो भी डिजाइन उन्हें सही लगता है उसी डिजाइन के प्राक्कलन पर अपना विद्यालय या वर्ग कक्ष बना लें। सरकारी इंजीनियरों की कमी को देखते हुए हर प्रखंड में डिप्लोमाधारी अनियोजित इंजीनियर का पैनल बनाया गया और विद्यालय शिक्षा समितियों को अधिकार दिया गया कि उस पैनल से किसी इंजीनियर से वे काम करवा सकते हैं। इस कार्य के लिए योजना में दो प्रतिशत राशि का प्रावधान भी किया गया।

इन सारे नवाचारों से ये सारे भवन तीन-चार साल में अच्छी गुणवत्ता के बने। इतनी बड़ी संख्या में निर्माण-कार्य प्रारंभ होने से गाँव में चार-पाँच हजार करोड़ रुपये का काम एक साथ हुआ। हर पंचायत में ईंट, बालू, सीमेंट, छड़ आदि की दुकान खुली और बहुत बड़ी संख्या में लोगों को रोजगार भी मिला। इस योजना के अंतर्गत निर्माण के कारण गाँव में हुई हलचल को पूरे बिहार में देखा गया। एक समय ऐसा आया, जब राज्य योजना का बीस प्रतिशत शिक्षा पर व्यय होने लगा।

पटना के सरकारी स्कूलों के भ्रमण में मुझे स्पष्ट हुआ कि झुग्गी-झोपड़ी में रहने वाले और गरीब तबके के बच्चों में काफी प्रतिभा है, जिसे निखारा जा सकता है। उनका जीवन संघर्ष से भरा होता है, इसलिए उनमें नया सीखने की ललक ज्यादा होती है। मेरे मन में विचार आया कि गरीब बच्चों के अंदर छुपी प्रतिभा को निखारने के लिए एक ठोस प्रयोग किया जाना चाहिए। और यही प्रयोग *किलकारी* संस्था के रूप में हुआ और एक ऐसी संस्था की स्थापना हुई, जहाँ कोई औपचारिक पढ़ाई नहीं हो, बच्चे जो करना, सीखना चाहते हैं उन्हें उसी काम को अच्छे ढंग से करने की सुविधा दी जाये, उन पर कुछ थोपा नहीं जाये। जैसे कोई बच्चा अगर लोकगीत

सीखना चाहता है तो उसे शास्त्रीय गायन नहीं सिखाया जाये। बच्चा जिस विधा में आगे बढ़ना चाहता है, उसमें उस विधा के सर्वश्रेष्ठ लोगों से उनका प्रशिक्षण कराया जाये। इस संस्था का भवन भी बाला (बिल्डिंग एज लर्निंग एड) के कॉन्सेप्ट पर बनाया गया। एक बड़े आँगन वाला खुला-खुला भवन बच्चों को आमंत्रित करता था।

किलकारी मेरा एक ड्रीम प्रोजेक्ट था। इसकी नींव तब पड़ी जब मैं दुमका में जिला पदाधिकारी था। उस समय केंद्र सरकार की एक योजना थी कि स्कूल के बाहर वैसे बच्चे जो कूड़ा-करकट चुनते हैं, दूसरे की दुकानों और घरों में मजदूरी या नौकरी करते हैं, उन्हें स्कूल पहुँचाया जाये। इसके लिए केंद्र सरकार की योजना श्रमिक विद्यालय के रूप में आई। ऐसे बच्चों के लिए इस विद्यालय में मुफ्त किताब-कॉपी की व्यवस्था थी, दिन में भोजन मिलता था और प्रतिमाह सौ रुपये भी। सौ रुपये यह सोचकर दिये जा रहे थे कि वे अपने परिवार में सौ रुपये प्रतिमाह की आय, कई प्रकार से काम करके लाते हैं उसकी क्षतिपूर्ति हो जाये। मुझे दुमका जिला के जामतारा में स्थापित हो रहे इस विद्यालय का उद्घाटन करने जाना था। जब मैं इस विद्यालय के उद्घाटन के लिए जा रहा था, तो रास्ते में सोच रहा था कि कैसे इस पृष्ठभूमि के बच्चे को इस विद्यालय में रखा जायेगा। उन्हें पढ़ाई का महत्व कैसे समझाया जायेगा। वह मेरी बात समझेंगे भी या नहीं। इस उधेड़-बुन में जब वहाँ पहुँचा और इन बच्चों से मिला तो मुझे बहुत आश्चर्य हुआ। उनका ज्ञान, अनुभव और उनकी स्मार्टनेस उनकी उम्र के सामान्य बच्चे से ज्यादा थी, वे सड़क पर अत्यंत कठिन परिस्थिति में जी रहे थे, और विभिन्न विपरीत परिस्थितियों का सामना करके भी मुस्कुरा रहे थे। उनकी समझ उनकी उम्र के हिसाब से ज्यादा परिपक्व थी। मैंने पाया कि ये बच्चे विभिन्न कौशल और स्मार्टनेस में बेहतर स्कूलों के बच्चों से काफी आगे थे। उस दिन मैंने सोचा था कि अगर इन बच्चों को उनकी इच्छा के अनुसार सही मार्गदर्शन मिले तो क्या अद्भूत परिणाम आयेगा। यह अनुभव *किलकारी* बनाने का कारण बना। *किलकारी* में दो सीधे नियम थे। यहाँ स्कूली पढ़ाई नहीं होगी और यहाँ उन्हीं चीजों को सिखाया जायेगा जो बच्चे सीखना चाहते हैं और जिसमें उनकी रुचि हो। आज यहाँ के बच्चों ने फिल्म, फोटोग्राफी, नाटक एवं विभिन्न कला विधाओं में राष्ट्रीय एवं अंतर्राष्ट्रीय पुरस्कार एवं पहचान प्राप्त किया है। इस संस्था के दर्जनों बच्चे मुंबई की फिल्मी दुनिया

में बाल कलाकार के रूप में अभिनय करते हैं। राष्ट्रीय स्तर पर बाल श्री के अधिकांश पुरस्कार जीतते हैं। राष्ट्रीय स्तर पर नाटक आदि में भाग लेते हैं। कुछ बच्चों ने तो अपने अनुसंधान के लिए पेटेंट प्राप्त किया है।

किलकारी भवन में कई जगह दीवार को ही ब्लैकबोर्ड बनाया गया था, जहाँ बच्चे कुछ भी लिख सकते हैं, जोड़-घटाव कर सकते हैं, चित्र बना सकते हैं। *किलकारी* परिसर में तरह-तरह के पौधे लगाये गये। बच्चों के खेलने के लिए स्थानीय सामग्रियों से झूले आदि बनाये गये। मैं अपनी पत्नी और बच्चों के साथ इस संस्था के निर्माण के प्रारंभ से ही बराबर जाया करता था। हमारी देख-रेख में यह पूरा परिसर विकसित हुआ। यहाँ बचपन से जुड़ी कई कलाकृतियाँ भी लगाई गई। देश के प्रमुख कलाकारों, चित्रकारों, संगीतकारों, नाटककारों, फोटोग्राफरों, वैज्ञानिकों को आमंत्रित किया गया, जो इन बच्चों को विभिन्न विधाओं में प्रशिक्षण देने या उनके साथ कार्यशाला करने लगे। इस संस्था में आने वाले अधिकांश बच्चे गरीब परिवारों के थे और उनकी उम्र सीमा आठ से सोलह वर्ष थी।

मेरी पत्नी का विचार हुआ कि बच्चों में बचत की आदत डाली जाये, और वे पैरो का हिराब-किताब रखना रीख राकें। इरारो *किलकारी* गें बच्चा बैंक की स्थापना हुई। बच्चे पाँच रुपये जमा करते थे और जरूरत पड़ने पर इस बचत से राशि भी निकालते थे। इसमें बैंक की तरह सूद भी मिलता था। इस बैंक को चलाने का दायित्व भी बच्चों को दिया गया। बच्चों में से ही मैनेजर चुना गया और देखते-देखते लाखों की राशि बच्चा बैंक में जमा हो गई। यहाँ गरीब बच्चों को हँसी-खुशी से भरा खुला वातावरण मिलता था। जहाँ वो जो करना चाहते थे, उसकी स्वतंत्रता होती थी। इसलिए यह संस्था काफी लोकप्रिय हो गई। यहाँ से सीखे बच्चों को फिल्मों में काम मिलने लगा। इनका नाटक राष्ट्रीय स्तर पर दिखाया जाने लगा। ये विभिन्न विधाओं में राष्ट्रीय पुरस्कार जीतने लगे। यहाँ के पुस्तकालय और कंप्यूटर रूम की सुविधा का उपयोग कर कुछ बच्चे तो आईआईटी तक गये। यह संस्था आज बिहार में गरीब बच्चों के विकास का एक रोल मॉडल बन गई है।

बिहार शिक्षा परियोजना में काम का एक अलग माहौल था। यह अन्य सरकारी कार्यालय की तरह नहीं था। न यहाँ सहायक होते थे, न प्रधान सहायक और न प्रशाखा पदाधिकारी। यहाँ टीम के रूप में काम होता था। हर प्रमुख विषय के लिए एक कार्यक्रम पदाधिकारी थे। ये संचिकाएँ अपने पास ही रखते थे।

मैंने वहाँ योगदान करने पर कुछ नये प्रयोग किये। पहला प्रयोग हर सोमवार को साप्ताहिक बैठक का था, जिसमें हम सभी कार्यक्रम पदाधिकारियों के साथ बैठकर निर्णय लेते थे। इसका सबसे बड़ा फायदा यह था कि सभी प्रमुख निर्णयों की जानकारी सभी कार्यक्रम पदाधिकारियों को हो जाती थी। भले ही निर्णय उनके प्रभाग से संबंधित ना हो। दूसरा फायदा यह होता था कि कार्यक्रम पदाधिकारियों को अपने प्रभाग के अलावा अन्य प्रस्तावों पर भी मंतव्य देना होता था। उदाहरण के लिए, अगर विद्यालयों में शौचालयों के निर्माण का प्रस्ताव विचारित होता था तो लिंग समन्वयक द्वारा शौचालयों को लड़कियों के लिए उपयोगी बनाने के लिए बेहतर सुझाव दिए जाते थे। उनका तर्क होता था कि लड़कियों का शौचालय हवादार और रोशनदान सहित होना चाहिए। भले ही, इसके लिए कुछ और राशि क्यों न लगानी पड़े।

परियोजना के कर्मियों के उत्तरदायित्व को बढ़ाने के लिए यह भी निर्णय लिया गया कि कर्मियों के कार्यालय आने-जाने के समय पर कोई प्रतिबंध नहीं होगा। वे दिन में काम करें और शाम होने पर घर जायें। लेकिन अधिकांश कर्मी देर रात तक बिना अपना काम पूरा किये नहीं जाते थे। पहले कार्यालय में सुबह और शाम चाय की व्यवस्था थी। इसे हटा दिया गया। अब वे जब चाहें, चाय पी सकते थे और यह भी निर्णय लिया गया कि कार्यालय में आगंतुकों को एक गिलास पानी और चाय जरूर दी जाये। परियोजना के सभी कर्मियों को मोबाइल के लिए डेटा कार्ड दिया गया, ताकि उन्हें संपर्क करने में सुविधा हो। उस समय के लिए यह निर्णय अनूठा था। शुरू में तो वे काफी खुश हुए, लेकिन बाद में उन्हें लगने लगा कि इस व्यवस्था के कारण उनको कभी भी खोज लिया जाता था, क्योंकि उन्हें अपना दूरभाष खुला रखना पड़ता था। बिहार शिक्षा परियोजना में एक कार्यक्रम पदाधिकारी थे, जो बहुत ईमानदार और कर्मठ माने जाते थे, लेकिन उनके अन्य कर्मियों से संबंध अच्छे नहीं थे। उनकी

सोच नकारात्मक थी। मैं इस पदाधिकारी से संतोषजनक कार्य नहीं ले पा रहा था। मैं एक बार विकलांग बच्चों के कार्यक्रम में गया, तो मैंने उस कार्यक्रम पदाधिकारी में विकलांग बच्चों के लिए उनकी काफी रुचि देखी। बाद में, मैंने विकलांग बच्चों वाले प्रभाग का उन्हें कार्यक्रम पदाधिकारी बना दिया। उन्होंने इतने मनोयोग से कठिन परिश्रम किया और तेजी से निर्णय लिए कि बिहार शिक्षा परियोजना में विकलांग बच्चों के लिए, किये जाने वाले काम में काफी गति आने लगी और दो वर्षों में तो बिहार को विकलांग बच्चों के लिए किये जा रहे कार्यों में सर्वश्रेष्ठ माना गया। बाद में पता चला कि उनका अपना बच्चा विकलांगता से प्रभावित है।

बिहार में शिक्षा की गुणवत्ता बढ़ाने के लिए हमारे द्वारा उठाये कार्यों में '*प्रथम*' नाम की संस्था का काफी सहयोग रहा, खासकर '*प्रथम*' की रूक्मिणी बनर्जी का। हमारे गुणवत्ता के हर कार्यक्रम में वे भाग लेती और उनका मार्गदर्शन करती। उनकी संस्था '*प्रथम*' के पास युवाओं का एक बहुत बड़ा समूह था, जो शिक्षा की गुणवत्ता को जमीन पर उतारने में सहयोग देता था। रूक्मिणी जी ने '*प्रथम*' के कार्यों के दौरान पूरे बिहार को अच्छी तरह देखा और समझा था, इसलिए उनका सुझाव सरल और व्यावहारिक होता था। '*प्रथम*' के पास कठिन से कठिन बातों को सरल ढंग से कहानी के रूप में प्रस्तुत करने की कला थी। वे हमारी गतिविधियों का मूल्यांकन भी सही ढंग से कर देती थीं। उनके शिक्षा के क्षेत्र में योगदान के लिए बिहार सरकार ने पहला *मौलाना अबुल कलाम* शिक्षा पुरस्कार उन्हें दिया। मैं मजाक में उनसे कहता था कि अब तो आपको हमारे शिक्षा विभाग का सचिव हो जाना चाहिए।

शिक्षा विभाग में जन शिक्षा का निदेशालय तो था, लेकिन करीब-करीब मृतप्राय हो गया था। 2000 के दशक में बिहार के कई जिलों में साक्षरता अभियान सफलतापूर्वक चला था। लेकिन बाद में ये अभियान कई कारणों से मृतप्राय हो गये। केंद्र सरकार की भी प्राथमिकता अब साक्षरता अभियान नहीं थी। इसका मुख्य कारण था कि निरक्षता की समस्या अब कुछ हिंदी भाषी राज्यों में बची थी। बिहार साक्षरता के पैमाने पर देश के सबसे निचले पायदान पर था। बिहार की आधी आबादी निरक्षर थी और एक तिहाई महिलाएँ ही साक्षर थीं। मेरा मानना था कि जब तक बिहार में साक्षरता की ऐसी

स्थिति रहेगी, तब तक बिहार तेजी से विकास नहीं कर सकता। खासकर, महिलाओं की साक्षरता को तेजी से बढ़ना जरूरी था। नई सरकार की प्राथमिकता में महिलायें केंद्र-बिंदु में थी।

बिहार में '*अक्षर आँचल*' योजना के नाम से साक्षरता अभियान चलाने का निर्णय लिया गया। इसकी पहली बैठक ए.एन सिन्हा इंस्टीट्यूट में हुई, जहाँ माननीय मुख्यमंत्री ने भी भाग लिया। मेरा दुमका में साक्षरता अभियान चलाने का अनुभव था। मुझे देश के कई अन्य राज्यों में भी साक्षरता अभियान देखने, प्रशिक्षण देने आदि के लिए बुलाया गया था। इसलिए दूसरे राज्यों का भी कुछ अनुभव था। राज्य में साक्षरता अभियान के संचालन के लिए एक तंत्र बनाया गया, जिसमें साक्षरता के क्षेत्र में अनुभव रखने वाले व्यक्तियों को जोड़ा गया। साक्षरता अभियान चलाने के लिए बड़ी संख्या में स्वयंसेवकों की आवश्यकता थी और उन्हें साक्षरता अभियान कार्यक्रम में प्रशिक्षित भी करना था। अभियान चलाने के पूर्व बहुत बड़े रूप में वातावरण-निर्माण की कार्रवाई प्रारंभ की गई। सैकड़ों साक्षरता गीत लिखे गये, नाटक बनाये गये, लाखों दीवारों पर नारों का लेखन किया गया, जन प्रतिनिधि की बैठक की गई। जिले में लगातार वातावरण-निर्माण की पहल होती रही। इसलिए हर जिले में कला जत्था बनाया गया। पूरे राज्य में यह काम धूम-धाम से शुरू हुआ। हाल में शुरू की गईं लड़कियों के लिए पोशाक योजना एवं साइकिल योजना से महिलाओं का महत्व बढ़ा था। इन महिलाओं ने बहुत बड़े रूप में साक्षरता अभियान में भाग लिया। साक्षरता के कार्य को सरल रखा गया। पढ़ना-लिखना और जोड़-घटाव सिखाने के अलावा सरकार के विकास कार्यक्रमों की जानकारी लोगों को दी गई। सरकारी योजनाएँ, जो ग्रामीण महिलाओं और बच्चों को सीधा फायदा पहुँचाती थीं, उसकी एक छोटी-सी पुस्तिका सरल भाषा में बनाई गई और उसे वितरित किया गया। मुख्यमंत्री अपने क्षेत्रीय भ्रमणों के क्रम में साक्षरता अभियान के कार्यक्रमों को देखते और अपने हर भाषण में माता-पिता से बच्चों को स्कूल अवश्य भेजने का संदेश देते। यह अभियान कुछ जिलों में दो वर्ष तक और कुछ जिलों में तीन वर्ष तक चला। इसका प्रतिफल यह हुआ कि बिहार की साक्षरता का दर सैंतालीस प्रतिशत से बढ़कर लगभग बासठ प्रतिशत हो गई। महिलाओं की साक्षरता की दर

जो तैंतीस प्रतिशत थी, वह लगभग बावन प्रतिशत हो गई। 2011 की जनगणना के आधार पर साक्षरता दर एवं महिला साक्षरता दर दोनों में देश में सर्वाधिक वृद्धि का पुरस्कार केंद्रीय सरकार द्वारा बिहार को दिया गया। मैंने इन दोनों पुरस्कारों को माननीय राष्ट्रपति से दिल्ली में प्राप्त किया। वह दिन मेरे लिए एक बहुत बड़े संतोष का दिन था।

मैं कला, संस्कृति एवं युवा विभाग, बिहार, पटना में कई बार पदस्थापित हुआ। कला, संस्कृति एवं खेल के प्रति मेरी रुचि राज्य सरकार को मालूम थी। वर्ष 1996 में जब मैं पहली बार विशेष सचिव-सह-निदेशक के रूप में कला, संस्कृति एवं युवा विभाग, बिहार, पटना में गया, तब उस समय विभाग का बजट पाँच करोड़ से भी कम था। कला, संस्कृति एवं युवा विभाग के मेरे पदस्थापनों के काल में बिहार में बड़े-बड़े अंतर्राष्ट्रीय एवं राष्ट्रीय आयोजन हुए। एशियन स्कूल गेम्स के अंतर्गत फुटबॉल टूर्नामेंट हुये। राज्यस्तरीय बृहत सांस्कृतिक कार्यक्रम का आयोजन पटना के गाँधी मैदान में बहुत बड़े रूप में किया गया। राष्ट्रीय युवा महोत्सव का आयोजन हुआ। मोइनुल हक स्टेडियम में स्पोर्ट्स अकादमी एवं छात्रावास स्थापित किये गये।

केंद्र सरकार ने बिहार को राष्ट्रीय स्तर के युवा महोत्सव 2006 के आयोजन के लिए चुना था। लेकिन बिहार सरकार ने अपनी असमर्थता जता दी थी। मैं उस समय कला, संस्कृति एवं युवा विभाग का प्रधान सचिव था। नई सरकार के गठन के बाद मुख्यमंत्री ने मुझे बुलाकर पूछा कि क्या हम लोग एक महीने से कम बचे समय में इस महोत्सव का आयोजन कर सकते है? मैंने कहा जरूर कर सकते हैं।

युवा महोत्सव एक बहुत बड़ा आयोजन माना जाता है। इसमें सभी राज्यों से बड़ी संख्या में पाँच हजार से ज्यादा प्रतिभागी भाग लेते हैं। इस कार्य को चुनौती के रूप में लिया गया एवं इस महोत्सव को स्वामी विवेकानंद के जन्मदिन 12 जनवरी को मनाने का निर्णय लिया गया। बिहार में अच्छे होटलों की कमी थी। पाँच-छह हजार व्यक्तियों के अच्छे आवासन के लिए भी समस्या थी। विभिन्न कार्यक्रमों के आयोजन के लिए अच्छे प्रेक्षागृह नहीं थे। ठंड का मौसम होने के कारण भी

अतिरिक्त व्यवस्था की आवश्यकता थी। इन सब चुनौतियों के बावजूद बिहार के लोगों, खासकर युवाओं की ताकत के बल पर इस उत्सव को उत्साहपूर्वक मनाने का निर्णय लिया गया।

एक सौ युवाओं का चयन किया गया, जिन्हें विभिन्न राज्य के दलों के साथ समन्वयक का कार्य करना था। उन्हें प्रशिक्षित किया गया। होटलों के मालिकों की बैठक हुई, जिसमें कमरों और शौचालयों को बेहतर बनाने के लिए प्रेरित किया गया। उन्हें समझाया गया कि यह बिहार राज्य के ब्रांडिंग का बहुत महत्वपूर्ण अवसर है और इसके लिए सबको लगना होगा। इतनी बड़ी संख्या में आये लोगों के लिए एक सप्ताह तक अच्छे भोजन की व्यवस्था भी एक बड़ी चुनौती थी। गोलघर के प्रांगण में इसके लिए विशेष व्यवस्था की गई, जिसका प्रबंधन उस समय के तत्कालीन मुख्य सचिव श्री जी.एस. कंग ने किया। राज्य के कलाकारों ने सभी प्रेक्षागृहों एवं परिसरों को सजाया संवारा और पूरा महोत्सव काफी भव्यता और बिना किसी दुर्घटना के संपन्न हुआ।

सभी प्रतिभागी बिहार राज्य के आतिथ्य से काफी प्रसन्न थे। आधारभूत संरचना की कमी को लोगों के प्यार से पूरा किया गया। आने वाले समय में भी जिस राज्य में युवा महोत्सव का आयोजन हुआ, वहाँ बिहार में आयोजित किये गये 2006 के युवा उत्सव की व्यवस्था की चर्चा होती रही।

अंतर्राष्ट्रीय टूर्नामेंट का आयोजन उस समय के बिहार के लिए बहुत बड़ी बात थी। फिर भी एशियन फुटबाल के आयोजन का निर्णय लिया गया, जिसमें चौदह देशों की फुटबॉल टीमों ने भाग लिया था। हमारे पास उन्हें ठहराने के लिए पाँच सितारा होटल भी नहीं थे। खेल के लिए अच्छे मैदान भी नहीं थे। खेल के लिए मोइनुल हक स्टेडियम, पटना साइंस कॉलेज एवं पटना कॉलेज के खेल मैदानों को विकसित किया गया। दानापुर स्थित मिथिलेश स्टेडियम का भी जीर्णोद्धार हुआ। खिलाड़ियों के आने-जाने के लिए अच्छी बसों की व्यवस्था की गई। पटना स्थित अच्छे होटलों के कमरों में अपेक्षित सुधार किये गये। खिलाड़ियों एवं खेल प्रबंधकों के अच्छे खाने की व्यवस्था की गई। बाहर से शेफ बुलाये गये। अंग्रेजी बोलने वाले युवकों की पहचान

कर विभिन्न टीमों के साथ गाइड के रूप में लगाया गया। पूरे पटना में उत्साह का एक बड़ा माहौल बना और यह अंतर्राष्ट्रीय आयोजन काफी सफल हुआ। विभिन्न देशों से आये खिलाड़ी और खेल प्रबंधक बिहार के लोगों के प्यार और मेहमाननवाजी के कायल हुए। इसका प्रभाव यह हुआ कि अगली बार जब एशियन फुटबॉल का आयोजन दक्षिण कोरिया में हुआ, तब वहाँ की व्यवस्था को देखने के लिए मुझे एवं खेल मंत्री को आमंत्रित किया गया।

गाँधी मैदान में आयोजित सांस्कृतिक कार्यक्रम भी अपने ढंग का अनूठा था। इसमें राज्य के विभिन्न जिलों से बड़ी संख्या में कलाकारों ने भाग लिया। पटना में तीन दिनों तक सांस्कृतिक कार्यक्रम होता रहा और लोगों ने देर रात तक कार्यक्रमों का आनंद लिया। इस आयोजन के लिए गाँधी मैदान में चार-पाँच मंच बनाये गये थे, जिन पर एक साथ गीत-संगीत के कार्यक्रम हुए। मिट्टी की दीवारों पर बिहार के कलाकारों द्वारा बनाये चित्रों की प्रदर्शनी लगाई गई। सभी प्रतिभागी कलाकारों को सम्मानित किया गया। बिहार में इतने कलाकार पहली बार एक साथ गाँधी मैदान आये थे। यह कार्यक्रम बहुत दिनों तक यादगार बना रहा।

कला, संस्कृति एवं युवा विभाग में जब मैं विशेष सचिव-सह-निदेशक के पद पर था, उस समय के विभागीय सचिव इन आयोजनों से काफी खुश हुए। लोगों ने उन्हें पहली बार इतना आनंदित देखा था। लेकिन वे संचिकाओं के निष्पादन में काफी पृच्छाएँ करते थे। मुश्किल से निर्णय लेते थे। यह एक बड़ी समस्या थी, क्योंकि आयोजनों में कराये गए कार्यों एवं विभिन्न खर्चों का तुरंत भुगतान कराना पड़ता था। मैंने इसका उपाय निकाला कि खेल के मैदान में या कार्यक्रम स्थल पर ही उनसे संचिका करा ली जाये। एक बार जब मैं किसी कार्यक्रम में हुए नाश्ते आदि के खर्च की स्वीकृति करा रहा था, तो उन्होंने कहा, यह खर्च तो काफी ज्यादा है। मुझे कहना पड़ा कि जितने प्रतिभागी हैं, सबको नाश्ता कराना ही पड़ेगा और उन्हें चाय भी पिलानी पड़ेगी। मैंने यह भी बताया कि नाश्ता वही है, जो उन्होंने भी किया है और चाय उन्होंने भी पी है। तब जाकर संचिका पर स्वीकृति हुई।

विभागीय मंत्री श्री अब्दुल बारी सिद्दीकी मेरे साथ खेल के मैदान एवं कार्यक्रम-स्थल पर रहते थे। सचिव ने उस संचिका को विभागीय मंत्री को मार्क कर दिया, जो आवश्यक नहीं था। खैर, विभागीय मंत्री ने तुरंत इसका अनुमोदन किया। बाद में सचिव महोदय ने कई जगहों पर कहा कि मैं जबर्दस्ती उनसे संचिका करा लिया करता था, जो कुछ हद तक ही सही था। बिना इसके काम भी नहीं चलता और बड़े आयोजन भी नहीं होते।

मैं बिहार में कुछ समय तक कृषि उत्पादन आयुक्त भी रहा। बिहार मूलतः कृषि आधारित राज्य है। जमीन काफी उपजाऊ और किसान बहुत मेहनती। किसान किसी नई तकनीक को अपनाने में विलंब नहीं करते हैं। इसकी एक अच्छी कहानी है जब हम प्रोफ़ेसर जोसफ़ यूजीन स्टिग्लिट्स को बिहार के नालंदा जिले में ले गये। उन्हें ऑर्गेनिक खेती देखनी थी। एक किसान ने दो प्लॉटों में फूलगोभी की खेती कर रखी थी। उसने बताया कि उसने एक प्लॉट में ऑर्गेनिक खेती की है और देखिये फसल कितनी अच्छी है। स्टिग्लिट्स साहब ने पूछा कि बगल का प्लॉट किसका है तो उस किसान ने बताया कि वह प्लॉट भी उसी का है, उसमें उसने रासायनिक खाद देकर खेती की है। स्टिग्लिट्स साहब को आश्चर्य हुआ कि जब उसे मालूम है कि ऑर्गेनिक तरीके से बेहतर खेती होती है तो दूसरे खेतों में रासायनिक खाद का प्रयोग क्यों किया। किसान ने कहा कि वह खुद प्रयोग करके अंतर देखना चाहता था। स्टिग्लिट्स साहब बहुत प्रभावित हुये और उन्होंने बयान दिया कि बिहार के किसान कई वैज्ञानिकों से बेहतर हैं।

बिहार में सब्जी, फल उत्पादन काफी बड़े रूप में होता है। मधुपालन में तो बिहार का देश में सर्वश्रेष्ठ स्थान है। इधर मक्के की खेती करके किसानों ने अपनी स्थिति काफी बेहतर कर ली है। इन किसानों को सरकार का सहयोग तो मिला है, लेकिन बहुत सारे काम इन्होंने स्वयं अपनी उद्यमशीलता से किये है। बिहार का एक क्षेत्र तो ऐसा है, जो वर्ष में गोभी की तीन फसल उगाता है और मक्के की दो फसल। बिहार में कृषि के क्षेत्र में उत्पादन की समस्या नहीं है बल्कि समस्या है विपणन की, उनके पैकेजिंग, ब्रांडिंग और उन्हें बिचौलियों से बचाने की।

मुझे कृषि विभाग में प्रधान सचिव के पद पर कुछ ही दिन हुए थे, जब मुझे मुख्यमंत्री श्री नीतीश कुमार ने कहा कि अब आप कृषि विभाग छोड़िए और सभी विभागों को देखिए। मुझे मुख्यमंत्री सचिवालय में अगस्त, 2012 में प्रधान सचिव बनाया गया। मुख्यमंत्री सचिवालय का काम कभी भी शुरू होता था। अगर राज्य में कोई घटना हो जाती तो हम लोग आठ-साढ़े आठ बजे सुबह से ही लग जाते और कई दिन देर रात तक काम करते। अगर कहीं राज्य में सांप्रदायिक या जातीय तनाव होता या विधि व्यवस्था की बड़ी समस्या होती तो उसे सुलझाने में देर रात हो जाती थी। सामान्यतः कार्यालय का कार्य 10 बजे सुबह से 8 बजे रात तक चलता था। यह नहीं था कि केवल हम ही इतनी अवधि तक काम करते, बल्कि मुख्यमंत्री भी पूरे समय समस्याओं के निराकरण में लगे रहते। अगर कहीं कोई तनाव होता तो वहाँ के सभी प्रमुख लोगों से सीधे बात करते और आवश्यक निर्णयों के लिए सदैव उपलब्ध रहते।

मुख्यमंत्री कार्यालय में काम करते हुए मुझे नजदीक से सीएम श्री नीतीश कुमार को जानने-समझने का अवसर मिला। मुख्यमंत्री का जीवन बहुत व्यवस्थित था और वे अपने अधिकांश काम समयबद्ध रूप से करते। उनका जीवन काफी सादा था और अपने रहने, खाने-पीने, बोलने एवं व्यवहार में काफी नियंत्रण था। मैंने उन्हें कभी भी बहुत गुस्से में आते या किसी को तुम कहते नहीं सुना। काम की अधिकता से भी वे कभी नहीं घबराते थे। इसका सबसे अच्छा उदाहरण रहा 'जनता के दरबार में मुख्यमंत्री' कार्यक्रम। पूरे राज्य से हजारों लोग अपनी समस्याओं के साथ आते और मुख्यमंत्री को अपनी समस्या बताते। कभी-कभी लोगों की समस्याएँ विशुद्ध व्यक्तिगत लाभ या नियम विरुद्ध होती थीं। हमें गुस्सा आ जाता था, लेकिन मुख्यमंत्री शांति से सुनते। कइयों की समस्याओं का निराकरण मुख्यमंत्री सचिवालय से टीम भेजकर उसी दिन कराया जाता। इन सभी समस्याओं का लेखा-जोखा रखा जाता, ताकि लोगों के अनुरोध पर क्या कार्रवाई हुई, यह पता चल सके। कई बार यह कार्यक्रम सुबह शुरू होकर संध्या 6-7 बजे या रात तक लगातार चलता। लोगों को जाड़े में ठंड न लगे, इसलिए अलाव जलाया जाता और उन्हें चाय पिलाई जाती।

मुख्यमंत्री ने राज्य के सभी जिलों की लगभग हर वर्ष विभिन्न नामों से कई यात्रा की। जैसे—न्याय-यात्रा, विकास-यात्रा। वहाँ तो रूटीन और कड़ा होता था। हम लोग लोगों से मिलते, विभिन्न योजनाओं को सरजमीन पर देखने जाते और फिर मुख्यमंत्री जन-प्रतिनिधियों से बात करके उनके सुझाव और विचार जानते। पता नहीं क्यों, ये सारी यात्राएँ तभी होती थी, जब सबसे ज्यादा गर्मी हो या सबसे ज्यादा ठंड। मुख्यमंत्री को पटना सचिवालय से ज्यादा बिहार में भ्रमण करना, समस्याओं को जानना, योजनाओं का कार्यान्वयन देखना, लोगों से मिलना ज्यादा पसंद था।

मुख्यमंत्री विशुद्ध शाकाहारी थे और उनका खाना भी बहुत कम तेल-मसाले का सुपाच्य होता था। मेरी आदत ठीक उल्टी थी। मैं विशुद्ध मांसाहारी था और मछली तो लगभग हर दिन खाता था। जब मैं मुख्यमंत्री सचिवालय में प्रधान सचिव के पद पर दो वर्षों तक रहा, तब सैकड़ों बार माननीय मुख्यमंत्री के साथ दिन का खाना खाया और सुबह-शाम का नाश्ता किया। मुझे पहली बार पता चला कि दाल, सब्जी भी स्वादिष्ट हो सकती है। जब दिन अच्छा होता था, तो हमें कभी-कभी अंडे की भुर्जी या बिहारी बचका खाने में मिल जाता था। इस तरह मेरे खाने-पीने की आदत बहुत बदल गई और अब मुझे शाकाहारी खाना भी पसंद आने लगा।

एक राजनीतिक नेता को एक निश्चित समय सीमा अर्थात पाँच वर्ष में बहुत कुछ कर दिखाना होता है। नौकरशाह का कार्यकाल तीस-पैंतीस वर्ष का होता है। विधायक, मंत्री एवं मुख्यमंत्री को हर पाँच वर्ष में जनता के सामने जाना होता है। मैंने खुद को शिक्षा विभाग के प्रधान सचिव के रूप में काम करते पाया कि एक बार मुख्यमंत्री ने जब निश्चय कर लिया तो योजनाएं एक सप्ताह में मंत्रिपरिषद से स्वीकृत हो जाती थी। पोशाक योजना हो, साइकिल योजना या छात्रों के लिए छात्रवृत्ति योजना। सभी योजनाएं एक सप्ताह में बनी। योजनाओं को वित्त विभाग एवं योजना विभाग से सहमति भी मिली और मंत्रिपरिषद का निर्णय भी हो गया। मैंने केंद्र सरकार में पाया था कि योजनाओं की धारणा बनाने और उसे जमीन पर उतरने में कम से कम एक वर्ष का समय लगता है।

मुख्यमंत्री बहुत काम बहुत तेजी से करना चाहते थे। बिहार में बहुत तेजी से काम करने का वातावरण नहीं था। बिहार जाति-धर्म में बुरी तरह बँटा हुआ राज्य था, जहाँ सबका विश्वास जीतना काफी कठिन था। इस कारण जो योजना बनी, सबके लिए थी, किसी धर्म और जाति विशेष के लिए नहीं। इससे लोगों को लगा कि पहली बार राज्य में सबके लिए सोचा जा रहा है। मैंने मुख्यमंत्री जैसा व्यक्तित्व नहीं देखा था। मैंने ऐसे व्यक्ति को देखा जिसने अपने जीवन को कठोरता से नियंत्रित कर लिया है। उन्हें नियम तोड़ना बिल्कुल पसंद नहीं था। मेरा मानना था कि हमें कम समय में ज्यादा काम करना है। यह तभी संभव है, जब जनहित में बेकार नियमों की चिंता नहीं की जाये। मुझसे मुख्यमंत्री कभी-कभी सहमत नहीं होते थे। उनका कहना होता था कि अगर नियम बाधक है तो उसे बदल लीजिये। नियमों को बदलने की प्रक्रिया इतनी दुरूह थी कि सभी प्रक्रिया के पालन में ही बहुत समय लग जाता।

मुझे 2014 में राज्य का मुख्य सचिव बनाया गया। मुख्यमंत्री सचिवालय में प्रधान सचिव के रूप में कार्य करते हुए, मुझे सरकार के विभिन्न विभागों का कुछ हद तक अनुभव हो गया था। इस कारण राज्य के मुख्य सचिव के पद पर कार्य करने में मुझे कोई कठिनाई नहीं हुई। मुझे मालूम था कि विभिन्न विभागों की प्राथमिकताएँ क्या हैं, कौन से महत्वपूर्ण काम लंबित हैं और किन चीजों में गहन अनुश्रवण की जरूरत है।

मैंने कई मुख्य सचिवों को देखा था कि उनका काफी ज्यादा समय बैठकों में जाता था। कुछ लोग तो पूरे दिन और देर रात तक बैठक करने के लिए जाने जाते थे। बैठकों की संख्या इसलिए भी बढ़ गई थी, क्योंकि विभाग अपने स्तर पर बहुत सारे निर्णय नहीं ले रहे थे, बल्कि उसे उच्चतम स्तर पर कराना चाहते थे। मुझे बैठकों में गप्पबाजी, चाय-नाश्ते में समय गुजारना बिल्कुल पसंद नहीं था। मैंने तो पहले सप्ताह के कुछ दिनों को बिना बैठकों का घोषित कर दिया, ताकि विभागीय सचिव अपने विभागों में ज्यादा समय लगा सकें और अपने समय का बेहतर उपयोग कर सकें। विभाग के सचिवों को विभिन्न स्तरों की बैठकों में जाना पड़ता था, जैसे—मुख्यमंत्री के यहाँ, विभागीय मंत्री के यहाँ, मुख्य सचिव के यहाँ, बिहार विधानसभा और विधान परिषद की समितियों के समक्ष। इसके अलावा माननीय उच्च न्यायालय से जो बुलाहटें होती

थीं, वो अलग। इतनी सारी बैठकों के कारण विभागीय सचिव अपने विभाग के मूल उत्तरदायित्व के लिए पर्याप्त समय नहीं निकाल पाते। मेरे स्तर पर बैठकों को कुछ दिनों के लिए सीमित करने से विभागीय कार्यों के लिए ज्यादा समय मिलने लगा। साथ ही, वे बैठक रहित दिनों का क्षेत्रीय भ्रमण में भी उपयोग कर सकते थे।

मेरे स्तर पर बैठक आयोजित करने के लिए विभाग को बताना पड़ता था कि बैठक क्यों जरूरी है। अगर केवल उनके विभाग की समस्या है तो वह संचिका के साथ मुझसे विमर्श कर सकते हैं और दिशा-निर्देश पा सकते हैं। अगर दो या तीन विभाग के साथ जुड़ी समस्या है तो मैं उन विभागों के सचिवों को भी साथ बुला लेता। लेकिन बैठक के लिए आने वाले विभाग को स्पष्ट रूप से बताना होता कि उसका प्रस्ताव क्या है और मुझसे क्या अपेक्षा है। इस कारण, मेरे स्तर पर बैठकों के लिए आने वाले प्रस्ताव में कमियाँ आईं और लोगों ने विभागीय स्तर पर निर्णय लेना शुरू किया। दूसरा प्रयास यह था कि कोई भी बैठक अधिकतम एक घंटे से ज्यादा नहीं चले। जिसको जो भी राय देनी है, वह स्पष्ट और संक्षेप में दे। व्यर्थ की कहानी या चाय-पानी में समय नहीं गुजारे। इस कारण, एक ही दिन में बहुत सारी बैठक आसानी से हो जाती थी। कई बैठक में तो ऐसा हुआ कि बैठक में भाग लेने वाले कोई सचिव दस मिनट देर से आये, तब तक बैठक समाप्त हो गई। जो विभाग बैठक करता था, वह एक कार्यवाही का प्रारूप भी साथ लाता था। उस प्रारूप में जो आवश्यक संशोधन होता, मेरा कार्यालय कर देता और उसी दिन विभाग एवं संबंधित व्यक्तियों को हस्ताक्षरित कार्यवाही मिल जाती। इससे समय की बचत हुई।

अधिकारियों को छुट्टी देने के संबंध में मेरी सोच यह थी कि अच्छे पदाधिकारी बिना बहुत जरूरी कारण के छुट्टी मांगेंगे नहीं और जिन्हें बार-बार छुट्टी लेने की आदत थी और जो पदाधिकारी काम नहीं करने वाले थे, वे छुट्टी पर भी रहें तो बहुत फर्क नहीं पड़ता। बिहार कैडर में अच्छे पदाधिकारियों की कमी नहीं थी। कुछ पदाधिकारियों को तो मैं कर्तव्यनिष्ठा एवं कार्यकुशलता में अपने से बेहतर मानता था। मैं यथासंभव पदाधिकारियों की समस्याओं को सुनता और उनके निराकरण का उपाय करता। मुझे पदाधिकारियों एवं कर्मचारियों का देर रात तक काम करना पसंद नहीं था। मैं अक्सर

कहता था कि काम बहुत ज्यादा नहीं होता, अगर व्यक्ति उसे सही तरीके से पूरा करे। मैंने अपनी पूरी नौकरी में कभी भी सही या अच्छे काम के लिए न तो समय की कमी और न संसाधन की समस्या को महसूस किया। बिहार जैसे गरीब राज्य में होते हुए भी हमें अच्छे कामों के लिए राशि की कमी कभी नहीं हुई। मैं अपने पदाधिकारियों और कर्मियों को अक्सर सलाह देता था कि काम तनाव में नहीं करना चाहिए। खुश होकर काम करने से काम अच्छा और जल्दी होता है। मुझे यह मालूम था कि हम हर समस्या का निराकरण कर भी नहीं सकते। कुछ समस्याएँ समय और प्रकृति स्वयं दूर कर देती है।

बिहार को कई तरह की प्राकृतिक आपदाओं का हर वर्ष सामना करना पड़ता है। एक साथ ही बिहार में सूखा और बाढ़ होना संभव था। बिहार के कृषि प्रधान राज्य होने के कारण लोगों की खेती प्रभावित होने पर सरकार को सामने आकर किसानों की सहायता करनी पड़ती। मुख्यमंत्री का मानना था कि राज्य के खजाने पर पहला अधिकार आपदाग्रस्त व्यक्तियों का है, इसलिए आपदा प्रबंधन के कार्य को सर्वोच्च प्राथमिकता दी जाती। आपदा प्रबंधन के कार्यों का मुख्यमंत्री सीधा नेतृत्व करते थे और जमीन पर आपदा प्रभावित लोगों की सुरक्षा एवं रहने- खाने की व्यवस्था का पर्यवेक्षण करते थे। एक बार जब कोसी नदी में बांध टूटने से बहुत बड़ी बाढ़ आई तो सभी विभागों के सचिवों को आपदा प्रभावित क्षेत्रों में लोगों के बीच भेज दिया गया। आपदा प्रभावित लोगों के लिए विश्वविद्यालय एवं उच्च विद्यालय के परिसर में बड़े-बड़े टेंट लगाकर उनके रहने की व्यवस्था की गई। उन्हीं लोगों में से कुछ लोगों का चयन कर खाना बनाने एवं सफाई का दायित्व दिया गया। जिसके लिए उन्हें राशि भी दी गई, उनके लिए नये कपड़े और बर्तन का इंतजाम हुआ। बच्चों के लिए अस्थाई स्कूल एवं आंगनबाड़ी केंद्र खोले गये। यहाँ तक उन परिसरों में ही महिलाओं के लिए प्रसव की व्यवस्था की गई। बच्चे सुबह पी.टी. कसरत, पढ़ाई एवं खेल-कूद सामान्य रूप से करते। बाढ़ के समय ऐसी व्यवस्था हुई कि लोग बाहर के राज्यों से देखने और सीखने बिहार आने लगे।

बिहार के विकास का मॉडल भी कई राज्यों से भिन्न था। कृषि प्रधान और गाँवों का प्रदेश होने के कारण बिहार के विकास के केंद्रबिंदु में भी गाँव और गरीब लोग ही थे। शिक्षा, स्वास्थ्य और आधारभूत संरचना राज्य की प्रमुख प्राथमिकताएँ थीं।

बिहार में नक्सलवाद को कम करने का तरीका देश के अन्य राज्यों से अलग रहा है। देश के विभिन्न राज्यों में नक्सलियों को आतंकवादी और सरकार के विकास कार्यों का विरोधी माना जाता है। वे अपना प्रभाव फैलाने के लिए गरीब लोगों को अपनी विचारधारा में लाते और उन्हें सरकार विरोधी बनाते। अपनी उपस्थिति एवं सामर्थ्य दिखाने के लिए यदा-कदा पुल-पुलिया, सड़कों को उड़ा देते। सरकारी वाहनों को क्षतिग्रस्त करते। पुलिस थानों पर आक्रमण कर उनकी अस्त्र-शस्त्र लूट लेतें। नक्सलवाद से प्रभावित क्षेत्रों में हो रहे विकास कार्यों में लगे ठेकेदारों से वे लेवी वसूलते थे। लगभग सभी नक्सल प्रभावित राज्यों और केंद्र सरकार की योजना यह थी कि नक्सलों का खात्मा किया जाये और नक्सल प्रभावित क्षेत्रों से उन्हें भगाया जाये। बिहार में यह मानना था कि ये नक्सली हमारे समाज के ही दिग्भ्रमित लोग हैं। अगर उनके क्षेत्र में बेहतर विकास किया जाये, उन्हें रोजगार उपलब्ध कराया जाये तो समस्या कम की जा सकती है। उन्हें राजनैतिक रूप से भी मुख्यधारा में लाने का प्रयास किया गया। उन्हें विकास कार्यों से सीधा जोड़ा गया। बिहार में वे लोग पंचायत सरकार में विभिन्न स्तरों पर होने वाले चुनाव में भाग लेकर जनप्रतिनिधि बनने लगे। राज्य सरकार ने "आपकी सरकार आपके द्वार" नाम से एक योजना नक्सल प्रभावित क्षेत्रों के लिए शुरू की, जिसमें उनके क्षेत्रों के विकास को प्राथमिकता में लाया गया। वहाँ रोजगार के लिए ट्रेनिंग सेंटर खोले गये। मैंने यह पाया था कि नक्सली लोग अपने काडर में अनुसूचित जाति, जनजाति के वैसे लोगों को चुनते हैं, जो गरीब हैं और जिन्होंने स्कूली पढ़ाई पूरी नहीं की है। उन्हें विद्यालयों में वापस लाने के लिए और व्यावसायिक प्रशिक्षण देने के लिए कार्यक्रम शुरू किये गये। इन सब प्रयासों से फायदा यह हुआ कि नक्सलवाद का प्रभाव बिहार के कई जिलों से कम होने लगा। नक्सलियों को मारने की तुलना में उन्हें सुधारने और उन्हें मौका देने की नीति अपनाई गई। सरकार का पुलिस को स्पष्ट आदेश था कि अगर उन्हें नक्सलियों द्वारा आतंकवाद की घटना या सरकारी परिसंपत्ति के लूटने, उड़ाने की कोई सूचना प्राप्त

होती है, तो वे कठोरता से उसका निराकरण करें। नक्सलियों को पकड़े और उन्हें कानूनी दंड दिलवाएं। नक्सलियों पर बिना कारण गोली चलाने या आतंक फैलाने का पुलिस को अधिकार नहीं था। शिक्षा विभाग के अपने कार्यकाल में मैंने भी पाया कि नक्सली बिना कारण स्कूल भवन जैसे सामुदायिक भवनों में आतंकवादी क्रिया जैसे बम से उड़ाने की घटना को अंजाम नहीं देते हैं। एक बार जब गया जिले में कुछ स्कूल भवन नक्सलियों द्वारा उड़ाये गये, तो मैंने उनके नेताओं को बुलाकर कहा कि स्कूल तो गरीब बच्चों के पढ़ने के लिए है, तो उसे उड़ाने का क्या औचित्य है। उनका उत्तर आश्चर्यजनक था। उन्होंने केवल उन्हीं तीन दो मंजिला स्कूलों को उड़ाया जहाँ पुलिस ने कैंप लगाया और उनकी गतिविधियों में रुकावट पैदा की। मेरे जांच करने पर यह बात सच पाई गई। मैंने उन लोगों को उत्साहित किया कि सरकार सामाजिक कुरीतियों और साक्षरता के लिए इतना बड़ा प्रयास कर रही है। फिर उन लोगों ने कहा कि आप हमें अपना नारा दीजिये हम दीवारों पर लिखवा देंगे और उन्होंने ऐसा किया भी। एक बार नक्सलवाद पर केंद्र सरकार द्वारा उच्चस्तरीय बैठक आहूत की गई, जिसमें छत्तीसगढ़, झारखंड, बिहार, आंध्रप्रदेश और उड़ीसा के मुख्य सचिव और डी.जी. पी. को बुलाया गया था। उस समय मैं बिहार का मुख्य सचिव था। बैठक में बहुत देर से यह बात होती रही कि नक्सलवाद से लड़ने के लिए सशस्त्र बल की संख्या बढ़ाई जाये। उनके अस्त्र-शस्त्र और उपकरण बेहतर किये जायें। नक्सलवादियों से लड़ने के लिए दिये जाने वाले बजट में पर्याप्त वृद्धि की जाये। मैं काफी देर तक यह सब सुनता रहा। अंत में मुझे गुस्सा आ गया और मैंने कहा कि यह तरीका ठीक नहीं है। ये नक्सली लोग अपने देश के ही लोग हैं, जो किन्हीं कारणों से दिग्भ्रमित हैं और उन्हें मुख्यधारा में लाने का कार्य सरकार का ही है। नक्सलवाद के नाम पर जितनी फौज और राशि बढ़ाई जा रही है, उससे इस समस्या का समाधान नहीं होगा। समस्या का समाधान उस नक्सल प्रभावित क्षेत्र के विकास और रोजगार की उपलब्धता से होगा। अगर सरकार नक्सलियों को मार भगाना चाहती है तो उसे ऐसे किसी अंतर्राष्ट्रीय संगठन से बात करनी चाहिए, जो आयेंगे और कम राशि लेकर इन कुछ हजार नक्सली नेताओं का दो-तीन महीने में खात्मा कर देंगे। इस पर होने वाला खर्च फौज बढ़ाने, नये-नये अस्त्र-शस्त्र, उपकरण खरीदने से काफी कम होगा। बैठक में उपलब्ध अन्य लोग

चकित थे। बैठक की अध्यक्षता कर रहे पदाधिकारी के पास इसका ठोस उत्तर नहीं था। उन्होंने यह कहकर बैठक समाप्त कर दी कि नक्सलवाद से निबटने के लिए लोगों के अलग-अलग विचार हैं।

देश के विभिन्न राज्य जब केंद्र से अपने विकास के लिए संघर्ष कर रहे थे, नीतियाँ बना रहे थे, उस समय बिहार आर्थिक असमानता और जात-पांत का एक गढ़ बन रहा था। बिहार हिंदी प्रदेश के केंद्र में अवस्थित आजादी के बाद से केंद्रीय सरकारों का समर्थक राज्य रहा है। बिहार ने कभी भी पंजाब, असम और दक्षिण राज्यों की तरह अपने विकास के लिए केंद्र पर कभी बड़ा दबाव नहीं बनाया। हालांकि इस राज्य से बड़ी संख्या में सांसद चुने जाते रहे हैं। केंद्र सरकार की नीतियाँ भी बिहार के विकास में सहायक नहीं रही हैं। बिहार के पास खनिज संपदा तो थी लेकिन केंद्र सरकार के फ्रेट इक्वलाइजेशन पॉलिसी के कारण उन संपदाओं का विशेष लाभ नहीं मिला। यह राज्य एक फ्यूडल राज्य भी रहा, जहाँ समाज और राजनीति में उच्च जातियों का वर्चस्व था। नब्बे प्रतिशत से ज्यादा जमीन दस प्रतिशत लोगों के पास थी, इसलिए भू-संसाधन का भी पूरा उपयोग नहीं हो पाया। लगभग पचास वर्षों तक बिहार में बहुत कम कल-कारखाने लगे और औद्योगिक नगर स्थापित हुये।

बिहार मूलतः कृषि पर आधारित राज्य है। बिहार के लोग रोजगार की तलाश में राज्य के बाहर जाते रहे। वर्ष 1990 के बाद स्थितियाँ और बिगड़ी। पिछड़े वर्ग के लोगों में जागरूकता जरूर आई और उच्च वर्ग के लोगों का सामाजिक, आर्थिक एवं राजनैतिक वर्चस्व काफी हद तक घटा, लेकिन विधि व्यवस्था धीरे-धीरे चौपट हो गई। अपराध काफी बढ़ने लगे। लोगों को पैसों के लिए फिरौती आम बात हो गई और रोजगार की कमी के कारण पलायन भी बढ़ गया। शिक्षा और स्वास्थ्य की स्थिति भी काफी खराब हो गई, क्योंकि लंबे समय तक विश्वविद्यालय एवं विद्यालयों में शिक्षकों की नियुक्ति नहीं हुई। चिकित्सकों के अभाव में सरकारी अस्पताल अपना दायित्व नहीं निभा पा रहे थे। किसानों को अपने उत्पाद का सही मूल्य नहीं मिल पा रहा था, क्योंकि वे अपने उत्पाद को बाजार में नहीं पहुँचा पा रहे थे। स्थिति तो तब और बुरी हो गई, जब झारखंड बिहार से अलग हुआ। बिहार के धनी लोगों के पास जो संपत्ति थी,

वो देश के अन्य महानगरों में निवेश कर रहे थे। सड़कों में गड्ढे इतने होते थे कि छोटी दूरी तय करने में भी घंटों लगते थे। राज्य में एक निराशा का माहौल था। सरकारी तंत्र भय से आक्रांत था। वह किसी तरह बिना कुछ किये अपनी नौकरी बचाये रखना चाहता था। राजनीति में भी दबंगों एवं गुंडों का बोलबाला था। ऐसी परिस्थितियों में बिहार के पदाधिकारी ज्यादा से ज्यादा बिहार से बाहर प्रतिनियुक्ति पर जाना चाहते थे और दिल्ली या अन्य महानगर में जमीन या फ्लैट खरीद रहे थे, ताकि सेवानिवृत्ति के बाद वे ऐसी जगह पर बस सके, जहाँ आधुनिक सुविधाएँ हों।

इसी अवधि में मैं भारत सरकार में केंद्रीय प्रतिनियुक्ति के दौरान अपने दोस्तों के कहने पर दिल्ली के आस-पास जमीन की तलाश करने लगा, जहाँ सेवानिवृत्ति के बाद एक साथ बसा जा सके। हमने दिल्ली से चालीस किलोमीटर दूर गौतम बुद्ध नगर जिले में दादरी थर्मल प्लांट के पास जमीन देखी। यह जमीन गंगा नहर के बगल में थी। मेरे पैंतीस-चालीस दोस्तों ने दो-दो लाख रुपये में एक हजार गज जमीन खरीदी। आइडिया यह था कि सेवानिवृत्ति के बाद एक साथ गाँव की तरह रहा जाये, जहाँ लोग एक-दूसरे को अच्छी तरह जानते हों। इन दोस्तों में भारतीय प्रशासनिक सेवा के पदाधिकारी के अलावा पुलिस पदाधिकारी, व्यवसायी, विधायक, किसान आदि सभी प्रकार के लोग थे और जातियाँ भी अलग-अलग थीं। यह जगह काफी अच्छी थी और दिल्ली से दूर भी नहीं थी। मैं वहाँ सेवानिवृत्ति के बाद पौधों की एक अच्छी नर्सरी खोलना चाहता था।

लेकिन इसी बीच राज्य में विधि व्यवस्था एवं भौतिक संरचनाओं का काफी विकास हुआ। बिहार और बिहार के बाहर के लोग बिहार में निवेश करने लगे। बिजली की स्थिति भी काफी अच्छी हो गई। सड़कों का जाल गाँव-गाँव फैल गया। इस कारण, दिल्ली के दादरी थर्मल प्लांट के बगल में बसने का इरादा टल गया। अधिकांश मित्रों के लिए खरीदी गई जमीन एक निवेश बन गई।

वर्ष 2006 में बिहार से झारखंड के अलग होने के बाद बिहार के विकास का जो रास्ता बचा, वह शिक्षा, कृषि आधारित उद्योग, पर्यटन आदि पर आधारित हो गया। बिहार को सॉफ्ट स्टेट के रूप में विकसित करने की रणनीति बनी। बिहार

के गौरव को राष्ट्रीय एवं अंतर्राष्ट्रीय स्तर पर स्थापित करना आवश्यक था, ताकि इस गौरवपूर्ण इतिहास के कला, संस्कृति एवं इतिहास से पूरी दुनिया को अवगत कराया जा सके। यद्यपि बिहार के पटना में एक आकर्षक भवन में पटना संग्रहालय स्थापित था और कुछ जिलों में सरकार के प्रयास से जिलास्तरीय संग्रहालय भी बनाये गये थे। इन संग्रहालयों में विश्व प्रसिद्ध कलाकृतियाँ तो थीं, लेकिन उनका प्रबंधन एवं रख-रखाव ठीक ढंग से नहीं हो पा रहा था। पटना संग्रहालय में जितनी कलाकृतियाँ थीं, उनका जगह के अभाव के कारण प्रदर्शन भी संभव नहीं था। पटना संग्रहालय के स्टोर में पड़ी कलाकृतियों को दिखलाने के लिए दो अतिरिक्त गैलरी बनाने का प्रस्ताव आया।

मुख्यमंत्री ने पटना संग्रहालय के भ्रमण के दौरान यह कहा कि जिस स्तर की कलाकृतियाँ हैं, उस स्तर की जगह और व्यवस्था होनी चाहिए। इसके लिए एक भव्य संग्रहालय की आवश्यकता होगी, जहाँ इन प्रदर्शों को विश्वस्तरीय एवं आधुनिक ढंग से प्रदर्शित किया जा सके। साथ ही पटना संग्रहालय को अलग से विकसित किया जाये। दोनों संग्रहालय मिलकर बिहार की धरोहर, संस्कृति और इतिहास का पूर्ण चित्र प्रस्तुत करें।

बिहार के पास अद्वितीय कलाकृतियाँ थी, जिनका संधारण और प्रदर्शन पटना संग्रहालय में उचित रूप से नहीं हो पा रहा था। इसी पृष्ठभूमि में अंतर्राष्ट्रीय स्तर के बिहार संग्रहालय के निर्माण का निर्णय लिया गया। बिहार संग्रहालय में सबसे प्रसिद्ध कलाकृत्ति यक्षिणी की मूर्ति है, जो अपने सौंदर्य में देश ही नहीं बल्कि दुनिया में जानी जाती है। इस मूर्ति के पाये जाने की भी कहानी अजीब है। यह मूर्ति पटना साहिब के पटना सिटी एरिया में गंगा नदी के किनारे पड़ी हुई थी। उसकी पीठ पर धोबी कपड़े धोते थे। बाद में पास में खेल रहे बच्चे को सांप दिखाई पड़ा, अतः बच्चों ने इस मूर्ति को उलटकर सीधा किया, तो यह स्त्री की आदमकद प्रतिमा थी। बाद में इसे संग्रहालय में लाया गया और यह विश्व प्रसिद्ध हुई। बिहार संग्रहालय में प्राचीन काल की टेराकोटा की अद्‌भुत लघु प्रतिमाएं हैं। उन प्रतिमाओं में स्त्रियों के केस विन्यास एवं श्रृंगार अद्वितीय है। बिहार में हुई खुदाई से प्राप्त हंसते लड़के-लड़कियों की दो

प्रतिमा भी काफी प्रसिद्ध हैं। बिहार संग्रहालय में संग्रहित कुर्किहार ब्रॉन्ज की प्रतिमाएं भी दुनिया में प्रसिद्ध हैं। बिहार के कुर्किहार नामक स्थान से प्राप्त ये प्रतिमाएं दुनिया में जानी जाती हैं। भगवान बुद्ध एवं हिंदू धर्म की देवी-देवताओं के अनगिनत प्राचीन प्रस्तर एवं धातु की प्रतिमाएं बताती हैं कि बिहार कैसे कला के मामले में प्राचीनकाल से काफी संपन्न रहा है।

पटना की हृदयस्थली में पटना उच्च न्यायालय के बगल में जहाँ मंत्रियों के पाँच आवास थे, उन्हें खाली कराकर लगभग चौदह एकड़ जमीन की व्यवस्था की गई। यह निर्णय हुआ कि पटना संग्रहालय से सभ्यता से 1740 ई0 तक की कलाकृतियाँ एवं प्रदर्श नये संग्रहालय में लाये जायें और उसके बाद के प्रदर्शों एवं कलाकृतियों को पटना संग्रहालय में प्रदर्शित किया जाये।

बिहार संग्रहालय और पटना संग्रहालय—दोनों संग्रहालयों को मिलाकर देखने पर पूरे बिहार का इतिहास समझा जा सकता है। यह भी निर्णय लिया गया कि इन दोनों संग्रहालयों को एक टनल से जोड़ दिया जाये और एक टिकट से ही दर्शक दोनों संग्रहालय को देख सकें और संग्रहालयों के बीच बने इस टनल से आएँ-जाएँ। टनल को भी एक कलाकृत्ति के रूप में विकसित करने का निर्णय लिया गया है, जिस पर कार्य प्रारंभ है।

विश्वस्तरीय आधुनिक संग्रहालय का निर्माण एक बहुत बड़ी चुनौती थी, क्योंकि भारत के अधिकांश संग्रहालय या तो राजा महाराजाओं के व्यक्तिगत संग्रह थे या अंग्रेजों द्वारा बनाये गये संग्रहालय थे। निजी क्षेत्र में कुछ संग्रहालय बने थे, लेकिन उनकी संख्या काफी कम थी। ये छोटे भी थे। भारत सभ्यता, कला, संस्कृति आदि के लिए विश्व प्रसिद्ध रहा है। लेकिन देश की आजादी के बाद न तो केंद्र सरकार या किसी राज्य सरकार ने एक आधुनिक संग्रहालय का निर्माण किया।

इस पृष्ठभूमि में विश्वस्तरीय संग्रहालय बनाने के लिए आवश्यक था कि पहले कुछ विश्वस्तरीय संग्रहालय को देखा जाये। ऐसी संस्था का चयन किया जाये, जिसे विश्वस्तरीय संग्रहालय की स्थापना का अनुभव हो। विश्व प्रसिद्ध लॉर्ड कल्चरल रिसोर्सेस, कनाडा को बिहार संग्रहालय का कन्सेप्ट कंसल्टेंट नियुक्त किया गया। मैं

शिक्षा विभाग के प्रधान सचिव के पद पर कार्यरत था, फिर भी मुझे बिहार संग्रहालय के निर्माण के लिए नोडल पदाधिकारी बनाया गया। उसी अधिसूचना में यह भी कहा गया कि मैं जिस किसी पद पर जाऊँ, बिहार संग्रहालय के नोडल पदाधिकारी का कार्य उस पद के साथ-साथ करता रहूँ। बाद में सरकार ने मुझे संग्रहालय का महानिदेशक बनाया।

जब बिहार संग्रहालय के निर्माण की बात शुरू हुई, तो इसके लिए जमीन आदि की व्यवस्था की जाने लगी, तभी शहर के कुछ बुद्धिजीवियों एवं अर्थशास्त्रियों ने यह प्रश्न उठाया कि बिहार एक गरीब राज्य है और लगभग पाँच सौ करोड़ की राशि संग्रहालय के निर्माण में खर्च नहीं की जानी चाहिए। बिहार को यह राशि सड़कों, विद्यालयों एवं अन्य आधारभूत संरचना के निर्माण पर, पूर्व के निर्मित संग्रहालयों एवं प्रमुख स्थलों के विकास पर खर्च करना चाहिए। हमें यह तर्क मान्य नहीं था क्योंकि बिहार सरकार के प्राथमिकता में पहले से शिक्षा, स्वास्थ्य, आधारभूत संरचना का निर्माण पर्यटक स्थलों का विकास तो था ही, लेकिन एक ऐसे ठोस और महत्वाकांक्षी कदम उठाने की आवश्यकता थी, जिससे बिहार का सांस्कृतिक गौरव लौटे एवं युवा पीढ़ी के लोग अपनी गौरवशाली इतिहास को जान सके और उससे प्रेरित हो सके।

जब बिहार संग्रहालय के निर्माण के लिए भूमि उपलब्धता के लिए पहलकदमी होने लगी, तब पटना उच्च न्यायालय में इससे संबंधित कई वाद दायर हुए, जिसके निस्तार में वर्षों का समय लगा। मैंने इस मामले में माननीय पटना उच्च न्यायालय में यह तर्क दिया कि राज्य की चुनी हुई सरकार को अपने विकास का रास्ता चुनने और योजनाओं को स्वीकृत करने का अधिकार है।

बिहार संग्रहालय अंतर्राष्ट्रीय मानकों पर नव संग्रहालय विज्ञान के अनुरूप बनना था। अतः इसके लिए अंतर्राष्ट्रीय निविदा कर लॉर्ड कल्चरल रिर्सोसेज को मुख्य योजना परामर्शी बनाया गया। प्रस्तावित अंतर्राष्ट्रीय स्तर के संग्रहालय के भवन डिजाइन के लिए राष्ट्रीय एवं अंतर्राष्ट्रीय वास्तुविदों को आमंत्रित किया गया। वास्तुविद के चयन के लिए एक अंतर्राष्ट्रीय जूरी बनाई गई। श्री मार्टिन, निदेशक, विक्टोरिया एवं अल्बर्ट संग्रहालय लंदन, श्रीमती हेनेगन, आयरलैंड, अंतर्राष्ट्रीय स्तर

के मूर्तिकार/चित्रकार श्री सुबोध गुप्ता, श्री नीलकंठ छाया स्कूल ऑफ आर्किटेक्चर अहमदाबाद तथा श्री तन्मय तथागत, एनवायरनमेंट सॉल्यूशन को जूरी का सदस्य बनाया गया।

जिन पाँच डिजाइन फर्मों का प्रस्तुतिकरण हुआ उनमें सबसे अधिक तकनीकी अंक लंदन के फर्म *फ़ॉस्टर्स* को मिला। लेकिन तकनीकी और वित्तीय वीड्स जोड़ने पर *माकी एंड एसोसियट* को सर्वश्रेष्ठ वीड घोषित किया गया।

बिहार संग्रहालय के निर्माण के लिए जो डिजाइन आये थे, वे एक से बढ़कर एक थे और सभी अंतर्राष्ट्रीय स्तर के विश्व के प्रमुख वास्तुविद द्वारा बनाये गये थे। *फॉस्टर एंड पार्ट्नर्स*, जिन्होंने *बिट्रिश म्यूजियम* के लिए ग्रेट कोर्ट का निर्माण किया था, के द्वारा बिहार संग्रहालय का डिजाइन बनाया गया था, वह काफी फ्यूचरिस्टिक था। छत की बनावट सैकड़ों अंडों की ट्रे जैसी बनाई गई थी, इसे सर्वाधिक तकनीकी अंक भी मिले थे। लेकिन मेरा प्रश्न यह था कि हमारे दर्शकों को छत देखने के लिए हेलीकॉप्टर की व्यवस्था करनी होगी। अगल-बगल के भवन भी इतने ऊँचे नहीं हैं, जिससे लोग इसका आनंद उठा पाएंगे। दूसरी इटैलिक का डिजाइन हमें अपने गौरवशाली धरोहर नालंदा विश्वविद्यालय की याद दिलाता है। पूरा भवन परिसर इसी स्टाइल में डिजाइन किया गया है। भवन काफी ऊँचा नहीं होने के कारण डरावना नहीं, बल्कि आमंत्रित करने वाला प्रतीत होता है। भवन के डिजाइन की सादगी से हम बहुत प्रभावित थे। इन डिजाइन में पटना की एक बहुत बड़ी समस्या का भी निराकरण किया गया था। पटना में ध्वनि प्रदूषण बहुत ज्यादा है। लेकिन संग्रहालय में जाते ही शांति और सुकून मिलता है, क्योंकि संग्रहालय परिसर में सात बड़े-बड़े आंगन बनाये गये हैं। आधुनिक भवनों की तरह चारों तरफ से बंद कर वातानुकूलित नहीं किया गया है, बल्कि प्राकृतिक हवा और रौशनी का भरपूर उपयोग किया गया है। जब सर्वसम्मति से जापान के *माकी* के डिजाइन का चयन हो गया, तो हम लोगों इन डिजाइनों को मुख्यमंत्री के समक्ष रखा और उन्हें भी डिजाइनों के मॉडलों में से एक चुनने को कहा गया और उन्होंने भी *माकी एंड एसोसियट* के डिजाइन को सुंदर एवं आकर्षक पाया।

विश्व प्रसिद्ध आधुनिक संग्रहालयों के अध्ययन से स्पष्ट हुआ कि आज के संग्रहालय कला एवं संस्कृति के केंद्र के रूप में स्थापित किये जाते हैं। पहले की तरह मूर्तियों एवं अन्य कलाकृतियों का केवल संधारण एवं प्रदर्शन आज के संग्रहालय का उद्देश्य नहीं हो सकता। आधुनिक संग्रहालय को जहाँ एक ओर राज्य के गौरवशाली अतीत को दिखाना है, वहीं उन्हें समसामयिक कला, लोक कला आदि से भी परिचित कराना है, इसलिए युवाओं एवं बच्चों के लिए विशेष व्यवस्था की आवश्यकता होगी। यहाँ तक कि संग्रहालय के रेस्तरां को भी बिहारी व्यंजनों का रेस्तरां बनाने की योजना बनी। संग्रहालय को एक सांस्कृतिक केंद्र के रूप में विकसित करना था। इसलिए यह निर्णय लिया गया कि संग्रहालय में रेस्तरां, म्यूजियम शॉप, ऑडिटोरियम एवं बहुद्देशीय सभागार को 10 बजे रात तक खोला जाये, ताकि वहाँ विभिन्न तरह के गीत, संगीत, नृत्य, साहित्य आदि के कार्यक्रम हो सकें। संग्रहालय को सांस्कृतिक केंद्र बनाया जा सके।

संग्रहालय के निर्माण का कार्य *लार्सन एवं ट्यूब्रो* कंपनी को मिला। संग्रहालय का डिजाइन ऐसा था, जो लोगों को आमंत्रित करता था। पटना शहर की सुंदरता को बढ़ाता था। एक बहुत बड़ा कई मंजिला भव्य भवन बनाने की बजाय ऐसा भवन बनाने की योजना थी, जो लोगों को नया एवं सुंदर तो लगे, लेकिन उसे अपने आकार से नहीं डराये। बिहार संग्रहालय के वास्तुविद *माकी* ने अंतर्राष्ट्रीय स्तर का भवन डिजाइन तो किया ही, उन्होंने सामग्रियों की गुणवत्ता सुनिश्चित करने का कार्य भी किया। उन्होंने इसमें रत्ती भर समझौता नहीं किया, भले ही समय ज्यादा लगा। पूरे संग्रहालय के निर्माण के लिए पाँच सौ करोड़ रुपये का प्रावधान था, जिसमें लगभग तीन सौ करोड़ भवन में लगना था और दो सौ करोड़ आतंरिक संरचनाओं में। आंतरिक संरचनाओं के निर्माण के लिए सिंगापुर की अंतर्राष्ट्रीय कंपनियों को लिया गया, जिन्हें इस तरह के संग्रहालय में कार्य करने का अनुभव था।

बिहार संग्रहालय निर्मित होते ही देश और दुनिया में प्रसिद्ध हो गया। इसे कला के क्षेत्र का दो राष्ट्रीय पुरस्कार—*इंडिया टुडे पुरस्कार*, *सीमा आर्ट अवार्ड* प्राप्त हुआ। इसके भवन के लिए देश के जो भी पुरस्कार हैं, सभी मिले। अंतर्राष्ट्रीय स्तर पर भी

इस संग्रहालय को ब्रांड बिल्डिंग के सर्वश्रेष्ठ पुरस्कार मिले। आज बिहार संग्रहालय पटना और बिहार की पहचान बन गया है। यहाँ औसतन एक हजार से ज्यादा लोग बिहार संग्रहालय रोज देखने आते हैं और इस संग्रहालय का आनंद लेते हैं। ये लोग संग्रहालय में बार-बार आएँ, इसलिए विभिन्न प्रकार की गतिविधियों जैसे प्रदर्शनी, व्याख्यान, कला कैंप, गीत-संगीत के कार्यक्रम आदि लगातार आयोजित किये जाते हैं।

बिहार संग्रहालय के बन जाने से कई अन्य राज्यों पर भी ऐसा ही अंतर्राष्ट्रीय स्तर का संग्रहालय बनाने हेतु दबाव पड़ने लगे। कई राज्यों ने अपने-अपने प्रतिनिधि भेजकर टेंडर के प्रोसेस तथा इसके कार्यों को समझने की कोशिश की।

बिहार संग्रहालय के निर्माण के पूर्व मैं विश्व के महत्वपूर्ण संग्रहालयों को देखने गया। इन अंतर्राष्ट्रीय संग्रहालयों को देखने में हमारे बिहार संग्रहालय के कन्सेप्ट कंसल्टेंट लॉर्ड कल्चरल रिसोर्सेस का सहयोग था। इस कारण अधिकांश संग्रहालयों में उनके निदेशकों, क्यूरेटर्स आदि को विस्तार से जान सका। उनसे बहुत कुछ सीखा। बहुत सारे सवाल थे। जैसे—दुनिया के संग्रहालयों में दर्शकों की संख्या क्यों कम हो रही है? आधुनिक युग के संग्रहालयों में क्या परिवर्तन आवश्यक है? अधिकांश संग्रहालयों को आर्थिक संसाधन की कमी क्यों हो रही है? संग्रहालयों को कैसे एक सांस्कृतिक केंद्र में परिणत किया जा सकता है? लोग बार-बार संग्रहालय क्यों आये? संग्रहालयों को पर्यटन का मुख्य आकर्षण कैसे बनाया जा सकता है?

संग्रहालय देखने की शुरुआत न्यूयॉर्क से हुई, जहाँ मैंने मुख्य रूप से *मेट्रोपोलिटन म्यूजियम*, *म्यूजियम ऑफ मॉडर्न आर्ट* एवं *गुगेनहाइम म्यूजियम* देखे। पेरिस में *लूव्र*, *पैपीदा सेंटर*, *मूसे द ओरसे* आदि संग्रहालयों को देखा। सैन फ्रांसिस्को में *सैन फ्रांसिस्को म्यूजियम ऑफ मॉडर्न आर्ट*, *एशियन आर्ट म्यूजियम*, *म्यूजियम ऑफ अफ्रिकन डायस्पोरा* आदि संग्रहालयों को देखा। जापान में *टोकियो नेशनल म्यूजियम*, *नेशनल म्यूजियम ऑफ टोकियो*, *हिरोशिमा पीस म्यूजियम*, *नारा म्यूजियम* आदि का अध्ययन किया। ग्रेट ब्रिटेन में *ब्रिटिश म्यूजियम*, *विक्टोरिया एंड अल्बर्ट म्यूजियम*,

नेशनल गैलेरी, टेट म्यूजियम आदि संग्रहालयों को देखा। इन सभी संग्रहालयों को देखने से बहुत-सी नई बातें स्पष्ट हुई।

ऊपर अंकित कोई भी संग्रहालय केवल कलाकृत्तियों का भौतिक संग्रह नहीं है। उनमें अधिकांश अपने शहर, देश और विश्व के लिए कला के केंद्र बन गये हैं। यहाँ कला आधारित विभिन्न तरह की गतिविधियाँ होती हैं। संग्रहालयों में कलाकृतियों के प्रदर्शन में परिवर्तन किया जाता है। विभिन्न प्रकार की प्रदर्शनी आयोजित की जाती है। एक-दूसरे संग्रहालयों से आपस में कलाकृतियों का आदान-प्रदान किया जाता है। लगभग अधिकांश संग्रहालय युवा एवं बच्चों का खास ख्याल करते हैं। इन संग्रहालयों में रिसर्च एवं एजुकेशन का काम बड़े रूप में किया जाता है। सभी संग्रहालयों में दर्शकों के अनुभव को आनंददायक बनाने के लिए विभिन्न तरह के

उपाय किये गये हैं। अधिकांश संग्रहालयों ने अपने परिसर को ऐसा बना लिया है कि विशेष आवश्यकता वाले व्यक्तियों के लिए संग्रहालय देखने में कोई दिक्कत न हो।

कुछ संग्रहालयों में तो इतने दर्शक जाते हैं कि प्रवेश टिकट की आय ही संग्रहालय के संचालन के लिए पर्याप्त हो जाती है। पेरिस में *लूव्र म्यूजियम* में जाने वाले लोगों की संख्या कई लाखों में होती है। स्पेन का एक शहर विलवाओ, जो आर्थिक मंदी से गुजर रहा था, वहाँ एक नये म्यूजियम बन जाने के कारण उस पूरे शहर की स्थिति बदल गई और वहाँ पर्यटन का बड़ा विकास हुआ।

आज के संग्रहालय में दर्शकों को विविधता देनी होती हैं। कई लोग संग्रहालय की कलाकृतियाँ देखना चाहते हैं। कई वहाँ जाकर रिसर्च करना चाहते हैं। कई संग्रहालय की दुकान से गिफ्ट खरीदना चाहते हैं। कुछ लोग संग्रहालय के रेस्तरां में भोजन करना चाहते हैं। कुछ लोग संग्रहालय में लगे नये-नये एक्जिविशन को देखते हैं। कुछ लोग संग्रहालय में आयोजित विभिन्न प्रकार के कला-संवादों में भाग लेने जाते हैं।

जब मैं भारत के संग्रहालयों एवं कला दीर्घाओं में प्रदर्शनी देखने जाता था, तो ज्यादातर एक्जिविशन एक-दो सप्ताह के लिए लगते थे। एक्जिविशन स्थल पर पूर्व से एक निर्धारित रौशनी एवं दीवारों की व्यवस्था होती है, जिसमें कलाकृतियों को दिखाया जाता है। इन अंतर्राष्ट्रीय संग्रहालयों में प्रदर्शनी के लिए काफी बड़ी जगह होती है, जिसमें वर्ष में तीन-चार प्रदर्शनियाँ ही लगाई जाती हैं। प्रत्येक प्रदर्शनी तीन-चार महीने के लिए होती है, ताकि लोग सुविधानुसार प्रदर्शनी का आनंद ले सकें। प्रदर्शनी के लिए पूरी तैयारी होती है। कलाकृतियों को कैसे प्रदर्शित किया जाये, दर्शकों की गतिविधि कैसी होगी, यह सब पहले निर्धारित किया जाता है। तब कलाकृतियाँ लगाई जाती हैं। मैं तो इन संग्रहालयों में यह देखकर चकित हो गया कि जो कलाकृतियाँ कागज या टेक्सटाइल पर बनी होती हैं, उन्हें इनडायरेक्ट और डिफ्यूज लाइट में दिखाया जाता है। इन कलाकृतियों पर सीधे रौशनी नहीं डाली जाती है। अगर किसी एक कलाकृति को हाईलाइट करना होता है, तो उसके लिए विशेष रौशनी की व्यवस्था की जाती है। दर्शक पूरा आनंद ले सकें, इसलिए

ओडियो गाइड, सिलेक्टेड साउंड सिस्टम एवं विभिन्न तरह के एप्प का सहयोग लिया जाता है।

मुझे यह जानकर भी आश्चर्य हुआ कि कागज या टेक्सटाइल पर बनी कलाकृतियाँ छह महीने से ज्यादा लगातार प्रदर्शित नहीं होतीं। छह महीने के बाद उन्हें छह महीने तक अंधेरे स्थान में विश्राम दिया जाता है। विभिन्न कलाकृतियों की गुणवत्ता को समय-समय पर जाँचने की भी व्यवस्था होती है। पुरानी कलाकृतियों की मरम्मत करने के भी विशेषज्ञ होते है। विकसित देशों में अवस्थित अधिकांश संग्रहालय बड़े व्यावसायिक घरानों के सहयोग से चलते हैं। उनका प्रबंधन स्वायत्त होता है। इन संग्रहालयों से जो सीखा, उनका उपयोग बिहार संग्रहालय में किया गया और एक आधुनिक अंतर्राष्ट्रीय संग्रहालय बनाया गया।

बिहार में सार्वजनिक स्थलों पर कलाकृतियों को लगाने की परंपरा नहीं थी। अधिकांश सार्वजनिक स्थलों एवं चौराहों पर नेताओं की मूर्तियाँ लगती थीं। मैं बिहार म्यूजियम के निर्माण के क्रम में जब पेरिस, लंदन, न्यूयॉर्क आदि शहरों में अवस्थित संग्रहालयों को देखने गया, तब बड़ी संख्या में सार्वजनिक स्थलों पर आधुनिक कलाकृतियाँ देखीं। इन शहरों की दीवारों पर काफी ग्रेफिटी लिखी होती थी, जिसे वहाँ "स्ट्रीट आर्ट" कहा जाता था। चूँकि इन देशों में अभिव्यक्ति की स्वतंत्रता थी, इसलिए लोग अपनी बातों को दीवारों पर चित्र के माध्यम से प्रदर्शित करते। अधिकांश ऐसे कलाकार चोरी-छुपे ये काम करते।

मैंने सोचा कि क्यों ना अच्छी कलाकृतियों को सार्वजनिक स्थलों पर लगाया जाये। हम लोग पटना में पुराने सचिवालय के सामने बहते गंदे नाले को एक सुंदर पार्क में बदल रहे थे। हमने इस पार्क में चार-पाँच कलाकृतियों को लगाने का निर्णय लिया। मैं सर्वश्रेष्ठ कलाकारों से ही कलाकृतियाँ बनवाना चाहता था। इस क्रम में बिहार में पैदा हुये अंतर्राष्ट्रीय स्तर पर जाने-माने कलाकार सुबोध गुप्ता से संपर्क किया गया। सुबोध गुप्ता की कलाकृतियाँ देश के कई प्रमुख संग्रहकर्त्ताओं के पास तो थीं ही, कई अंतर्राष्ट्रीय संग्रहकर्त्ताओं ने भी इनसे काम लिए थे। दुनिया के कई संग्रहालयों में भी इनकी कलाकृतियाँ लगी थी। अंतर्राष्ट्रीय बाजार में इनके

स्कल्पचर दो-चार करोड़ रुपये में बिकते थे। मैंने सुबोध गुप्ता से कहा कि धनी व्यक्तियों के संग्रह में होना और संग्रहालय में होना एक बात है। लेकिन सार्वजनिक स्थल पर स्कल्पचर लगने की बात ही अलग है। दूसरी बात थी कि वे इतने प्रसिद्ध अंतर्राष्ट्रीय स्तर के कलाकार हो गये हैं, लेकिन बिहार जो उनकी जन्मभूमि है, में सब लोग उन्हें नहीं जानते हैं। मैंने यह भी बताया कि सरकार उनका अंतर्राष्ट्रीय मूल्य तो नहीं दे सकती। लेकिन मैं आश्वस्त करता हूँ कि लाखों लोग राजधानी पार्क में उनकी कलाकृति के साथ सेल्फी लेंगे और उनकी कलाकृति लाखों-करोड़ों घरों में पहुँचेगी। मैंने उनके अंतर्राष्ट्रीय मूल्य को देखते हुये, इस कार्य के लिए एक करोड़ रुपये देने का निर्णय लिया। अब सवाल था कि एक करोड़ रुपये में कलाकृति खरीदने का निर्णय कैसे हो।

ऐसी समस्या सरकार में बहुत आती थी, जब किसी कलाकार की कलाकृति लेनी हो या किसी कलाकार से कार्यक्रम कराना हो। सांस्कृतिक कार्यक्रमों के आयोजन में कलाकारों के मानदेय निर्धारित करने में बहुत समस्या आती थी। शिक्षा विभाग में सुबोध गुप्ता की कलाकृति के क्रय के लिए मंत्रिपरिषद से अनुमोदन प्राप्त कर एक समिति गठित की गई, जो मेरी अध्यक्षता में थी। उनके पूर्व की कलाकृतियों के मूल्यों का अध्ययन कर एक करोड़ रुपये में कलाकृति लगाने का निर्णय लिया। ऐसी ही समिति कलाकारों के मानदेय निर्धारण के लिए बाद में कला, संस्कृति एवं युवा विभाग में बनाई गई। राजधानी वाटिका में सुबोध गुप्ता, रजत घोष, संजीव सिन्हा एवं डियान हेगेन की कलाकृतियाँ लगाई गई। सुबोध गुप्ता की कलाकृति के लिए एक करोड़, श्री रजत घोष एवं श्री संजीव सिन्हा को अठारह लाख एवं डियान हेगेन को दस लाख रुपये दिये गए। इन कलाकारों में डियान हेगेन को छोड़कर सभी बिहारी मूल के थे। यह सब कार्य बिहार दिवस के सौवें वर्ष के अवसर पर आयोजित बिहार दिवस के बजट से किया गया।

मैंने संजीव सिन्हा एवं डियान हेगेन से बोधगया में बुद्धा इनलाइटेंड के कार्यक्रम के समय दो कलाकृत्तियाँ बनवाई थीं। उन्हें मैंने राजधानी वाटिका में लाकर लगाया। बुद्धा इनलाइटेंड के समय बनी कुछ कलाकृतियाँ गाँधी संग्रहालय एवं अन्य स्थलों पर

लगाई गई। जब ये कलाकृतियाँ पार्कों में लगीं, तो *टाइम्स ऑफ इंडिया* में एक लेख निकला कि राज्य सरकार संग्रहालय स्तर की कलाकृतियों को पार्कों में लगवा रही है। लोग इस पर नाम लिखेंगे और तोड़-फोड़ करेंगे। मेरा जवाब था कि लोगों को कला देखने की आदत लगनी चाहिए। मेरा विश्वास है कि लोग ऐसा कुछ नहीं करेंगे और हुआ भी ऐसा ही। राजधानी वाटिका में लगी एक कलाकृति संजीव सिन्हा की थी, जो एक बड़े अस्त्र-शस्त्र के मीनार के रूप में थी और उसके ऊपर शांति के प्रतीक के रूप में एक कबूतर बनाया गया था। कुछ लोगों ने इसकी भी आलोचना की कि लोगों को खासकर बच्चों को अस्त्र-शस्त्र और हिंसा दिखाई जा रही है। मेरा कहना था कि लोग उसके ऊपर बने कबूतर को भी देख रहे हैं, जो शांति का प्रतीक है। समाज में हिंसा तो है ही और अस्त्र-शस्त्र भी है, जिसे लोग रोज देखते हैं। फिर छुपाने से क्या फायदा।

पटना शहर के प्रमुख चौराहों पर बड़ी-बड़ी कलाकृतियों को लगाने का भी निर्णय हुआ। इसके लिए स्थानीय आर्ट कॉलेज में एक कार्यशाला आयोजित की गई। कार्यशाला में देश-विदेश के प्रमुख कलाकारों को आमंत्रित किया गया। कलाकृतियों के लिए जयपुर से गुलाबी संगमरमर मंगाये गये। इन कलाकारों ने पंद्रह दिनों में विभिन्न प्रकार की कलाकृतियों का निर्माण किया। मैंने हर बड़े कलाकार के साथ दो-तीन स्थानीय कलाकारों को भी लगाया था, ताकि वे बड़े कलाकारों को काम करते देख सकें और उनसे कुछ सीख सकें। बाद में, इन तैयार कलाकृतियों को पटना के प्रमुख चौराहों पर लगवाया गया। साथ ही ऊर्जा पार्क एवं अन्य पार्कों में भी प्रसिद्ध कलाकारों की कलाकृतियाँ लगीं।

मैंने विकसित देशों में देखा था कि वहाँ जब भी भवन बनाये जाते हैं, तब कुल लागत मूल्य से एक-दो प्रतिशत राशि कलाकृतियों पर खर्च की जाती है। इसकी पहली शुरुआत *कर्पूरी संग्रहालय* भवन से हुई। इस भवन में एक सुंदर गेट बनाया गया। वहाँ मिथिला के लोकनायकों की ब्रॉन्ज कलाकृति लगाई गई। मुख्यमंत्री आवास एवं मुख्यमंत्री कार्यालय में भी कलाकृतियाँ लगाई गईं। बिहार के आठ सीनियर कलाकारों का चयन कर उनसे कलाकृतियाँ तैयार करवाई गईं और ज्ञान भवन के प्रवेश द्वार में लगाई गईं। बिहार चंपारण सत्याग्रह का सौवाँ वर्ष 2017 ई. में मना

रहा था। उस वर्ष महात्मा गाँधी को केंद्र में रखकर देश के तीन प्रसिद्ध कलाकार श्री जतिन दास, श्री सिद्धार्थ एवं श्री ब्रह्मदेव पंडित से म्यूरल बनवाये गये। चालीस फीट ऊँची और बीस फीट चौड़ी यह कलाकृति, जो ज्ञान भवन में लगी है, वह दर्शकों को बहुत आकर्षित करती है। चंपारण सत्याग्रह के सौवें वर्ष के दौरान ही बिहार के उन प्रमुख स्थलों पर, जहाँ महात्मा गाँधी अपने बिहार दौरे के क्रम में आये थे, उन सभी जगहों पर या तो मूर्तियाँ लगाई गईं या म्यूरल बनवाये गये। बिहार के सपूत वीर कुंवर सिंह के विजयोत्सव के अवसर पर वीर कुंवर सिंह आजादी पार्क का निर्माण किया गया, जिसमें उनके जीवन से संबंधित म्यूरल्स बनवाये गये। बाबू वीर कुंवर सिंह अंग्रेजों से आजादी की लड़ाई के क्रम में जहाँ-जहाँ गये थे, उन चार प्रमुख स्थलों को चयनित कर विजय स्तंभ बनाये गये। लोगों को बिहार के इतिहास, देश की आजादी में बिहार की भूमिका, गुरु गोबिंद सिंह, वीर कुंवर सिंह आदि पर कई लेजर शो का निर्माण किया गया। इन लेजर शो को स्थाई रूप से पटना के विभिन्न स्थलों पर रोज दिखाया जाता है।

बोधगया, जो वर्ल्ड धरोहर साइट है, में एक खूबसूरत पार्क "माया सरोवर" के नाम से विकसित किया गया है। इसी परिसर में बुद्धा इनलाइटेंड के नाम से अंतर्राष्ट्रीय कैंपों का आयोजन विभिन्न वर्षों में किया गया। दुनिया के विभिन्न देशों से आये कलाकारों ने इन कैंपों में भाग लिया और कलाकृतियाँ बनाईं। ये सभी कलाकृतियाँ माया सरोवर में ही प्रदर्शित हैं। इन अंतर्राष्ट्रीय कलाकारों में मोना खातून जैसे विश्व प्रसिद्ध कलाकार ने भाग लिया और कलाकृति बनाई।

बिहार ने राज्य की कला एवं संस्कृति को दिखाने एवं गौरव को स्थापित करने के लिए लगभग दो हजार करोड़ से ज्यादा की राशि व्यय की। इसमें पटना के बिहार संग्रहालय के अलावा सम्राट अशोक कन्वेंशन केंद्र आदि की स्थापना की गई। राजगीर में भी एक अंतर्राष्ट्रीय स्तर का कन्वेंशन केंद्र बनाया गया, जहाँ दृश्य कला की एक गैलरी बनाई गई। पटना जंक्शन के सामने सेंट्रल जेल को हटाकर बुद्ध शांति स्तूप स्थापित किया गया और वहाँ खूबसूरत पार्क एवं संग्रहालय बनाया गया। भगवान बुद्ध पर एक बहुत बड़े संग्रहालय का निर्माण वैशाली में किया जा

रहा है। पटना में ही एक महत्वाकांक्षी बापू संग्रहालय बनाने की योजना है। पटना में ही अंतर्राष्ट्रीय स्तर का एक विज्ञान संग्रहालय बनाया जा रहा है। बोधगया, जो एक अंतर्राष्ट्रीय पर्यटन स्थल है, वहाँ काफी बड़ा अंतर्राष्ट्रीय स्तर का कन्वेंशन कॉम्प्लेक्स बनाया जा रहा है।

पटना में दुर्गापूजा के दौरान सांस्कृतिक कार्यक्रमों के आयोजन की पुरानी परंपरा थी। शहर के प्रमुख सड़कों-चौराहों पर विभिन्न दुर्गापूजा समितियों द्वारा माँ दुर्गा का पंडाल लगाया जाता था। सांस्कृतिक कार्यक्रम आयोजित किये जाते थे। ये सांस्कृतिक कार्यक्रम पूरी रात चलते थे। देश के बड़े-से-बड़े कलाकार पटना आते थे। देश में पटना के श्रोताओं एवं दर्शकों को कलाप्रेमी एवं कला की समझ वाला माना जाता था। मैंने बहुत सारे बड़े कलाकारों को यह कहते हुए सुना था कि उन्होंने अपने जीवनकाल में पटना की दुर्गापूजा के कई कार्यक्रमों में भाग लिया है और पटना में कार्यक्रम किये बिना कोई कलाकार अपने को पूरा नहीं मानता था।

यह पुरानी परंपरा धीरे-धीरे समाप्त होने लगी। दुर्गापूजा के पंडाल तो बनते थे, लेकिन इस अवसर पर होने वाले सांस्कृतिक कार्यक्रम धीरे-धीरे बंद हो गये। कारण निधि व्यवस्था की समस्या रही हो, या आयोजकों में उत्साह की कमी या मोहल्ले वालों की कम भागीदारी। राज्य सरकार ने निर्णय लिया कि इस परंपरा की शुरुआत की जानी चाहिए और इसका दायित्व कला, संस्कृति एवं युवा विभाग को मिला। निर्णय हुआ कि दो दिन के कार्यक्रम में देश के प्रमुख कलाकारों को आमंत्रित किया जाये और भव्य आयोजन किये जायें और अगले वर्षों से पूजा समितियाँ अपने मोहल्लों में पहले की तरह सांस्कृतिक कार्यक्रम आयोजित करें। राज्य सरकार आवश्यक आर्थिक सहयोग देगी। हमने कला विशेषज्ञों से विमर्श कर कलाकारों की सूची बनाई। देश के प्रमुख नृत्यकारों, वादकों एवं गायकों को आमंत्रित किया। एक ओर जहाँ भारतीय शास्त्रीय संगीत के कार्यक्रम रखे गये, वहीं दूसरी ओर ग़ज़ल, गीत, भजन एवं वाद्ययंत्रों के कार्यक्रम हुए।

पहली शाम के कार्यक्रम में, जो 7 बजे शाम को शुरू हुआ, उस शाम 11 बजे रात तक ज्यादा लोकप्रिय गीत एवं नृत्य के कार्यक्रम रखे गये एवं मध्यरात्रि के बाद

शास्त्रीय गीत-संगीत के कार्यक्रम। ऐसा लगा कि पूरा पटना गाँधी मैदान में उमड़ गया हो। लोगों ने बड़े उत्साह से कार्यक्रम का आनंद लिया। पहली रात का कार्यक्रम सुबह तक चला और मुख्यमंत्री सहित मंत्रीगण एवं प्रमुख जन प्रतिनिधि पूरी रात उपस्थित रहे। बिहार से कला, संस्कृति के क्षेत्र में प्रसिद्धि पाये सभी व्यक्ति जैसे श्री शत्रुघ्न सिन्हा, मनोज वाजपेयी, प्रकाश झा, शेखर सुमन, मनोज तिवारी आदि को आमंत्रित किया गया था। दूसरे दिन के कार्यक्रम में शास्त्रीय संगीत गायन एवं वादन के साथ-साथ लाइट म्यूजिक के कार्यक्रमों को एक-दूसरे के बाद रखा गया।

हमने देश की सुप्रसिद्ध गायिका किशोरी अमोनकर को भी आमंत्रित किया था। उनके ठहरने के लिए होटल मौर्या में जो सूट आरक्षित किया गया था, उसका कमरा संख्या उन्हें पसंद नहीं आया। तुरंत हमें कमरा नंबर बदलना पड़ा। जब वे रात 10 बजे गाँधी मैदान में कार्यक्रम के लिए आईं और उन्होंने रियाज शुरू किया, तो गाँधी मैदान में उपस्थित बड़ी संख्या में जनता को रास नहीं आया। एक गलती यह भी हो गई कि उद्घोषिका ने घोषणा कर दी थी कि उनके बाद भोजपुरी के प्रसिद्ध गायक मनोज तिवारी का गायन होगा। अधिकांश लोग किशोरी अमोनकर के शास्त्रीय गायन की बारीकियों को समझ नहीं पा रहे थे। इसलिए लोगों ने मनोज तिवारी को जल्दी मंच पर बुलाने के लिए नारे लगाने शुरू किये। हमें तुरंत समझ आ गया कि पहले दिन का निर्णय ठीक था और दूसरे दिन जो शास्त्रीय संगीत और लाइट म्यूजिक के कार्यक्रमों को मिक्स करने का निर्णय लिया गया, वह गलत था। खैर, किशोरी अमोनकर गुस्से में मंच से उतर गईं। हम सभी उनके पीछे दौड़े-दौड़े गये। श्री एन.के. सिंह, प्रकाश झा, मनोज वायजेयी, शत्रुघ्न सिन्हा एवं शेखर सुमन सहित सभी के मनाने पर उन्होंने कहा कि वे छोटे बंद स्थान पर सुबह 7 बजे कार्यक्रम करेंगी। गाँधी मैदान के सामने श्रीकृष्ण मेमोरियल हॉल को उनके गायन के लिए तैयार किया गया और सुबह उनका दो घंटे का शास्त्रीय गायन का अभूतपूर्व कार्यक्रम हुआ। यहाँ मंत्रमुग्ध होकर हजारों लोग उन्हें सुनते रहे। गाँधी मैदान के मंच पर एक दूसरे विख्यात तबला वादक एवं नृत्यांगना ने भी यह कह दिया था कि मांस और खीर को एक साथ नहीं परोसा जाना चाहिए। यही बात मेरे दिमाग में भी थी, इसलिए पहली रात मांस खाने वालों के लिए 12 बजे रात तक कार्यक्रम रखे गये थे और उसके बाद के कार्यक्रम खीर खाने वालों के लिए।

दुर्गापूजा का यह कार्यक्रम दोनों दिन पूरी रात तक चला और दर्शक एवं श्रोता हटने का नाम ही नहीं ले रहे थे। एक और अच्छी बात यह हुई कि पूरी रात न किसी की कोई चोरी हुई और न मार-पीट हुई और न कोई बच्चा खोया। अगले वर्ष की दुर्गापूजा में कुछ दुर्गापूजा समितियों को आर्थिक सहयोग देकर कार्यक्रम कराने का प्रयास किया गया, जो कुछ हद तक ही सफल हुआ।

2005 में जब नई सरकार आई तो बिहार के स्थापना दिवस को बिहार दिवस के रूप में मनाने का निर्णय लिया गया। सवाल था कि कौन-सी तारीख चुनी जाये। जिस दिन बंगाल को बिहार से अलग होने की अधिसूचना हुई थी या जिस दिन बिहार के गवर्नर ने अधिसूचना के आधार पर बिहार के गवर्नर के रूप में योगदान किया। काफी विचार-विमर्श के बाद यह तय हुआ कि बिहार दिवस प्रत्येक वर्ष 22 मार्च को मनाया जाये।

बिहार दिवस मनाने के पीछे की सोच यह थी कि बिहार के गौरव को पुनः स्थापित किया जाये। बिहार की प्रतिष्ठा को और बिहार को बढ़ाने के लिए एवं बिहार के एक राज्य के रूप में निर्माण को धूम-धाम से उत्सव रूप में मनाने के लिए बिहार दिवस का आयोजन हो। बिहार का गौरवशाली इतिहास रहा है। यह भगवान बुद्ध, महावीर एवं गुरु गोबिंद सिंह की धरती रही है। यहाँ नालंदा एवं विक्रमशीला जैसे विश्वप्रसिद्ध उच्च शिक्षा के संस्थान रहे हैं। बिहार की राजधानी पाटलिपुत्र पूरे देश की राजधानी रही है और उस समय यह देश, देश के वर्तमान स्वरूप से बड़ा था। यहाँ चंद्रगुप्त मौर्य एवं अशोक जैसे न्यायप्रिय शासक हुए, आर्यभट्ट जैसे गणितज्ञ हुए। बिहार के लोगों ने अपनी मेहनत से मॉरीशस, फिजी, ब्रिटिश गुयाना, सूरीनाम जैसे देशों का निर्माण किया। ऐसे स्वर्णिम इतिहास होते हुए बिहार की जो दुर्दशा हुई, वह चिंतनीय थी। बिहारी कहलाना दिल्ली एवं मुंबई में गाली हो गई थी। बिहार के सीधे-सादे लोगों और मजदूरों के कारण ही दिल्ली और मुंबई जैसे शहरों के कई श्रमसाध्य कार्य होते हैं। अगर वे किसी दिन वहाँ से हट जाये, तो ये शहर ठप्प हो जाये।

पहला बिहार दिवस वर्ष 2010 में अठानवे बिहार दिवस के रूप में प्रारंभ हुआ, जिसमें एक ओर बिहार के नये विकास की कहानी बताई गई, तो दूसरी ओर बिहार एवं देश से संबंधित सांस्कृतिक कार्यक्रमों का आयोजन हुआ। इस अवसर पर बिहारी व्यंजनों का मेला भी लगा। बिहार दिवस अठानवे एवं निन्यानवे उत्सव के रूप में काफी लोकप्रिय हुआ, जिसमें बिहार के लाखों लोगों ने भाग लिया।

बिहार दिवस के सौवें वर्ष को एक बहुत बड़े उत्सव के रूप में आयोजित करने की योजना बनी और निर्णय लिया गया कि यह आयोजन गाँवों, विद्यालयों, प्रखंडों, अनुमंडलों, जिलों, प्रमंडलों एवं राज्य स्तर पर पटना में आयोजित हो। बिहार के लोग बड़ी संख्या में देश के विभिन्न राज्यों एवं विदेश के कई देशों में रहते हैं। उनसे भी 22 मार्च को बिहार दिवस के आयोजन को उत्सव के रूप में आयोजित करने का अनुरोध किया गया। उस दिन विद्यालयों एवं गाँवों में साफ-सफाई की गई। बच्चों-बच्चियों ने प्रभात फेरी निकाली एवं प्रखंडों में सांस्कृतिक कार्यक्रम आयोजित हुए।

इस अवसर पर एक नया 'लोगो' बनाया गया, जो काफी लोकप्रिय हुआ और पूरी दुनिया में फैला। 'लोगो' का स्टीकर बनाकर लोगों ने अपनी कार, स्कूटर, मोटर साइकिल पर लगाया। सभी विद्यालयों की दीवार पर इसे अंकित किया गया। बिहार दिवस को यादगार बनाने के लिए राज्य सरकार ने एक राज्य गीत एवं राज्य प्रार्थना बनाने का निर्णय लिया, इसके लिए पूरे राज्य से लोगों को गीत एवं प्रार्थना लिखने के लिए आमंत्रित किया गया। हजारों प्रविष्टियाँ आईं और उसका अंतिम रूप से चयन माननीय मुख्यमंत्री ने स्वयं किया। फिर इस गीत और प्रार्थना के संगीत के लिए देश के प्रसिद्ध संगीतज्ञ हरि प्रसाद चौरसिया एवं पंडित शिव कुमार शर्मा का सहयोग लिया गया। गीत एवं प्रार्थना को आवाज प्रसिद्ध गायक उदित नारायण और अलका याज्ञनिक ने दी। बिहार के सौवें वर्ष में राज्य गीत पूरे राज्य में लोकप्रिय हुआ और इसे विभिन्न कार्यक्रमों के शुभारंभ में एवं अन्य अवसरों पर बजाया जाने लगा। राज्य के सभी विद्यालय में नवनिर्मित प्रार्थना से पढ़ाई शुरू करने का निर्णय लिया गया। सौवें बिहार दिवस के 'लोगो' एवं गीत का उपयोग कर अमेरिका, इंग्लैंड, जापान आदि देश में भी सौवें बिहार दिवस का आयोजन हुआ।

बिहार में आधुनिक सुविधाओं वाले खेल परिसर की कमी थी, इसलिए बिहार दिवस के अवसर पर एक नये खेल परिसर के निर्माण एवं उद्घाटन का निर्णय लिया गया। इस अवसर को अविस्मरणीय बनाने के लिए नवनिर्मित पाटलिपुत्र खेल परिसर में प्रथम विश्व कप महिला कबड्डी का आयोजन किया गया, जिसमें दर्जनों देश की राष्ट्रीय महिला कबड्डी टीमों ने भाग लिया। इस अवसर पर भारतीय वायु सेना के महिला पैराट्रूपर ने शानदार प्रदर्शन किया। इस प्रदर्शन में महिलाओं ने काफी ऊँचाई से हेलीकॉप्टर से कूद कर कई हैरतअंगेज दृश्य बनाये और राष्ट्रीय तिरंगा फहराया।

उत्सव में पूरा राज्य लगा था। राज्य के सभी स्तरों पर इसकी तैयारी की गई थी। जन सहयोग भी अभूतपूर्व था। यद्यपि इसके आयोजन का दायित्व शिक्षा विभाग का था, लेकिन सभी विभागों ने सहयोग किया और यह सफल आयोजन यादगार बन गया। तैयारी इतनी बड़ी थी कि हमारी शिक्षा विभाग की टीम जो दिन-रात काम कर रही थी, उनमें से कई बीमार भी हुए, यहाँ तक कि मुझे भी एक माइनर हार्ट अटैक हुआ। उसी समय सर्दी-खांसी भी बढ़ गई थी, लेकिन मैंने भी मन बना लिया था कि इलाज तो सौवें बिहार दिवस के आयोजन के बाद ही कराऊँगा। इलाज के लिए मैं दिल्ली गया, तब चिकित्सकों ने आश्चर्य किया कि दिल की एक नस लगभग पूरी तरह ब्लॉक हो जाने के बावजूद मैं कैसे काम करता रहा। हृदय की एक नस में एक स्टंट लगाया गया।

बिहार की काफी चर्चा बिहार की महिला सशक्तिकरण के कार्यों के लिए हुई। महिलाओं के लिए रोजगार एवं सामाजिक भागीदारी बढ़ाने के लिए उन्हें पंचायती राज संस्थाओं में पचास प्रतिशत का आरक्षण दिया गया, जो देश के किसी भी राज्य द्वारा महिलाओं को दिये गये आरक्षण में सबसे ज्यादा था। इसका तुरंत परिणाम यह हुआ कि पंचायती राज सरकार के जिला, प्रखंड एवं पंचायती स्तर पर निर्वाचित प्रतिनिधियों में आधे से अधिक संख्या महिलाओं की हो गई। सरकार के लगभग सभी कार्यक्रम में महिलाओं के प्रति एक सकारात्मक विचार रखा गया जैसे स्कूली बच्चों के लिए पोशाक एवं साइकिल योजना, जो पहले केवल लड़कियों के लिए शुरू की गई, बाद में सबको मिलने लगी। लड़कियों के जन्म होने पर, उनके आधार

कार्ड बनाने एवं उनके टीकाकरण होने पर उन्हें प्रोत्साहन राशि दी गई। महिलाओं को पुलिस एवं अन्य सरकारी सेवा में भी एक-तिहाई से ज्यादा का आरक्षण दिया गया। विद्यालय में शिक्षकों की नियुक्ति पर उन्हें पचास प्रतिशत आरक्षण मिला। इन सब से बिहार का माहौल बदला। महिलाएँ सरकारी एवं सामाजिक कार्यक्रम में ज्यादा दिखने लगीं और विकास के कार्यों में भी उनकी भागीदारी बढ़ी। ग्रामीण महिलाओं के सर्वांगीण विकास के लिए जीविका जैसी संस्था स्थापित की गई, जिसके केंद्र के द्वारा उनकी आर्थिक स्थिति एवं स्वास्थ्य में सुधार का लक्ष्य रखा गया। महिलाएँ बड़ी संख्या में स्व-रोजगार कर अपने परिवार का जीवन बेहतर करने लगी। एक बार मैं मुख्यमंत्री के साथ गया जिले के सुदूर गाँव में जीविका संगठन के कार्यक्रम में भाग ले रहा था। संगठन की कोषाध्यक्ष, जो एक अनपढ़ महिला थी, उसने हमें बैंक प्रणाली समझा दी। कैसे और किन कार्यों के लिए वे ऋण लेते हैं, कैसे सूद जोड़ा जाता है, कैसे राशि लौटाई जाती है और कैसे वे अपने संगठन के सदस्यों के आय-व्यय का हिसाब रखती हैं। हम लोग उसके ज्ञान को देखकर चकित थे। हमने यह भी पाया कि लगभग सभी बैंक इन जीविका संगठनों को उत्साहपूर्वक ऋण देते हैं, क्योंकि उनकी वापसी ससमय और काफी अच्छी होती है। धीरे-धीरे ग्रामीण क्षेत्रों में प्रति व्यक्ति आय बढ़ने लगी। लेकिन बढ़ती आय का एक अच्छा हिस्सा नशे में जाने लगा। यद्यपि देशी शराब दुकानों की संख्या ग्रामीण क्षेत्रों में नहीं बढ़ी, लेकिन उन दुकानदारों से गाँवों के लड़के मोटर साइकिल पर पाउच में देशी शराब ले जाते थे और अपने टोले-मोहल्ले में बेचते थे। इसलिए देशी शराब के लिए लोगों को दुकान नहीं जाना पड़ता था, बल्कि अपने गाँव में ही मिल जाती थी। अगर कोई व्यक्ति तीन सौ-चार सौ रुपये रोज कमा रहा हो, तो वह बीस रुपये की देशी शराब के तीन-चार पाउच आसानी से उस आय से पी सकता था। इस तरह देशी शराब का प्रचलन तेजी से बढ़ने लगा।

शराब पीकर घर लौटने के कारण घरेलू हिंसा की घटनाएँ भी बढ़ने लगीं। दूसरी तरफ यह भी हुआ कि सस्ते मूल्य पर एवं सुलभ होने के कारण गाँव के बच्चों में भी शराब की आदत बढ़ने लगी। अररिया के अंदरूनी क्षेत्र में जब मैं एक विकास योजना को देख रहा था तो मैंने पाया कि एक ईंट-भट्ठे पर पंद्रह-सोलह वर्ष के बच्चों द्वारा ट्रैक्टर पर ईंट लादी जा रही है। उन मजदूरों का ठेकेदार हर दो घंटे पर जग से एक-एक

गिलास तरल पदार्थ निकालकर सभी बच्चों को पीने के लिए देता था। पहले तो मैंने सोचा कि ठेकेदार कोई शरबत पिला रहा है, क्योंकि उसे पीते ही बच्चों के काम की गति तेज हो जाती। लेकिन बाद में पता चला कि वह शरबत नहीं, बल्कि देशी शराब पिलाता था।

माननीय मुख्यमंत्री की कई सभाओं में मंच से उतरते वक्त कुछ महिलाएँ मिलतीं और शराब बंद करने की अपील करतीं। ऐसी ही एक घटना पटना के श्रीकृष्ण मेमोरियल में हुई, जब माननीय मुख्यमंत्री जीविका की दीदीयों को संबोधित कर रहे थे। उनके संबोधन के बाद दर्शक-दीर्घा में बैठी कुछ महिलाओं ने आवाज उठाई कि शराबबंदी जल्दी हो। माननीय मुख्यमंत्री ने पुनः माइक पर आकर घोषणा की कि अगर अगली बार उनकी सरकार बनी, तो वे शराबबंदी जरूर करेंगे।

शराबबंदी के लिए माननीय मुख्यमंत्री ने एक बैठक बुलाई। यह निर्णय लिया कि राज्य में शराबबंदी चरणबद्ध ढंग से लागू की जाये। पहले चरण में देशी शराब के बनाने एवं बिक्री पर रोक लगाई जाये और जिला मुख्यालयों एवं महत्वपूर्ण स्थानों में उत्पाद विभाग विदेशी शराब दुकान चलाये। कल्पना यही थी कि देशी शराब बंद होने से शराब सस्ती नहीं रह पायेगी और दुकानों की संख्या बहुत कम हो जाने से शराब का मिलना भी कठिन हो जायेगा। प्रथम चरण की सफलता को देखकर दूसरे चरण में पूर्ण शराबबंदी का निर्णय हुआ।

शराबबंदी के विरुद्ध मीडिया में कई तरह के लेख छपने लगे और इसकी सफलता पर प्रश्नचिह्न उठाये जाने लगे। कुछ लोगों का कहना था कि शराबबंदी दुनिया या देश में जब और जहाँ लगाई गई, अंततः असफल हुई। उनका तर्क था कि लोगों को खाने-पीने की आजादी होनी चाहिए। कम अल्कोहल वाली शराब तो विकसित देशों में भोजन का अंग बन चुकी है। दूसरा तर्क था कि शराबबंदी से शराब का व्यापार रुकेगा नहीं, बल्कि काला बाजार में परिणत हो जायेगा। इससे दूषित शराब के आने की संभावना भी बढ़ेगी, जिससे बड़ी संख्या में लोगों के स्वास्थ्य पर बुरा असर पड़ेगा। मृत्यु भी होगी। यह भी तर्क दिया जाने लगा कि बिहार जैसे गरीब राज्य को शराब से होने वाली लगभग पाँच करोड़ रुपये

की वार्षिक आय भी रुक जायेगी। बिहार में जो पर्यटन का तेजी से विकास हो रहा है और होटल आदि खुल रहे हैं, उसका व्यापार भी शराबबंदी के कारण प्रभावित होगा।

इन तर्कों के बावजूद राज्य सरकार ने कठोरता से शराबबंदी लागू करने का निर्णय लिया। राज्य सरकार का मानना था कि राज्य सरकार की शराब से होने वाली पाँच हजार करोड़ की आय सही आय नहीं है। शराब नहीं पीने से जो लगभग दस हजार करोड़ की वार्षिक आय परिवारों की बचेगी, उसका सदुपयोग होगा। उसका व्यय बच्चों की पढ़ाई, परिवार के स्वास्थ्य, घरों में फर्नीचर आदि पर होगा। इन खर्चों से भी सरकार को कर मिलेगा ही। हुआ भी यही। पहले वर्ष में ही राज्य सरकार का कर संग्रह केवल एक हजार करोड़ रुपये घटा।

जब शराबबंदी के प्रथम चरण की घोषणा हुई और जिला मुख्यालयों एवं प्रमुख शहरों में सरकारी शराब की दुकान खोलने की प्रक्रिया शुरू की गई, तब वहाँ की महिलाओं ने काफी विरोध किया। मुख्यमंत्री का मानना था कि जब शराबबंदी के पक्ष में महिलाओं एवं जन-सामान्य का इतना बड़ा समर्थन है तो पूर्ण शराबबंदी तुरंत लागू की जानी चाहिए। यहाँ तक कि ताड़ी का व्यापार भी रोका गया और ताड़ी उद्योग में लगे लोगों को वैकल्पिक व्यवसाय दिया गया। गाँव के अन्य गरीब लोग, जो इस धंधे में लगे हुए थे, उन्हें स्व-रोजगार की योजना से जोड़ा गया, ताकि उनकी आय में कमी न हो।

सरकार शुरू से मानती थी कि शराबबंदी का यह निर्णय बिना पूर्ण जन-सहयोग के संभव नहीं है। शराबबंदी के पक्ष में वातावरण निर्माण के लिए राज्य सरकार के शिक्षा विभाग के नेतृत्व में चार महीने का एक बहुत बड़ा जन जागरण अभियान चलाया गया। बिहार के विद्यालयों में पढ़ रहे एक करोड़ से ज्यादा बच्चों ने अपने पिता एवं अभिभावक से शपथ-पत्र भरवाये कि वे शराब नहीं पीयेंगे और शराबबंदी का समर्थन करेंगे। सरकारी पदाधिकारियों एवं कर्मचारी ने भी ऐसे शपथ ली। बिहार विधान मंडल में भी माननीय सदस्यों द्वारा शराबबंदी का एकजुट समर्थन किया गया। शराबबंदी के पक्ष में बिहार के गीतकारों ने कई गीत लिखे। कई गाने बनाये गये। सच्ची घटनाओं पर

आधारित कई फिल्में बनीं। साक्षरता कर्मियों ने पूरे बिहार की दीवारों पर शराबबंदी के पक्ष में लाखों नारे लिखे। हर जिले में कला-जत्थे को प्रशिक्षित किया गया। शराबबंदी पर नाटक बनाये गये। कला-जत्थाओं के माध्यम से बिहार की पंचायतों एवं गाँवों में वातावरण तैयार किया गया।

हम लोगों ने यह भी निर्णय लिया कि शराबबंदी के पक्ष में एकजुटता दिखाने के लिए एक राज्यव्यापी मानव श्रृंखला बनाई जाये, जिसमें तीस मिनट के लिए चिन्ह्ति सड़कों पर बिहार के लोग तीस मिनट के लिए एक-दूसरे का हाथ पकड़कर शराबबंदी के पक्ष में अपनी एकजुटता दिखाएँगे। राज्य में ऐसी मानव श्रृंखला पहली बार बन रही थी। विश्व में भी लोगों की इतनी बड़ी सहभागिता का पूर्व उदाहरण नहीं था। इसलिए इसकी व्यापक तैयारी की गई। बिहार के पूर्व से पश्चिम दो प्रमुख मार्गों एवं उत्तर से दक्षिण चार प्रमुख मार्गों का चयन किया गया। बारह हजार किलोमीटर के चिन्ह्ति मार्गों पर दो करोड़ से ज्यादा लोगों के मानव श्रृंखला में भाग लेने की अपेक्षा थी। हमें मालूम था कि इतने बड़े लक्ष्य की प्राप्ति के लिए जिला एवं प्रखंड स्तर पर योजना बनाने की आवश्यकता होगी। चिन्ह्ति प्रमुख सड़कों में काफी ऐसे बड़े-बड़े भू-भाग थे, जहाँ आस-पास आबादी नहीं थी। वहाँ लोगों को वाहनों से ले जाना था। ऐसे पहाड़ी, जंगल, दियारा आदि क्षेत्र के चिन्ह्ति मार्गों के बीच की दूरी लगभग पंद्रह प्रतिशत थी। इतनी बड़ी आबादी को मानव श्रृंखला बनाने के लिए ले जाना, और मानव श्रृंखला बनाने के बाद वापस लौटाना एक बहुत बड़ी चुनौती थी। यद्यपि मानव श्रृंखला को सभी राजनीतिक दलों एवं संगठनों का समर्थन प्राप्त था, फिर भी हमने अपनी संतुष्टि के लिए इस मानव श्रृंखला के व्यापक दस्तावेजीकरण की व्यवस्था की। हमने इसरो को सेटेलाइट से इस मानव श्रृंखला का दस्तावेजीकरण करने का प्रस्ताव दिया। इसरो की पूरी टीम आई, लेकिन पता चला कि अपने देश और विदेश के सेटेलाइट मानव श्रृंखला का जो दस्तावेजीकरण कर सकेंगे, वह 10:30 बजे सुबह तक ही होगा। हमारा मानव श्रृंखला का प्रस्तावित समय 11:30 बजे दोपहर था। दूसरा यह पता चला कि एक सेटेलाइट बीस किलोमीटर चौड़ी पट्टी को ही कवर कर सकता है। इसलिए उस बीस किलोमीटर की चौड़ाई में मानव श्रृंखला का जो हिस्सा आयेगा,

उसे रिकॉर्ड किया जा सकेगा। तीसरी बात यह भी स्पष्ट हुई थी कि मानव शृंखला में खड़े लोग सेटेलाइट की तस्वीर में नहीं दिखेंगे, बल्कि एक धुंध जैसा दिखेगा।

इन समस्याओं को देखकर सेटेलाइट से गुजरने वाले राज्य के प्रमुख शहर पटना, मुजफ्फरपुर, दरभंगा, गया आदि स्थानों पर खुले स्थानों पर नशाबंदी का नारा एवं शराबबंदी के प्रतीक चिह्न बनाये गये। सेटेलाइ3ट की तस्वीरों में ये चीजें काफी स्पष्ट रूप से आई। हम जानते थे कि कुछ लोग ये सवाल उठा सकते हैं कि मानव शृंखला में किन लोगों ने भाग लिया, इसलिए गाँव और टोलों के स्तर पर मानव शृंखला में भाग लेने वाले व्यक्तियों की सूची बनाई गई और उसका संधारण किया गया। मानव शृंखला के दस्तावेजीकरण में कम ऊँचाई पर हवाई जहाज को उड़ाकर और ड्रोनों के माध्यम से चित्र लिए गये, और इन चित्रों के माध्यम से पूरे बिहार के मानव शृंखला की एक फिल्म बनाई गई। शिक्षा विभाग ने इस पूरे दस्तावेजीकरण को एक पुस्तिका "ना भूतो ना भविष्यति" के नाम से प्रकाशित किया। *लिमका बुक ऑफ वर्ल्ड रिकॉर्ड* ने भी इस रिकॉर्ड को विश्व की सबसे बड़ी मानव शृंखला के कीर्तिमान के रूप में घोषित किया। सबसे अच्छी बात यह थी कि अब तक विश्व में जो सबसे बड़ी मानव शृंखला बनी थी, वह किसी नीति या कार्यक्रम के विरोध में बनी थी। यह पहली इतनी बड़ी मानव शृंखला थी, जो समाज के सकारात्मक पहलू को लेकर बनाई गई थी।

कुछ बुद्धिजीवियों ने इस मानव शृंखला के निर्माण में बच्चों की भागीदारी को लेकर पटना उच्च न्यायालय में मुकदमा भी दायर किया। हमारा तर्क था कि हम मानव शृंखला में छोटे बच्चों को नहीं लगा रहे हैं और बड़े बच्चे जो मानव शृंखला में तीस मिनट के लिए खड़े हो रहे हैं, वे इससे बेहतर कोई शिक्षा नहीं पा सकते। समाज में सुधार के लिए एकजुट होना बहुत बड़ी शिक्षा है। चूँकि ये राजव्यापी मानव शृंखला थी, इसलिए इसमें एंबुलेंस, दवाओं, पेयजल आदि की व्यवस्था की गई थी। यह सुनिश्चित करने का निर्णय लिया गया कि इस मानव शृंखला के कारण राज्य में कम-से-कम दुर्घटना हो। बिहार में प्रतिदिन सामान्यतः नौ दुर्घटनाएँ होती हैं और यह सुखद आश्चर्य रहा कि उस दिन बिहार में केवल तीन दुर्घटना हुई।

इस मानव श्रृंखला में महिलाओं, बच्चों की अभूतपूर्व भागीदारी रही। महिलाओं के नेतृत्व में परिवार के अधिकांश लोगों ने भाग लिया, इसलिए अधिकांश जगहों पर एक लाइन के बदले दो-तीन लाइन की मानव श्रृंखला बन गई। महिलाओं ने इसे सफल बनाने के लिए कई तरह के रचनात्मक कार्य जैसे रंगोली बनाना, मेंहदी लगाना, गीत गाना आदि का कार्य मानव-श्रृंखला के पूर्व से ही शुरू कर दिया था। यद्यपि इस मानव श्रृंखला के आयोजन में माननीय मुख्यमंत्री की प्रेरणा थी और सरकारी कर्मचारियों का मार्गदर्शन था, लेकिन यह मानव श्रृंखला मूल रूप से जन भागीदारी की थी। ऐसा लगा कि पूरे बिहार में एक बड़ा त्योहार मनाया जा रहा है और उसमें हर परिवार से लोग बड़ी संख्या में भाग ले रहे हैं।

बिहार देश का सर्वाधिक जनसंख्या घनत्व वाला राज्य है। प्रति वर्ग किलोमीटर सबसे अधिक आबादी इसी राज्य की है। बिहार के शहरों का विकास योजनाबद्ध तरीके से नहीं हुआ है। बिहार के शहर काफी पुराने हैं, जो धीरे-धीरे बिना किसी सुनियोजित योजना के स्वयं बढ़े हैं। शहर का योजनाबद्ध विकास नहीं होने के कारण पर्याप्त मात्रा में शहरी क्षेत्रों में खुले स्थानों, मैदानों की कमी रही है।

राज्य सरकार ने शहरों के सौंदर्यीकरण एवं शहर के पर्यावरण में सुधार के लिए बड़ी संख्या में पार्कों के निर्माण एवं सड़कों के किनारे वृक्षारोपण का निर्णय लिया। यह भी प्रयास किया गया कि शहर के विभिन्न भागों में सामुदायिक पार्क विकसित किये जायें, जिससे आस-पास के मुहल्लों में रहने वाले बूढ़े-बुजुर्ग इकट्ठा हो सके, बच्चे खेल सकें एवं लोग मॉर्निंग एवं इवनिंग वॉक का आनंद ले सकें।

पटना में पुराना सचिवालय के सामने से एक बड़ा गंदा नाला बहता था, जो काफी बड़े क्षेत्र के गंदे पानी एवं मल को एक बड़े नाले के माध्यम से बाहर ले जाता था। यह पूरा क्षेत्र गंदा एवं दुर्गंध से भरा रहता था। इस पूरे क्षेत्र को एक खूबसूरत पार्क में बदलने की योजना बनी। पहले गंदे पानी को ट्रीट कर बड़े पाइप से बाहर निकालने की योजना का कार्यान्वयन हुआ। फिर पूरे क्षेत्र को तीन हिस्से में बाँटकर इसका विकास किया गया। पटना में छोटे बच्चों के खेलने के लिए एवं युवाओं के कसरत करने की जगह की कमी थी। इसलिए एक बड़े भाग को बच्चों के पार्क में विकसित किया गया।

युवाओं के लिए कसरत करने के उपकरण लगाये गये। पूरे पार्क में वॉकिंग एवं जॉगिंग ट्रैक बनाये गये। दो बड़े जलाशयों का निर्माण किया गया। जलाशयों में नौका विहार एवं अन्य खेल की व्यवस्था की गई। पूरे पार्क में संगीत की व्यवस्था की गई।

पार्क के दूसरे भाग में अशोक वन, जैन तीर्थंकरों के मनपसंद पेड़, नक्षत्र एवं राशि पर आधारित लघु वाटिका, सीता वाटिका एवं सिखों के प्रतीक चिह्न के आधार पर भी वाटिका विकसित की गई। पेड़ों एवं फूलों के अलावे पूरे पार्क में विभिन्न तरह के पाम एवं साईकस के पेड़ लगाये गये, ताकि लोग दुनिया के अन्य क्षेत्रों की जैविक विविधता को जान सकें। पार्क के तीसरे भाग में साहसिक खेल की व्यवस्था की गई, ताकि युवा उन खेल में भाग ले सकें। पूरे पार्क को राजधानी वाटिका का नाम दिया गया। इस पार्क की महत्ता को बढ़ाने के लिए देश के प्रसिद्ध स्कल्पचरिस्ट को आमंत्रित किया गया। चार-पाँच बड़े स्कल्पचर पार्क के विभिन्न भाग में लगाये गये। इसमें एक स्कल्पचर विश्व प्रसिद्ध कलाकार श्री सुबोध गुप्ता का भी है। इसके अलावा रजत घोष, संजीव सिन्हा आदि जो बिहार के प्रमुख मूर्तिकार रहे हैं, उनके भी स्कल्पचर लगे। ये कलाकृतियाँ आने-जाने वाले लोगों के लिए सेल्फी पॉइंट बन गईं और काफी लोकप्रिय हुईं।

पटना में सुबह सैर के लिए जगह की कमी थी, इसलिए बिहार के सचिवालय और राज भवन के बीच के पूरे क्षेत्र को सुबह की सैर के लिए विकसित करने का निर्णय लिया गया। इस क्षेत्र की सड़कों के किनारे जैविक विविधता दिखाने के लिए विभिन्न किस्मों के पेड़, झाड़ी एवं फूल लगाये गये और मोरम का ट्रैक बनाया गया। मुख्यमंत्री के आवासीय परिसर में भी औषधीय पौधों की एक वाटिका विकसित की गई और विभिन्न तरह के पेड़-पौधे लगाये गये। इस परिसर को विद्यालय के बच्चों के लिए खोला भी गया, ताकि वे इस परिसर में विकसित बगीचे का आनंद ले सके। विविध तरह के पेड़-पौधों को एक स्थान पर देख सकें। अब पटना में दर्जनों अच्छे पार्क हैं, जिनमें हजारों की संख्या में लोग सुबह और शाम की सैर करते हैं और बच्चे खेलते हैं। बिहार के अन्य जिला मुख्यालयों में भी काफी बड़ी संख्या में पार्क विकसित किये गये हैं।

शिक्षा एवं स्वास्थ्य के क्षेत्र में लंबी अवधि तक काम करने के कारण मेरा न्यायालयों से बराबर पाला पड़ता था। बिहार में स्वास्थ्य विभाग में था, तब उस समय स्वास्थ्य विभाग में डॉक्टरों ने इतने केस कर रखे थे कि प्रतिदिन पहले मैं कार्यालय जाने के पहले पटना उच्च न्यायालय जाता और केस की अद्यतन स्थिति के बारे में पता करता।

एक बार तो मैंने उस समय के महाधिवक्ता से अनुरोध किया था, कि जब मुझे लगभग प्रतिदिन न्यायालय में आना ही पड़ता है तो मुझे अपने कार्यालय के बगल में एक छोटी जगह दे दें, ताकि अपना काम मैं सुचारू रूप से कर सकूँ। डॉक्टरों के अधिकांश मामले प्रोन्नति, वेतन, सेवा-शर्त आदि के होते थे। कुछ चिकित्सक ऐसे थे, जिन्होंने पाँच वर्ष से अधिक अवधि तक पदस्थापन के स्थान पर काम नहीं किया, परंतु बाद में योगदान एवं प्रोन्नति चाहते थे। उनमें से कई ने तो विदेश में जाकर सेवाएँ कीं और काफी समय के बाद लौटकर पुनः बिहार चिकित्सा सेवा में शामिल होने के प्रयास करने लगे।

उच्चतम न्यायालय में भी बिहार के कई मामले थे, इसलिए मैं कई बार उच्चतम न्यायालय भी गया। अवमानना की स्थिति में व्यक्तिगत रूप से उपस्थित होना पड़ता था। न्यायालय आते-जाते रहने के कारण मुझे न्यायालय के अनुशासन का ज्ञान हो गया था। कैसे कपड़े पहनने हैं। कैसे खड़ा रहना है। कैसे जवाब देना है, और धीरे-धीरे मैं अनुभवी हो गया।

उच्चतम न्यायालय की जिस घटना का यहाँ जिक्र कर रहा हूँ, वह उस समय की है, जब मैं बिहार का मुख्य सचिव था। गर्मी का मौसम था। मैं काली पैंट, फुल स्लीव की उजली शर्ट में न्यायालय कक्ष में गया। मैंने काले रंग का चमड़े का जूता भी पहन रखा था। जब मैं इस मामले में न्यायालय में उपस्थित हुआ, तो न्यायाधीश महोदय मेरे कपड़े को देखकर गुस्से में आ गये। न तो मुझे और न मेरे सरकारी वकील को समझ में आया कि गलती क्या है। मैं पूरे स्लीव की उजली शर्ट पहने था, पैंट और जूता भी ठीक ही था। न्यायाधीश महोदय ने कहा कि आपको न्यायालय आने से पहले सही कपड़े पहनने चाहिए और बंद गले या सूट में आना चाहिए। उन्होंने यह भी कहा कि

जब मेरे सामने मेरे जिले के पदाधिकारी इस तरह के कपड़े में आते होंगे, तो मुझे कैसा लगता होगा। मुझे लगा कि वे जमीनी सच्चाई से कितने दूर हैं। हमारे प्रखंड और जिले के पदाधिकारी सामान्य कपड़े पहनते हैं। कोई सूट या बंद गला पहनकर काम नहीं करता। मैं 2018 में उच्चतम न्यायालय की इस अपेक्षा से चकित था कि पदाधिकारी को न्यायालय में बंद गले या सूट में आना चाहिए। भले ही गर्मी कितनी हो। माननीय न्यायाधीश महोदय ने कहा कि जब तक मैं प्रोपर कपड़े पहनकर नहीं आऊँगा, तब तक सुनवाई नहीं होगी। मैंने उनसे अगले दिन की तिथि रखने का अनुरोध किया और सीधा वहाँ से कनॉट प्लेस गया। मेरे पास चार हजार रुपये थे। कनॉट प्लेस की किसी दुकान में बना-बनाया बंद गले का सूट छह-सात हजार से कम नहीं मिल रहा था। तब मेरा एक दोस्त मुझे चांदनी चौक ले गया। चांदनी चौक में बत्तीस सौ रुपये में एक बंद गले का सूट खरीदा, उसे पहनकर अगले दिन उच्चतम न्यायालय गया। अवमानना

का यह मामला खत्म हुआ। पटना पहुँचकर मैंने अपना वह सूट अपने एक प्रिय व्यक्ति को दे दिया। मैं उस सूट को अपने पास नहीं रखना चाहता था।

मुझे ज्ञानी व्यक्ति की तुलना में काम करने वाले लोग ज्यादा पसंद हैं। मुझे वैसे पदाधिकारी, जो बहुत अच्छा और बड़ा-बड़ा प्रस्तुतिकरण करते थे, लेकिन जमीन पर कुछ नहीं उतार पाते थे, बिल्कुल पसंद नहीं थे। इसकी तुलना में जो व्यक्ति कहते कम थे और करते ज्यादा थे, उनकी मैं काफी प्रशंसा करता था।

बिहार में यूएन संगठनों की भीड़ रहती थी। मैं मजाक में कहता था कि बिहार और अफ्रीका गये बिना उनका जीवन सफल नहीं हो सकता। यहाँ आना उनकी मजबूरी है, क्योंकि हम पिछड़ेपन के अधिकांश सूचकांक पर नीचे थे। यूएन या अन्य विदेशी संस्थाएँ राज्य की आवश्यकता के अनुरूप सहायता के लिए नहीं, बल्कि अपने एजेंडे के हिसाब से आती थीं। वे अपने अनुसार बदलाव करना चाहती हैं। मेरा स्पष्ट कहना था कि बिहार को आर्थिक या तकनीकी सहायता उन क्षेत्रों में चाहिए, जहाँ हमें जरूरत है। दूसरी बात हमें केवल ज्ञान नहीं चाहिए, बल्कि उस संस्था को बिहार में रहकर हमारे साथ काम करना चाहिए। इससे एक बदलाव आया और हम अपनी आवश्यकता वाले क्षेत्रों में सहयोग पाने लगे। कुछ संस्थाओं जैसे डीएफआईडी, बिल एंड मिलिंडा गेट्स फाउंडेशन, '*प्रथम*' आदि ने बिहार में काफी अच्छा काम किया। इन संस्थाओं की टीम पटना में रहती थी और संबंधित विभागों के पदाधिकारियों के साथ मिलकर काम करती थी।

7

कुछ और यादें, कुछ और बातें

मैं बिहार सरकार में अपने लंबे कार्यकाल में एक बड़ी चीज नहीं कर पाया, जिसका मुझे बराबर अफसोस रहा। यद्यपि इस क्षेत्र में कुछ प्रयास हुए, लेकिन काफी सफल नहीं हुए। बिहार में ईमानदार होने से ज्यादा ईमानदार दिखने का ज्यादा प्रचलन है। अगर कोई व्यक्ति अपनी मेहनत से और उद्यमिता से भी पैसा कमाता है, तो समाज उसे वह इज्जत नहीं देता, जो अन्य विकसित राज्यों में है। यहाँ मान्यता यह है कि अच्छी कमाई भ्रष्ट तरीकों से ही हो सकती है। अगर कोई व्यक्ति धनी और संपन्न हुआ है तो उसने जरूर भ्रष्टाचार का सहारा लिया है। यह चीज मैंने अपने कार्यकाल के बहुत शुरू में ही समझ ली थी। उन दिनों मैं वैशाली जिले के जिला पदाधिकारी के साथ-साथ उत्तर बिहार औद्योगिक विकास प्राधिकार का प्रबंध निदेशक भी था। उद्योग प्राधिकार के प्रबंध निदेशक होने के कारण मेरा दायित्व था कि अच्छे उद्योग लाये जायें। उन्हें सहूलियत उपलब्ध कराई जाये एवं उनकी समस्याओं का निराकरण किया जाये। लेकिन जब भी मैं किसी उद्योगपति से मिलता तो यह सुनिश्चित करता कि मेरे कार्यालय कक्ष में प्रशासनिक सेवा का कोई और पदाधिकारी भी हो। बड़े व्यवसायी के साथ अकेले कक्ष में मिलना शक पैदा करता था। यही समस्या मैंने तब देखी, जब मैं बिहार सरकार के उद्योग विभाग में काम कर रहा था। एक बार एक बड़े उद्योगपति बिहार में निवेश करना चाहते थे, और उद्योग विभाग के प्रधान सचिव से

मिलना चाहते थे। उन्होंने प्रधान सचिव को मौर्या होटल में लंच के लिए आमंत्रित किया, ताकि लंच के साथ वे अपने निवेश के बारे में भी बातचीत कर सकें। मुझे आश्चर्च तब हुआ, जब प्रधान सचिव ने उनके लंच ऑफर को अस्वीकार कर दिया। उन्होंने मुझे तर्क दिया कि पाँच सितारा होटल में उद्योगपति के साथ लंच करना व्यर्थ का विवाद पैदा करेगा। मुझे यह अजीब लगा कि पाँच सौ रुपये के लंच खाने से आदमी कैसे बेईमान हो जायेगा या उससे प्रभावित हो जायेगा। मैंने उनसे पूछा कि आपके कार्यालय कक्ष के बगल में लोगों के इंतजार करने का कोई कमरा भी नहीं है, जहाँ शौचालय आदि हो। मुझे मालूम था कि कई राज्यों में उद्योग के प्रधान सचिव न केवल व्यवसाइयों से मिलते हैं, बल्कि उन्हें एयरपोर्ट पर रिसीव करते हैं। उनका प्रयास होता है कि उद्योगपति को प्रभावित करके सुविधाएँ देकर राज्य में ज्यादा-से-ज्यादा निवेश लाया जाये।

उस समय देश में ऐसे कई राज्य थे, जो उद्योगपति को निवेश के लिए कई तरह का आकर्षण देते थे। उनके उद्योग के बढ़ जाने के बाद उस राज्य का फायदा तो होता ही था, साथ ही वहाँ की सरकार को भी फायदा होता था। बिहार में जो संवेदकों की दुर्गति होती, वह शायद ही किसी राज्य में हो। यहाँ संवेदक की परिभाषा में ही आता है—गलत कमाई करने वाला। यह कल्पना है कि संवेदक विभिन्न प्रकार से कम काम करके ज्यादा पैसा लेता है और काम का स्तर भी अच्छा नहीं होता है। यह बहुत फायदे का धंधा है। किसी भी संवेदक एवं आपूर्तिकर्त्ता को सरकारी तंत्र से राशि लेने में बड़ी कठिनाई होती है। भुगतान को कैसे रोका जाये और उसमें कैसे देर की जाये, इसमें तंत्र को महारत हासिल हो गई है। विभिन्न स्तरों पर बिना हिस्सा लिए भुगतान हो जाना अचंभे की बात है। एक बड़े पदाधिकारी ने सड़क-निर्माण के क्षेत्र में संवेदकों और आपूर्तिकर्त्ता की इज्जत बढ़ाने का प्रयास किया। संवेदकों का पदाधिकारियों के साथ प्रशिक्षण हुआ। उनकी समस्याओं को सुना गया। तेज और अच्छा काम करने पर पुरस्कृत करने की योजना बनाई गई।

मैं जब शिक्षा विभाग में गया, तब वहाँ के आधारभूत संरचना विकास निगम में भुगतान की एक नई पद्धति वहाँ के प्रबंध निदेशक के साथ मिलकर तैयार की।

इस योजना के अंतर्गत किसी भी निर्माण कार्य के कार्यस्थल पर संबंधित अभियंता जाते थे और अपने मोबाइल से उस निर्माण कार्य की अद्यतन स्थिति का चित्र कंप्यूटर पर अपलोड करते थे। कार्य की अद्यतन स्थिति को देखकर सीधे संवेदक के खाते में राशि का भुगतान होता था। इससे संवेदकों के कार्यालय के चक्कर लगाने की बात खत्म हो गई। शिक्षा विभाग में ही बिहार दिवस, राष्ट्रीय युवा उत्सव आदि जैसे बड़े आयोजनों में संवेदक एवं आपूर्तिकर्त्ताओं की राशि का भुगतान अपने सामने कराता। जैसे बिहार दिवस के उत्सव पर गाँधी मैदान में बड़े पैमाने पर टेंट, शामियाना लगाना है, तब चयनित आपूर्तिकर्त्ता के स्टॉक को देखकर ही बीस प्रतिशत राशि दे दी जाती। उस सामान के गाँधी मैदान आने पर बाकी तीस प्रतिशत की राशि दे दी जाती। इससे संवेदक काफी उत्साह और अच्छी गुणवत्ता के साथ कार्य करते और समय के साथ पूरा करते थे। इसी प्रकार, कलाकारों के भुगतान में भी मैं मानदेय की आधी राशि कलाकार के चयन और स्वीकृति के समय ही दे देता था। शेष आधी राशि जब वे कार्यक्रम करते थे, वहीं मंच पर जाने के पूर्व उन्हें दे दी जाती थी।

एक मजेदार घटना का जिक्र यहाँ जरूरी है। बिहार दिवस के अवसर पर देश के प्रसिद्ध कलाकार सुबोध गुप्ता से राजधानी वाटिका में एक कलाकृति एक करोड़ रुपये में बनवाने का निर्णय हुआ। तब मैंने प्रारंभ में ही पचास लाख की राशि दे दी। यह राशि उनके स्टूडियो में इस कलाकृति के निर्माण के प्रारंभ होते ही दे दी गई थी। मेरे विभाग के कई लोग ऐसे मामले में यह प्रश्न उठाते थे कि पहले राशि देने में दिक्कत यह है कि कहीं कलाकार मर जाये, तब बिना कार्य किये ही भुगतान हो जायेगा। दूसरा तर्क यह होता था कि वित्तीय नियमानुसार सामान की संतोषजनक आपूर्ति पर ही भुगतान का प्रावधान है। मैं उन्हें समझाता था कि इन नियमों को बदला जाना चाहिए, क्योंकि यह अव्यावहारिक है। मेरा मानना था कि संवेदक, आपूर्तिकर्त्ता एवं विभाग में आपस में विश्वास होना चाहिए।

इसका बहुत सफल प्रयोग *बिहार संग्रहालय* के निर्माण में हुआ। मैं *बिहार संग्रहालय* के कार्य की प्रगति की मासिक समीक्षा करता था। सामान्यतः सरकारी समीक्षा में संवेदक की, आपूर्तिकर्त्ता की गलती ढूँढ़ी जाती है। उसे डाँटा जाता है।

लेकिन मेरी समीक्षा का पहला बिंदु होता था कि भुगतान की क्या स्थिति है। इससे संवेदक एवं आपूर्तिकर्त्ताओं में काफी विश्वास बढ़ा और विभाग को भी हर बैठक के पहले के भुगतान को सुनिश्चित करना पड़ा। अगर विभाग आवंटन देने में देर करे या अभियंता विपत्र पारित करने में देर करे, तो उनकी समीक्षा बैठकों में स्थिति काफी खराब होती थी। इसी प्रकार, *बिहार संग्रहालय* के बहुत सारी कलाकृतियों का निर्माण विदेश में हो रहा था। पूरे निर्माण होने के बाद कलाकृति की आपूर्ति होने के बाद भुगतान करने के बदले *बिहार संग्रहालय* के पदाधिकारी कलाकृतियों के निर्माण की स्थिति का जायजा लेते थे और जितना काम हो चुका होता था, उसके हिसाब से भुगतान करते थे। इस कारण अच्छी गुणवत्ता के कार्य समयबद्ध तरीके से हुए। लेकिन भुगतान की प्रक्रिया में संस्थागत परिवर्तन लाना संभव नहीं हुआ, क्योंकि ब्यूरोक्रेटिक प्रक्रिया ऐतिहासिक रूप से इतनी जटिल हो गई है कि बिना इसे पूरी तरह बदले यह संभव नहीं है।

कुछ वर्षों में जो सबसे बड़ी समस्या आई है, वह है देश के प्रमुख संस्थानों द्वारा अपने क्षेत्राधिकार से बाहर जाकर एक-दूसरे के कामों में हस्तक्षेप की। देश के प्रमुख संस्थान जैसे—लोकसभा, राज्यसभा, विधानमंडल, न्यायपालिका, कार्यपालिका, प्रेस एवं मीडिया—इन सबके बीच तकरार बढ़े हैं। एक-दूसरे के प्रति सम्मान घटा है। साथ ही, एक-दूसरे को नीचा दिखाने की प्रवृत्ति भी बढ़ी है। कुछ ऐसी संस्थाएँ जैसे महालेखाकार, सीबीआई, आईबी, इंफोर्समेंट डायरेक्ट्रेट, जिनसे स्वतंत्र एवं निष्पक्ष कार्य की अपेक्षा होती है, उनके प्रति भी लोगों का विश्वास घटा है एवं राजनैतिक हस्तक्षेप बढ़ा है।

आज एक विभाग के सचिव के दो-तीन बॉस हो गये हैं। न्यायपालिका बात-बात में न्यायालय में व्यक्तिगत उपस्थिति करा रहा है। विधानसभा की समितियाँ अनुचित दबाव बनाती हैं। उच्च स्तर पर समीक्षा की सैकड़ों बैठकें होती हैं। कुल मिला कर, विभागीय सचिव अपने विभागीय मौलिक कार्यों को संपादित नहीं कर पाता, योजना नहीं बना पाता, बल्कि पूरा समय फायर फायटिंग में ही लगाता है।

ब्यूरोक्रेसी में कुछ ही लोग अपने कार्य एवं दायित्व का निर्वहन निष्ठा एवं उत्साह से करते हैं। एक काफी बड़ा वर्ग निर्णय नहीं करना चाहता और तर्क यह देता है कि कहीं जाँच में न फँस जायें। कुछ कानूनी एवं काल्पनिक अड़चन लगाने में माहिर होते हैं। संचिकाओं को घुमाने में कई को महारत है। किसी भी प्रस्ताव को विधि विभाग, वित्त विभाग एवं सामान्य प्रशासन विभाग के परामर्श के लिए भेजना, कई बार निर्णय को उलझाने और समय बर्बाद करने जैसा है।

एक तथाकथित ईमानदार पदाधिकारियों का वर्ग है, जो दो-ढाई लाख वेतन और सुविधाएँ तो लेते हैं, लेकिन कोई कार्य नहीं करते हैं। हर कार्य में उन्हें गड़बड़ी नजर आती है।

कई बार राजनीतिज्ञ और ब्यूरोक्रेट्स में टकराव की स्थिति भी आ जाती है। यह टकराव इसलिए भी होता है कि राजनीतिज्ञ सामान्यतः पाँच वर्ष के लिए चुने जाते हैं और इतनी अवधि में बहुत कुछ करना चाहते हैं। लेकिन ब्यूरोक्रेसी अपने तीस-पैंतीस साल के कार्यकाल को देखता है, इसलिए उसे निर्णय लेने में तेजी आवश्यक नहीं लगती। अब भारत कुछ ही वैसे देशों में बचा है, जहाँ साठ वर्ष या उससे अधिक की आयु के लिए स्थाई नौकरी मिलती है। जो सेवा में आ जाते हैं, वे शायद ही सेवा से हट पाते हैं।

कनीय स्तर पर जो कर्मी हैं, उनमें से अधिकांश अपने को अल्प वेतनभोगी मानते हुए, वेतन के अलावा अतिरिक्त आय के प्रयास में लगे रहते हैं। अतिरिक्त आय को स्पीड मनी मानते हैं। कोई कर्मचारी किसी आदमी का कोई काम करता है, तब उसे लगता है कि उसने उस व्यक्ति को उपकृत किया है। वह यह नहीं मानता कि उसे उस व्यक्ति का कार्य करने के लिए ही नौकरी मिली है।

8
दुनिया मेरे सामने

क्यूबा

क्यूबा में विश्व युवा महोत्सव का आयोजन किया जा रहा था। केंद्र सरकार से युवा महोत्सव में भाग लेने के लिए एक टीम भेजने का निदेश मिला। मैं उस समय अतिरिक्त प्रभार में निदेशक, खेल के रूप में कला, संस्कृति एवं युवा विभाग में था। श्री अब्दुल बारी सिद्दिकी मेरे मंत्री थे। हम लोगों ने लोक कलाकारों के नौ लोगों की एक टीम बनाई। इस टीम के विभागीय मंत्री एवं मेरे नेतृत्व में जाने का निर्णय हुआ। जब यह संचिका वित्त विभाग गई तो वहाँ प्रस्ताव अस्वीकृत हो गया।

उस जमाने में बिहार से बहुत कम ही पदाधिकारी या सरकारी दल विदेश जाते थे। मुझे वित्त विभाग ने बताया कि ऐसे सांस्कृतिक कार्यक्रम में भाग लेने से क्या फायदा! हमारा तर्क था कि हमारे लोक कलाकारों की टीम बिहार की संस्कृति को दुनिया के मानचित्र पर लायेगी। यह भी तर्क दिया गया कि इस यात्रा में केवल हवाई टिकट का व्यय हमें करना है, शेष आवासन, भोजन एवं स्थानीय परिवहन की व्यवस्था क्यूबा सरकार द्वारा की जायेगी। लेकिन जब स्वीकृति नहीं मिली, तो मैंने अपने विभागीय मंत्री को तत्कालीन मुख्यमंत्री श्री लालू प्रसाद से बात करने को कहा। मुख्यमंत्री नये-नये थे, उन्होंने मंत्री से कहा कि संचिका पर जो लिखना है उसे कागज

पर लिखवाकर ले आओ। मैंने लिखवाया कि केंद्र सरकार के अनुरोध को देखते हुए यात्रा की स्वीकृति दी जाती है। आवश्यक औपचारिकताएँ यात्रा से लौटकर पूरी कर ली जायेंगी। हम लोग विदेश की यात्रा के लिए तैयार हुए।

चूँकि उत्सव के लिए दो दिन का ही समय बचा था, इसलिए एक पदाधिकारी को टिकट की व्यवस्था के लिए दिल्ली भेजा गया। सबके टिकट में सात लाख पचास हजार रुपये लग रहे थे। कोषागार से राशि की निकासी की गई। उसे एक सूटकेस में भरा गया, उस समय बड़े नोट नहीं होते थे, इसलिए इतनी राशि से एक सूटकेस पूरी तरह भर गया। मैंने इस राशि को लेकर एक टीम के साथ दिल्ली जाने की टिकट बनवाई। पैसे वाला सूटकेस मेरा हैंडलगेज था। जब एक्सरे में एक सूटकेस नोटों से भरा दिखाई पड़ा, तब पुलिस ने पूछा कि मैं क्या करता हूँ। मैंने कहा, मैं सरकारी नौकरी करता हूँ और यह पैसा हवाई टिकट खरीदने के लिए दिल्ली ले जा रहा हूँ। उसे अचंभा हुआ। हम दिल्ली पहुँचे और टिकट कराई गई।

जब मैं अपने और टीम के वीजा के लिए क्यूबा एम्बेसी गया, तब क्यूबा के एम्बैसडर रेडियो पर हिंदी गाना सुन रहे थे। इससे हमारी हिम्मत बढ़ी। उसने हमारा फॉर्म देखकर कहा कि कल तो युवा महोत्सव का उद्घाटन है। हम लोग कैसे पहुँचेंगे। हमने कहा कि आप वीजा दे दीजिये, हम लोग पहुँच जायेंगे। उस आदमी ने यह कहकर हँसते हुये वीजा दे दिया कि हिंदुस्तान को सच में भगवान ही चलाते हैं।

उत्तरी अमेरिका की समुद्री सीमा से मात्र सौ मील दूर दक्षिण में एक द्वीप राष्ट्र है क्यूबा। गन्ने की खेती वाले इस देश को फिदेल कास्त्रो के देश के नाम से भी जाना जाता है। जब हम क्यूबा पहुँचे, तब वहाँ पता चला कि हमारे दल के हर सदस्य को क्यूबा के किसी न किसी परिवार के साथ रहना है। मंत्री महोदय और मुझे अगल-बगल वाला परिवार दिया गया। क्यूबा बहुत खूबसूरत द्वीप है और यहाँ की जलवायु भी काफी अच्छी है। जलवायु की विशेषता यह थी कि दिन में बारह बजे तक काफी आर्द्रता वाली गर्मी रहती थी और बारह बजे के बाद बारिश हो जाती थी। हम लोग सुबह कहीं निकलते तो दिन का खाना खाने तक कपड़े पसीने से भीग जाते। फिर से नहाने की इच्छा होती। मैं जिस परिवार के साथ रह रहा था, वे मेरे पसीने से भीगे कपड़े

को खिड़की पर डाल देते। कपड़े सूख जाते और पहनने लायक हो जाते। उसमें कोई गंध नहीं होती। मुझे आश्चर्य हुआ कि पसीने में या टॉयलेट में कोई गंध या दुर्गंध है ही नहीं। बाद में, समझ आया कि वहाँ का खाना बिना किसी मसाले का होता था और इसी कारण कोई गंध या दुर्गंध शरीर में नहीं होती थी। फिर भी क्यूबा में हम लोग हर दिन दो बार नहाते।

यह महोत्सव एक सप्ताह का था। हम लोगों के एक सप्ताह के खाने-पीने की सामग्री सरकार द्वारा उस परिवार को उपलब्ध करा दी गई थी। खाने में ब्रेड, चावल, सब्जी, मांस, मछली, अंडे, चाय, कॉफी, दूध, पानी की बोतल, रम आदि दिया गया। मैंने ब्रेड, अंडे एवं पानी को रख लिया। शेष परिवार के उपयोग के लिए छोड़ दिया। चूँकि कोई मसाला था ही नहीं, इसलिए सबकुछ उबला-उबला और कम स्वाद का लगता। एक शिमला मिर्च जैसी सब्जी थी, जिसके चबाने से थोड़ा हरे मिर्च की फिलिंग होती थी। अतः मैं ब्रेड के साथ अंडा और सब्जी को मिलाकर खा लेता। हम लोग कुछ नमकीन और मिठाई अपने साथ ले आये थे। हम लोगों का नमकीन उनके स्वाद के हिसाब से बहुत तीखा था। वे थोड़ा नमकीन लेते और एक मिठाई खाते।

क्यूबा में गरीबी थी, लेकिन शिक्षा और स्वास्थ्य की बेहतरीन व्यवस्था थी। हर व्यक्ति को शिक्षित और स्वस्थ रखना सरकार का दायित्व था। लोगों के वेतन में बहुत अंतर नहीं था। प्रोफेसर और बस ड्राइवर के वेतन में मुश्किल से दस-पंद्रह प्रतिशत का अंतर था। लेकिन अच्छी बात यह थी कि उस वेतन में राशन कार्ड पर उन्हें एक महीने का राशन दुकानों से मिल जाता, जिसमें उनके उपयोग की हर चीज होती। साबुन, खाद्य सामग्री, रम, वाइन आदि। अब उपयोग करने वाले परिवार पर निर्भर करता था कि वह साबुन एक सप्ताह में खत्म कर दें या पूरे महीने चलाये।

पर्यटकों के लिए अलग दुकानें और रेस्तरां थे। उसका उपयोग स्थानीय व्यक्ति नहीं कर सकते थे। दूरभाष की सुविधा सस्ती थी। मैं जिस मोहल्ले में रहता था, वहाँ सरकार ने उस साल एक कार दी थी। वह कार उस व्यक्ति को दी गई, जिसने देश के लिए सबसे ज्यादा काम किया था। वह कार एक ड्राइवर को मिली, जिसने आर्मी में गाड़ी चलाई थी। टेलीविजन तो था, लेकिन उस पर दो ही चैनल आते थे। वे दोनों ही

चैनल सरकारी, काफी उबाऊ थे। परिवार में जो बड़े बुजुर्ग थे, उन्हें अपने देश से बहुत प्रेम था। देश के लिए कुछ भी करने को तत्पर रहते थे। लेकिन युवाओं के साथ ऐसी बात नहीं थी। युवाओं को लगता था कि पर्यटक आते हैं और अपने डॉलर के बल पर उनके देश में हर तरह का आनंद लेते हैं। दूसरी समस्या थी मकान की।

क्यूबा में मकान बनाने के नियम बहुत आश्चर्यजनक थे। पाँच-छह तल के मल्टीस्टोरी मकान बनाये जाते। वहाँ के हर परिवार को हर महीने एक दिन का श्रमदान देना पड़ता। ऐसे श्रमदान में वहाँ के राष्ट्रपति फिदेल कास्त्रो भी भाग लेते। मकान के लिए लोगों को क्यू में रहना पड़ता था। शादी करने के बाद भी लोगों को अलग मकान नहीं मिलता था। मजबूरन उन्हें माँ-बाप के घर में रहना पड़ता।

क्यूबा में वहाँ के राष्ट्रपति और स्वतंत्रता-संग्राम के एक नायक चे ग्वारा बहुत लोकप्रिय थे। युवा महोत्सव के समय क्यूबा के अधिकांश नागरिक चे ग्वारा की टी-शर्ट पहनकर घूमते। वहाँ मुक्केबाजी, वॉलीबॉल एवं फुटबॉल काफी लोकप्रिय खेल था। और हर मोहल्ले में इन खेलों के लिए सामुदायिक व्यवस्था थी। जब मैं दो दिन बिना मसाले का खाना खाकर ऊब गया, तब हम लोग एक फाइव स्टार होटल में कॉफी पीने के बहाने गये। वहाँ हम लोगों ने कॉफी तो पी, लेकिन सारी टेबल से काली मिर्च की शैचेट उड़ा लिए। इससे खाने में कुछ स्वाद बढ़ा। वहाँ हर किसी के लिए काली कॉफी और ब्रेड उपलब्ध थी। किसी रेस्तरां में जाकर यह खाया जा सकता था।

सामान्य लोग चाय, कॉफी के साथ दूध नहीं लेते थे। दूध बच्चों और बीमारों के लिए था। वहाँ चलने वाली अधिकांश बसें और गाड़ियाँ सोवियत रूस द्वारा दी गई थीं। बसों में लोहे की सीट थी और दो बसों को जोड़कर एक बस बनाकर चलाई जाती। मौसम के अनुसार लोग कम ही कपड़े पहनते थे। बच्चे तो केवल हाफ पैंट में घूमते रहते। उनका संगीत बहुत मोहक और जोशीला था। युवा ग्रुप गिटार बजाते हुए गाना गाते थे।

हम लोगों की गाइड एक स्कूल की शिक्षिका थी, जिसे थोड़ी-बहुत अंग्रेजी आती थी। मैंने उसके साथ क्यूबा के जैविक उद्यान जाने का कार्यक्रम बनाया। क्यूबा जैव विविधता के लिए प्रसिद्ध है। खासकर वहाँ पाम की अनगिनत दुर्लभ प्रजातियाँ

मिलती हैं, जो दुनिया के अन्य भागों में नहीं हैं। मैं उनका जैविक उद्यान देखकर बहुत प्रभावित हुआ। मैं बहुत सारे बीज वहाँ से लाना चाहता था। जब वहाँ के निदेशक से बातचीत हुई, और उसने मेरे सक्युलेंट पौधों का ज्ञान और जिज्ञासा देखी, तब वह बीज देने के लिए तैयार हुई। उन्होंने शर्त यह रखी कि मैं उनके गार्डन के सभी सक्युलेंट पौधों का नाम लिख दूँगा और जितने बीज मैं अपने कपड़ों में ले जा सकता हूँ, वे ले जाने देंगे।

अगले दिन सुबह में अपने गाइड के साथ ट्रैक सूट में पहुँचा, जिसमें काफी पॉकेट थे। मेरे पास दो ट्रैक सूट थे। एक मैंने पहना और दूसरा उस गाइड को दे दिया। हम दोनों ने अपने पॉकेट में करीब चार सौ बीज जमा किये। बोटानिकल गार्डन की निदेशिका, जो एक महिला थीं, उसने उन बीजों के लिए एक दस्तावेज बनाकर दिया, ताकि हमें कस्टम में कोई नहीं रोके। क्यूबा से कोई भी बीज निकालना बहुत मुश्किल काम है। पर हम क्यूबा से लगभग बीस प्रजातियों के चार सौ बीज लेकर हिंदुस्तान आये।

एक दिन एक कार्यक्रम में भाग लेकर दोपहर का खाना खाने के लिए हम अपने-अपने निवास स्थान पर गये। मैंने स्नान किया और खाना खा ही रहा था, तभी बगल के घर से जहाँ मंत्री जी का निवास था, तीन-चार लोग भागते हुए मेरे पास आये। उन्होंने बताया कि मंत्री जी की तबियत खाने के बाद बहुत खराब हो गई है और मुझे तुरंत चलना चाहिए। मुझे आश्चर्य हुआ कि हम दोनों तो एक घंटा पहले बिल्कुल स्वस्थ आये हैं और खाना भी इतना सादा है, तब क्या हो सकता है। जब मैं बगल के घर में पहुँचा, तब मंत्री महोदय बिछावन पर लेटे हुए थे। मैंने पूछा कि उन्हें क्या हुआ, तब उन्होंने कहा, कुछ नहीं। मैं तो बस खाना खाकर थोड़ा आराम कर रहा था। जब उस परिवार के लोगों को बताया गया कि मंत्री जी बिल्कुल ठीक हैं और चिंता की कोई बात नहीं है, तब जाकर वे निश्चिंत हुए। पता करने पर मालूम हुआ कि क्यूबा में लोग दिन में लेटते या सोते नहीं हैं। बीमार आदमी ही दिन में लेटता या सोता है। खाने के बाद मंत्री जी को बिछावन पर लेटे देखकर वे लोग चिंतित हो गये थे।

क्यूबा में अधिकांश नौकरी लेने का तरीका बहुत अलग था। पहले सामुदायिक सेवा करके पॉइंट इकट्ठा करने पड़ते। जैसे—मेरी गाइड को शुरू में सप्ताह में तीन दिनों

के लिए रेस्तरां में वेटर का काम मिला, जिसके लिए उसे कुछ मानदेय एवं आने-जाने का किराया मिलता था। कुछ महीनों बाद वह रेगुलर वेटर बनी और हर दिन काम मिलने लगा। फिर वह रेस्तरां में ऑर्डर लेने का काम करने लगी। अंत में प्रारंभिक विद्यालय में शिक्षिका बनी। मैं जिस परिवार में रहता था, उसके मुखिया पुलिस में काम करते थे। जब वे सेवानिवृत्त हो गये, तब उन्हें सप्ताह में दो-तीन दिन ट्रैफिक का काम मिलता था। जब कोई आयोजन होता, तब सुरक्षाकर्मी की भूमिका भी निभानी पड़ती। इस प्रकार वहाँ जब तक कोई आदमी काम करने के लायक होता, तब तक उसे काम करने का मौका दिया जाता। वेतन एवं जीवन स्तर में बहुत अंतर नहीं होने के कारण लोगों में एक तरह का संतोष था और प्रेम भी।

क्यूबा से लौटते समय एयरपोर्ट पर हम अपनी गाइड से विदा ले रहे थे। मैं उस गाइड को बीस डॉलर की भेंट देना चाह रहा था, लेकिन मेरे पास या तो पचास डॉलर के नोट थे या सौ डॉलर के। हमें आगे फ्रांस में रुकना था, मैं सौ डॉलर देने की स्थिति में नहीं था। इसलिए पचास डॉलर का नोट दिया। वह शिक्षिका पचास डॉलर देखकर बहुत खुश हुई। लेकिन वह जानती थी कि इस राशि से वह कुछ खरीद नहीं पायेगी। मैंने पचास डॉलर से उसके लिए साबुन और कुछ क्रीम खरीद दिये और अपना एक ट्रैक सूट दे दिया। वह काफी खुश हुई।

ऑस्ट्रेलिया

मैं केंद्रीय प्रतिनियुक्ति पर भारत सरकार के मानव संसाधन विकास मंत्रालय में निदेशक के पद पर था। उसी अवधि में कॉमन वेल्थ एक्सचेंज प्रोग्राम के अंतर्गत एमबीए की पढ़ाई के लिए केंद्र सरकार में आवेदन किया। मेरा चयन ऑस्ट्रेलिया के *सदर्न क्रॉस यूनिवर्सिटी* में हुआ। एमबीए करने के लिए ऑस्ट्रेलिया सरकार से एक पारिवारिक छात्रवृत्ति मिली। मैं ऑस्ट्रेलिया एमबीए करने सपरिवार वर्ष 1999 में गया। उस समय मेरे दो छोटे-छोटे बच्चे थे। जो प्रारंभिक कक्षाओं में पढ़ते थे। *सदर्न क्रॉस विश्वविद्यालय* का मेन कैम्पस लिस्मोर में था, जो न्यू साउथ वेल्स राज्य के अंतर्गत आता था। लिस्मोर बड़ा सुंदर और मनोरम शहर है। एक हिंदी फिल्म का

गाना है—"फूलों के शहर में हो घर अपना..." लिस्मोर में ऐसा ही लगा। दो घरों की चहारदीवारी नहीं थी। आकाश बिल्कुल नीला, हवा साफ, जलवायु समशीतोष्ण। आबादी बहुत कम थी वहाँ की। नागरिक सुविधाओं का तो कोई जवाब नहीं था। घर में घुसते ही फूलों की खुशबू आती थी।

ऑस्ट्रेलिया में मैं सपरिवार था। एक ही साल में दो कैंपस में रहने का मौका मिला। दोनों में काफी कंट्रास्ट देखने को मिला। पहले छह माह हमारे लिए माहौल और रुचि की दृष्टि से काफी शानदार रहे। पहाड़, जंगल और ट्रैकिंग सब कुछ था यहाँ। अगले छह माह के लिए हम लोगों को गोल्ड कोस्ट कैंपस में ले जाया गया। यह कैंपस उसी समय तैयार ही हुआ था। समुद्रतट पर अवस्थित यह स्थान पर्यटन को विकसित करने के ख्याल से भी तैयार किया गया था। जापान, सिंगापुर जैसे कई देशों के पर्यटक यहाँ मौज-मस्ती करने आते थे। यहाँ हमारी यूनिवर्सिटी एक मल्टीस्टोरीज बिल्डिंग में थी। दो फ्लोर में यूनिवर्सिटी चलती थी और बाकी फ्लोर में मार्केट, सिनेमाघर आदि थे। मैंने ऐसी यूनिवर्सिटी देखी ही नहीं थी। उस दो फ्लोर पर बड़े-बड़े लेक्चर हॉल थे और एक बहुत बड़ा कंप्यूटर रूम था, जहाँ सौ से ज्यादा कंप्यूटर एक साथ लगे हुए थे। वहाँ पढ़ाने के लिए शिक्षक क्लास में पंद्रह मिनट पहले आते और क्लास खत्म होने के पंद्रह मिनट बाद चले भी जाते। हमें शिक्षकों से जो कुछ जानना या पूछना होता था, वह हम लोग ई-मेल से पूछते थे। वहाँ कोई लाईब्रेरी भी नहीं थी। ई-लाईब्रेरी थी, जहाँ कंप्यूटर के माध्यम से एक्सेस किया जा सकता था। खैर, हम लोग धीरे-धीरे वहाँ की व्यवस्था के अभ्यस्त हो गये। हमारा एमबीए का जब रिजल्ट निकला तो, मुझे प्रथम स्थान प्राप्त हुआ था और दूसरा स्थान भी एक भारतीय छात्र को मिला था, जो रेलवे सर्विस का था।

ऑस्ट्रेलिया में मिलने वाली छात्रवृत्ति, परिवार की मूलभूत आवश्यकताओं के लिए पर्याप्त थी, लेकिन आराम से रहने के लिए नहीं। मकान के किराये में ही आधे से अधिक पैसा चला जाता था। बच्चों की पढ़ाई न केवल मुफ्त थी, बल्कि हर तीसरे माह पर उन्हें भी सौ डॉलर की छात्रवृत्ति मिलती थी। मैं अपने साथ एक लाख रुपये लेकर आया था, जिसमें से साठ हजार रुपये में एक सैकेंड हैंड टोयटा कार

खरीदी, ताकि विश्वविद्यालय जाने-आने और घूमने में दिक्कत ना हो। हमारे साथ के अधिकांश लोग किसी छात्र द्वारा कोर्स पूरा किये जाने पर उनकी गाड़ी बिकने का इंतजार करते थे। मैंने ऐसा नहीं किया, क्योंकि मैं शुरू से ही अपने समय का पूरा उपयोग करना चाहता था और उसके लिए गाड़ी की आवश्यकता थी।

हमारे दोनों बच्चे बहुत छोटे थे और हम लोगों के साथ हमारे कमरे में रहते थे। वहाँ का एक नियम था बच्चों को स्वतंत्र कमरा देने का। इस कारण हमें तीन कमरों का फ्लैट लेना पड़ा। कमरों का फर्श या तो लकड़ी का होता था या कारपेटेड रखना पड़ता था, ताकि कोई आवाज ना हो और पड़ोसियों को कोई दिक्कत नहीं हो। लॉन काटने का काम भी रविवार को सुबह में ही किया जा सकता था। हमें जो मकान किराये पर मिला था, उसके प्रॉपर्टी डीलर ने फ्लैट की डिटेल वीडियोग्राफी की थी, और यह एग्रीमेंट किया था कि हमें उससे जैसी हालत में मकान मिला है, वैसी हालत में ही लौटाएँगे। ऐसा नहीं करने पर मकान के लिए दो हजार डॉलर की जो गारंटी राशि जमा की गई थी, उससे वे डैमेज की राशि काट लेंगे। इस कारण हम लोगों को बहुत सभ्य तरीके से रहना पड़ा, ताकि दीवार, फर्श, खिड़की, बिजली के सामानों में कोई खराबी नहीं आये।

मैं जब ऑस्ट्रेलिया में एमबीए करने जा रहा था, उस समय मेरी उम्र 40 वर्ष के आस-पास थी। मुझे ऐसा लगता था कि मेरी क्लास में अधिकांश युवा होंगे और भारत से जो लोग उस विश्वविद्यालय में कॉमन वेल्थ एक्सचेंज में जा रहे हैं, उनकी उम्र ज्यादा होगी। लेकिन वहाँ स्थिति दूसरी ही मिली। मेरी क्लास में आधे से ज्यादा लोग 40 वर्ष के आस-पास के थे। वहाँ की बात अलग ही थी। बच्चे स्कूली शिक्षा माँ-बाप के साथ रहकर पूरा करते थे। उसके बाद कुछ ही बच्चे उच्च शिक्षा में जाते थे। ज्यादातर लोग वोकेशनल शिक्षा लेकर नौकरी करते थे। फिर जैसे-जैसे वे पैसा कमाते, उसी हिसाब से धीरे-धीरे अपनी उच्च शिक्षा पूरी करते। कहने का मलतब कि चार सेमेस्टर का एमबीए कोर्स, जिसे हम लोग एक बार में पूरा कर रहे थे, उसे कुछ लोग दो-तीन टुकड़े में पूरा करते।

भारत से भिन्न ऑस्ट्रेलिया में उच्च शिक्षा महँगी थी और बिना माँ-बाप की सहायता के उच्च शिक्षा प्राप्त करना लोगों के लिए कठिन था। हम लोगों के लिए दूसरा आश्चर्य था कि वहाँ घर के काम में सहायता देने के लिए कोई आदमी नहीं मिलता था। जैसे गाड़ी का ड्राइवर रखना बहुत बड़े लोगों के लिए ही संभव था। एक अच्छी बात थी कि बहुत सारा खाने का सामान बना-बनाया मिल जाता था, जिसे माईक्रोवेव करके खा लिया जाता। फिर भी मेरी पत्नी का काफी समय परिवार के लिए खाना बनाने में जाता और हम लोग सब मिलकर घर की सफाई करते। मेरा परिवार मूलतः मांसाहारी है। खासकर मछली का शौकीन। वहाँ लोग मछली या चिकन फिलेट खाते थे और जिन चीजों को वे काटकर अलग कर देते, वही हमें पसंद आते। जैसे हम लोगों के खाने में मछली का सिर और पूंछ का ज्यादा महत्व है, लेकिन ऑस्ट्रेलिया के बाजार में मछली का सिर और पूँछ काटकर फेंक दिया जाता और बीच के भाग को निकालकर फिलेट बना दिया जाता। चिकन के पंजे और गर्दन भी काटकर फेंक दिये जाते। और हम लोगों को वही ज्यादा पसंद आता।

एक बार मैं मछली के होलसेल मार्केट में गया, जहाँ पूरी मछली मिलती थी। जब मैंने पूरी मछली खरीदी और मछली वाले को उसे काटकर पीस बनाने को कहा।, तो वह हँसने लगा और बोला कि पीस बनाने का मूल्य मछली के मूल्य के बराबर होगा। फिर हम लोगों ने एक अच्छा चाकू खरीदा। हम पूरी मछली खरीदकर ले आते और उसे घर में ही काट लेते। उसी तरह बच्चे जिन्हें चिकन की टाँग पसंद थी, उसे जहाँ चिकन काटा जाता, वहाँ से सस्ते दरों में खरीद लेते।

ऑस्ट्रेलिया में सामान्यतः हिंदुस्तानियों के लिए इज्जत थी। ऑस्ट्रेलिया में भारत को सत्य, अहिंसा और धर्म का देश मानते थे। महात्मा गाँधी को भी अधिकांश लोग जानते थे। वहाँ बड़ी संख्या में पंजाब के लोगों ने ऑस्ट्रेलिया की लड़कियों से शादी कर ली थी। वहाँ भारतीय व्यक्तियों को बेहतर पति माना जाता था, क्योंकि वे अपनी पत्नी का बेहतर ख्याल रखते और तलाक के बारे में कम सोचते।

लेकिन इन पंजाबियों ने, जिनमें से अधिकांश खेती और होर्टीकल्चर के काम में लगे थे, रासायनिक खाद देकर सब्जी एवं फल का उत्पादन तो बढ़ा दिया, लेकिन

वहाँ की मिट्टी और भूगर्भीय जल में खराबी आने लगी। हम लोग जब सब्जी खरीदने साप्ताहिक बाजारों में जाते, तब सामने स्टॉल पर ऑस्ट्रेलियाई महिलाएँ सब्जी बेचते मिलती। ट्रक में सब्जियों के स्टॉक के साथ सरदार जी बैठे होते थे। ऑस्ट्रेलिया की आबादी काफी कम थी। बिहार की आबादी की एक-तिहाई। हम लोग जब वहाँ लाखों, करोड़ों की बात करते तो लोग समझ नहीं पाते और उन्हें लगता कि हम बात को बढ़ा-चढ़ाकर बोल रहे हैं। हम लोगों को अंग्रेजी भाषी होने के कारण ऑस्ट्रेलिया में सहूलियत होती। हमारे क्लास में चीन, जापान, सिंगापुर, मलेशिया, इटली और अन्य यूरोपीय देशों के लोग भी थे। उन्हें अंग्रेजी में दिक्कत थी। उन्हें हमारे जितना अनुभव भी नहीं था। ऑस्ट्रेलिया के प्रोफेसर हमारी लैटरल थींकिंग देखकर चकित रहते थे कि हम लोग कैसे आउट ऑफ बॉक्स सॉल्यूशन निकालते हैं।

एक बार कोकाकोला एवं पेप्सी के मार्केट शेयर पर पेपर लिखना था। बताना था कि पेप्सी, कोकाकोला की तुलना में अपने मार्केट शेयर को कैसे बढ़ा सकता है। अधिकांश छात्रों ने मैनेजमेंट में सुधार, खर्च में कटौती, अच्छे पैकेजिंग, अच्छे प्रचार की बात की। मैंने एक सॉल्यूशन दिया कि कोकाकोला की कुछ बोतलों में थोड़ा बाहरी पदार्थ डाल दिया जाये। इससे जो बाजार में उनकी बदनामी होगी, उससे मार्केट शेयर काफी घट जायेगा। यह सॉल्यूशन उनकी सोच से परे था। हमारे बच्चों के स्कूल के शिक्षक भी उनसे बहुत प्रभावित थे, क्योंकि ये गुणा-भाग बिना केलकुलेटर के कर देते थे। उस समय वहाँ का कोई बच्चा बिना केलकुलेटर गुणा या भाग कर नहीं पाता था। जब मैंने उन शिक्षकों को बताया कि गुणा-भाग तो बिहार और भारत का हर भारतीय कर सकता है, तो वे चकित हो गये कि हम लोग गणित में कितना आगे हैं।

जब मैं ऑस्ट्रेलिया आया था, उस समय मुझे कंप्यूटर पर काम करना नहीं आता था, क्योंकि हिंदुस्तान में उस समय कंप्यूटर आ ही रहा था। विश्वविद्यालय स्तर का काम वहाँ कंप्यूटर पर ही होता था। वहाँ के शिक्षक हस्तलिखित कुछ भी स्वीकार नहीं करते थे। मजबूरी में मैंने भी कंप्यूटर सीखा। लेकिन मेरी स्पीड उतनी अच्छी नहीं थी। पंद्रह-बीस पेज के रिसर्च पेपर को टाइप करने में तीन-चार दिन का समय लगता। वह भी तब, जब कोई पढ़े और मैं टाइप करूँ। मेरा बेटा इस कमजोरी को जानकर खुश

हो रहा था। उसने मुझे प्रस्ताव दिया कि एक डॉलर प्रति पेज के हिसाब से वह टाइप कर देगा। मजबूरन मुझे पहले दो सेमेस्टर उससे कंप्यूटर पर टाइप कराना पड़ा। फिर धीरे-धीरे मैं कंप्यूटर पर टाइप करना सीख गया। ई-मेल का उपयोग भी करने लगा।

हम लोग दो सेमेस्टर *सदर्न क्रॉस विश्वविद्यालय* के लिस्मोर स्थित कैम्पस में रहे। अगले दो सेमेस्टर के लिए इस यूनिवर्सिटी के गोल्डकोस्ट कैम्पस में गये। गोल्डकोस्ट एक बहुत खूबसूरत टूरिस्ट प्लेस था। यहाँ मजे करने के अंतर्राष्ट्रीय इंतजाम थे। यहाँ बड़ी संख्या में जापान, सिंगापुर से पैसे वाले लोग आते थे और गोल्डकोस्ट का आनंद उठाते थे।

मैंने एमबीए के लिए ऑस्ट्रेलिया की यूनिवर्सिटी का चयन इसलिए किया था, ताकि मैं अपने पेड़-पौधे के शौक को भी आगे बढ़ा सकूँ। मैं जिस क्षेत्र में रहता था, उसके आस-पास काफी जंगल और दुर्लभ पौधों के संग्रहकर्त्ता थे। मैंने उस क्षेत्र की सभी प्रमुख नर्सरियों का भ्रमण किया और काफी दुर्लभ पौधे इकट्ठा किये। पेड़-पौधों का शौक मेरी पत्नी को भी था। हम दोनों साथ जंगलों में ट्रैकिंग करते थे। कई बार तो हम जंगलों में भटक भी गये, क्योंकि आबादी इतनी कम थी कि बहुत मुश्किल से कोई घर या लोग मिलते थे।

गाड़ी चलाते समय एक और समस्या होती थी कि मेरा हाथ बार-बार हॉर्न की ओर चला जाता, जबकि ऑस्ट्रेलिया में गाड़ी चलाते समय लोग शायद ही हॉर्न का उपयोग करते थे। हॉर्न का उपयोग तभी होता था, जब कोई घटना घट गई हो या कोई इमरजेंसी हो। बहुत मुश्किल से मैं अपने हाथ को हॉर्न पर जाने से रोक पाता। गाड़ी की पार्किंग भी एक समस्या थी, कहाँ कितने देर की पार्किंग की जा सकती है, यह लिखा होता था। देर हो जाने पर अगले दिन गाड़ी की फोटो के साथ एक फाइन का ऑर्डर आ जाता था। वहाँ का पूरा ट्रैफिक लगभग कैमरों के सहारे चलता था।

हम लोगों ने जब यूनिवर्सिटी में एडमिशन लिया था, उस समय वहाँ के एक बैंक में खाता खोला। बहुत बड़े बैंक में केवल दो कर्मचारी थे। वहाँ यह बताया गया कि हम वर्ष में दो ही बार मुफ्त में बैंक आ सकते हैं। दो बार से ज्यादा आने पर सर्विस फी देनी होगी। बैंक के अधिकांश काम फोन बैंकिंग से हो जाते थे। बिजली, पानी, किराये

आदि का भुगतान भी फोन से हो जाता था। एटीएम का उपयोग भी पहली बार वहीं पर किया। गोल्डकोस्ट लिस्मोर से बहुत महँगा था।

मॉरीशस

मॉरीशस के बारे में कहा जाता है कि भारत से दूर एक और भारत है। यहाँ आकर आपको अपने देश में रहने जैसा ही लगता है। मॉरीशस से बिहार का बहुत पुराना और गहरा संबंध है। वर्ष 1840 से 1880 तक बड़ी संख्या में बिहार के लोग मजदूर के रूप में मॉरीशस आये। इन्हें अंग्रेजों द्वारा गन्ने की खेती के लिए ले जाया गया था।

मॉरीशस की आज जो जनसंख्या है, उसके आधे से अधिक लोग बिहारी मूल के हैं। वहाँ भोजपुरी एक प्रमुख भाषा रही है। बिहारी मूल के लोग ही वहाँ राष्ट्रपति, प्रधानमंत्री, संसद के अध्यक्ष आदि बनते रहे हैं। भारत से मॉरीशस का मैत्रीपूर्ण संबंध रहा है। भारत ने वहाँ की भौतिक संरचना के विकास में बहुत योगदान किया है। हम लोग मॉरीशस से अपने संबंधों को और बढ़ाना चाहते थे और बिहारी मूल के लोगों को बिहार भ्रमण के लिए आमंत्रित करना चाहते थे। वे लोग बिहार में आयें, उन स्थानों पर जायें, जहाँ से उनके पूर्वज मॉरीशस आये थे। बिहार के विकास में पूँजी लगायें।

माननीय मुख्यमंत्री को मॉरीशस-भ्रमण का न्योता मिला। माननीय मुख्यमंत्री के साथ बिहार से एक दल मॉरीशस गया, जिसमें मैं भी था। मॉरीशस में हमारा भव्य स्वागत हुआ। यह हिंद महासागर के तट पर स्थित एक छोटा-सा खूबसूरत द्वीप है। वहाँ का हाई एंड टूरिज्म बहुत विकसित है। वहाँ के समुद्र का तट सफेद बालू से बना है और वहाँ वॉटर स्पोर्ट्स भी बहुत विकसित है।

मॉरीशस के चार दिनों के प्रवास में हम मॉरीशस में अवस्थित मंदिरों और अन्य धार्मिक स्थलों पर गये। वहाँ एक गंगा तालाब है। वहाँ के एक मृत ज्वालामुखी के क्रेटर के काफी बड़े क्षेत्र में पानी जमा था, जिसमें वहाँ के तत्कालीन प्रधानमंत्री श्री शिवसागर रामगुलाम जी ने भारत से गंगाजल लाकर इसमें डाला और उसका नाम,

"गंगा तालाब" रखा गया। वहाँ भगवान शिव का एक भव्य मंदिर है और बहुत ऊँची मूर्ति भी। हम लोग पटना से गंगाजल और चाँदी की मछलियाँ ले गये थे। माननीय मुख्यमंत्री ने उसे गंगा तालाब में प्रवाहित किया।

बिहार का प्रभाव वहाँ के खाने और कपड़े पर भी है। पुरानी पीढ़ी के लोग घरों में भोजपुरी बोलते हैं। खाने में दाल की पुड़ी बहुत प्रसिद्ध है। बिहार से जो मजदूर ले जाये गये थे, वे जिस जगह मॉरीशस में उतरे थे, उसे "अप्रवासी घाट" कहा जाता है और इसे यूनेस्को से "विश्व धरोहर स्थल" का दर्जा प्राप्त है।

हम लोग अपने साथ एक सांस्कृतिक दल लेकर गये थे, जिन्होंने मॉरीशस में कई जगहों पर बिहार के लोकगीत एवं लोकनृत्यों का प्रदर्शन किया। मॉरीशस सरकार ने भी हम लोगों के स्वागत में एक भव्य सांस्कृतिक कार्यक्रम किया, जिसमें बिहार से मॉरीशस पहुँचने और मॉरीशस के निर्माण में बिहार की भूमिका को एक नृत्य-नाटिका के रूप में प्रस्तुत किया गया था। अप्रवासियों का मॉरीशस में शुरू का जीवन कभी कठिन एवं संघर्षमय था। उन्होंने वहाँ रेल लाइन बिछाई, सड़कें बनाईं, खेतों को उपजाऊ बनाया और बहुत कम मजदूरी में अपना जीवनयापन किया। ये सब मॉरीशस के लोक-गीतों एवं लोक-नृत्यों में अच्छे रूप से संकलित हैं। जब हम मॉरीशस गये थे, तब वहाँ के प्रधानमंत्री श्री नवीनचंद्र रामगुलाम एवं राष्ट्रपति श्री अनिरुद्ध जगन्नाथ थे। ये दोनों बिहारी मूल के थे। श्री नवीनचंद्र रामगुलाम ने माननीय मुख्यमंत्री को अपने निर्वाचन क्षेत्र का पैदल भ्रमण कराया। वह दृश्य अविस्मरणीय था। सड़क के दोनों तरफ लोग कतारबद्ध खड़े थे और फूलों की वर्षा हो रही थी।

मॉरीशस में जो अप्रवासी आये थे, उनकी संक्षिप्त विवरणी एक रजिस्टर के रूप में वहाँ संधारित है। इससे लोग पता कर सकते हैं कि वह किस जाति के हैं और कहाँ से गये थे और कब आये थे। हम लोगों ने इस सूचना को कंप्यूटरराइज करने की सलाह दी। हम लोगों ने वहाँ यह प्रस्ताव रखा कि यहाँ से लोग बिहार आयें, हम उनके गाँव को खोजने में उनकी सहायता करेंगे, जिससे वे अपने पुराने संबंधियों के परिवार से मिल सकेंगे। मॉरीशस में मुझे बहुत मजा आया। चारों तरफ खूबसूरत समुद्र का किनारा था और समुद्री खानों की गुणवत्ता भी बहुत अच्छी थी। मॉरीशस को

अंतर्राष्ट्रीय टूरिज्म से बड़ी आय होती है। यहाँ भारतीयों का भी कई क्षेत्रों में काफी बड़ा इंवेस्टमेंट है।

बिहार एवं मॉरीशस के संबंधों को प्रगाढ़ करने के लिए बिहार के मुख्यमंत्री ने श्री शिवसागर रामगुलाम जी की एक आदमकद प्रतिमा पटना के गाँधी मैदान के समीप लगाने का निर्णय लिया। दो वर्षों में श्री शिवसागर रामगुलाम, जो आधुनिक मॉरीशस के निर्माता थे, की आदमकद मूर्ति पटना के गाँधी मैदान के पास लगाई गई। उस मूर्ति के अनावरण के लिए मॉरीशस के प्रधानमंत्री श्री नवीनचंद्र रामगुलाम को आमंत्रित किया गया। वे शिवसागर रामगुलाम के पुत्र थे। उनके आगमन पर हमने उनका भव्य स्वागत किया। उन्हें उनके पूर्वजों के गाँव ले गए। उनके सम्मान में पटना के गाँधी मैदान में एक भव्य सांस्कृतिक कार्यक्रम आयोजित किया गया। सांस्कृतिक कार्यक्रम में बिहार गौरव-गीत का प्रदर्शन देखकर वे अभिभूत हो गए। उन्होंने इस कार्यक्रम को मॉरीशस में कराने का अनुरोध किया। हमने वह टीम मॉरीशस भेजी।

पाकिस्तान

माननीय मुख्यमंत्री श्री नीतीश कुमार की पाकिस्तान देखने की बहुत इच्छा थी। खासकर तक्षशिला जाकर सिंधु घाटी सभ्यता को समझने और जानने की इच्छा थी। पाकिस्तान सरकार के आमंत्रण पर माननीय मुख्यमंत्री के नेतृत्व में बिहार से एक दल पाकिस्तान जाने के लिए गठित हुआ, जिसमें मैं भी था।

पाकिस्तान के साथ विचित्र स्थिति है कि पाकिस्तान देश का वीजा नहीं मिलता है, बल्कि शहरों का वीजा मिलता है। हिंदुस्तान भी पाकिस्तानियों के साथ ऐसा ही करता है। खैर, हम लोगों ने पाकिस्तान के इस्लामाबाद, लाहौर एवं कराची का वीजा लिया। पाकिस्तान पहुँचने पर तक्षशिला देखने के लिए वहाँ का वीजा पाकिस्तान में ही लेना पड़ा। हम लोग इस्लामाबाद पहुँचे। हमारा स्वागत राजकीय सम्मान के साथ किया गया। हम लोग जब पाकिस्तान में थे, तब दीपावली का समय था। दीपावली की रात हम लोगों का पाकिस्तान के राष्ट्रपति श्री आसिफ अली जरदारी के आमंत्रण

पर रात्रिभोज उनके साथ हुआ। वहाँ माननीय मुख्यमंत्री को एक खूबसूरत कालीन गिफ्ट में मिला। रावलपिंडी में हम लोग श्री इमरान खान के आमंत्रण पर उनके घर भी गये। उन्हें बिहार के विकास का फॉर्मूला बहुत पसंद था। उन्होंने अपने दल के सभी नेताओं को बुला रखा था। उन लोगों ने मुख्यमंत्री से बिहार के विकास के तरीके एवं योजनाओं पर बहुत देर तक बातचीत की। इस्लामाबाद एक योजनाबद्ध रूप से विकसित एक आधुनिक शहर है। इस्लामाबाद से हम कराची गये।

पाकिस्तान में सेना का प्रभाव स्पष्ट था। एयरपोर्ट पर उतरने के बाद से सेना के पदाधिकारी हमारे साथ थे। शहर के चौक-चौराहों पर भी हमारी पुलिस की तरह सेना के जवान दिखते थे। वहाँ के लोग भी बातचीत में, विधि व्यवस्था के संधारण में पुलिस के बदले सेना की कार्यवाहियों का उल्लेख करते थे। यह बात हमें कराची में ज्यादा मिली। यहाँ विधि व्यवस्था की स्थिति अन्य शहरों की तुलना में ज्यादा खराब थी और लोग भी डरे-सहमे रहते थे।

कराची में बिहारी मूल के लोगों की बहुत बड़ी संख्या थी। वहाँ हमारा स्वागत और जोर-शोर से हुआ। इनमें से कुछ देश के बँटवारे के समय सीधे कराची पहुँचे थे। कुछ बाद में बांग्लादेश बनने के बाद बांग्लादेश से कराची गये थे। इनकी आर्थिक स्थिति तुलनात्मक रूप से अच्छी नहीं थी। उनका लगातार हुकूमत के विरुद्ध आंदोलन चलता रहता था। जब हम लोग उनसे मिले तो हमें बताया गया कि बिहार के बाहर दुनिया में बिहारियों की सबसे बड़ी आबादी कराची में ही है, जो लगभग बीस लाख से भी ज्यादा हैं। हम लोग कराची के बाजारों में भी गये और कुछ कपड़े आदि खरीदे। वहाँ के दुकानदारों ने हमारी काफी इज्जत की और पैसे भी काफी कम लिए। मैंने पाया कि पाकिस्तान उत्तर भारत से बहुत मिलता-जुलता है। खाने-पीने का ढंग, कपड़े पहनने का ढंग, शरीर की बनावट, चेहरा आदि भी मिलते-जुलते हैं। भाषा की भी कोई समस्या नहीं है। सब लोग हिंदी समझते-बोलते हैं। वहाँ के लोगों की मुख्य माँग थी कि भारत जाने के लिए आसानी से वीजा मिलना चाहिए, ताकि वे अपने सगे-संबंधियों से मिले सकें। उन्हें हिंदुस्तान में बनने वाले सामान भी बहुत पसंद थे। लेकिन भारत से सामान दुबई या अन्य देशों से होकर आता था, जिसके कारण महँगा हो जाता था।

वे चाहते थे कि भारत और पाकिस्तान के बीच लोगों के आने-जाने और व्यापार करने की स्वतंत्रता हो। दोनों ही देशों की फौजें लड़ती रहें, लेकिन लोगों के संबंध अच्छे किये जा सकते हैं। हम लोगों को कराची में गवर्नर ने डिनर पर बुलाया। हम लोग जब वहाँ पहुँचे तो गवर्नर साहब ने बताया कि उनकी पत्नी ने हिदायत दी है कि उनके नैहर के लोगों का खास ख्याल होना चाहिए। उनकी पत्नी उस समय पाकिस्तान में नहीं थीं। उनके पूर्वज पटना के सब्जीबाग से गये थे। कराची के बाद हम लोग तक्षशिला के खंडहर को देखने गये।

तक्षशिला में कुछ ही क्षेत्र में उत्खनन हुआ। इससे विश्वविद्यालय के भग्नावशेष और उस समय के बसावट की जानकारी मिलती है। उत्खनन का क्षेत्र एक नदी के किनारे थोड़ी ऊँचाई पर था। भग्नावशेष को देखकर स्पष्ट था कि उस बसावट में स्नानागार, ड्रेनेज की नालियों आदि का विकास हो चुका था। उस समय के घर भी एक योजनाबद्ध तरीके से बनाये गये थे। तक्षशिला की खुदाई अंग्रेजों द्वारा आजादी के पूर्व की गई थी।

हम लोग तक्षशिला खुदाई के परिसर के बगल में बने संग्रहालय में भी गये। वहाँ भगवान बुद्ध के कई रूप की प्रतिमाएँ थीं, जो गांधार शैली में थीं। संग्रहालय में बहुत अच्छे ढंग से खुदाई में मिले बर्तनों, आभूषणों एवं दैनिक उपयोग की वस्तुओं का बहुत अच्छा संग्रह किया गया था।

हमारी यात्रा का अंतिम पड़ाव लाहौर था। लाहौर में हम लोग श्री नवाज शरीफ से मिले, जो उस समय प्रधानमंत्री नहीं थे। उनका घर सैकड़ों एकड़ के परिसर में था। घर एक भव्य महल था, जहाँ हर तरह की आधुनिक सुविधाएँ थीं। उनके आवासीय परिसर में हेलीपैड तो था ही, बड़ी संख्या में जीव-जंतु पूरे परिसर में घूम रहे थे। उनके घर पर चिड़ियों के अलावा मोर, बगुले, शुतुरमूर्ग आदि जानवर दिखाई दिये। श्री नवाज शरीफ आत्म-विश्वास से भरे थे। हमें ऐसा लगा कि वे निश्चिंत हैं कि अगली बार वे प्रधानमंत्री बनेंगे और बने भी।

लाहौर के मुख्यमंत्री मियाँ शब्बाज शरीफ थे, जो नवाज शरीफ के छोटे भाई थे। हम लोगों के सम्मान में मुख्यमंत्री ने भोज दिया। हम वहाँ लाहौर के प्रमुख व्यक्तियों

से मिले। लाहौर में हम उनके एक मंत्री के गाँव भी गये और वहाँ के ग्रामीण जीवन को देखा। वहाँ का ग्रामीण जीवन पंजाब से बहुत मिलता-जुलता था। लाहौर प्रांत में सिंचाई की बहुत अच्छी सुविधा नहरों के माध्यम से थी, जो अंग्रेजों के जमाने में बनाई गई थी। फलों के बड़े-बड़े बाग-बगीचे भी थे। वहाँ खेती भी काफी अच्छी थी।

पाकिस्तान का भ्रमण भारत के ही एक हिस्से के भ्रमण जैसा लगा। वहाँ हिंदुस्तान की तुलना में अमीरी और गरीबी ज्यादा थी। कुछ लोग बहुत धनी थे। उनके पास काफी जमीन थी। वहाँ लैंड सीलिंग पाँच सौ एकड़ प्रति परिवार थी। दूसरी ओर बड़ी आबादी काफी गरीब थी और किसी तरह अपने खाने-पीने का इंतजाम कर पा रही थी। पाकिस्तान के सौ परिवार जिनके पास काफी संपदा है, उनके बच्चे विदेशों में पढ़ते थे। वे राजनीति, व्यापार, न्यायपालिका, सेना आदि में शीर्ष स्थानों पर थे। स्थानीय पुलिस तो थी, लेकिन सेना का प्रभाव वहाँ के जन-जीवन पर सीधा और स्पष्ट था। कराची में तो गुटों के बीच बराबर आतंकवादी घटनाएँ घटती थीं। सेना का डर चारों तरफ था। लोग शाम के बाद कम ही घरों से निकलते। वहाँ इस्लामिक देश होने के कारण नशाबंदी थी, लेकिन पर्यटकों के लिए फाइव स्टार होटलों में शराब मिलती थी।

पाकिस्तान में एक अच्छा नियम है कि शादी में केवल एक मुख्य व्यंजन बना सकते हैं। शादी में फिजूलखर्ची नहीं की जाती। पाकिस्तान की अल्पसंख्यक आबादी, जो हिंदू और सिख हैं, उनसे मिलने का हमें मौका मिला। वहाँ अल्पसंख्यकों के लिए संसद में कुछ सीटें आरक्षित थीं। हम हिंदुओं के मंदिर और सिखों के गुरुद्वारों में भी गये। हम ननकाना साहिब गुरुद्वारे गये थे, जहाँ वहाँ के प्रमुख मुख्यमंत्री हम सबके चरण स्पर्श करना चाहते थे। उनका कहना था कि हम पटना साहिब से आये हैं। इसलिए हम बहुत पवित्र हैं और वे हमारे चरण स्पर्श कर धन्य होना चाहते हैं।

बिहार के मुख्यमंत्री ने पोलियो के निराकरण से संबंधित बिहार का अनुभव बताया। क्योंकि पाकिस्तान के लिए अब भी पोलियो समस्या बनी हुई थी। बिहार में पोलियो उन्मूलन में सभी जिला पदाधिकारियों को सीधे लगाया गया था और उन्हें अपने-अपने जिलों को पोलियो मुक्त कराने की चुनौती दी गई थी। जिलों को

अधिकार दिया गया था कि पोलियो के निवारण कार्य में जैसे पोलियो ड्रॉप पिलाने के अभियान में वे किसी भी विभाग के कर्मचारी का उपयोग कर सकते हैं। मुख्यमंत्री के स्तर पर भी इस कार्यक्रम की लगातार समीक्षा की जाती रही। इससे पाकिस्तान के लोगों को यह संदेश दिया गया कि इसे देश के राष्ट्रीय कार्यक्रमों में प्राथमिकता देनी होगी और एक अभियान के रूप में जनसहभागिता कराकर इस कार्य को पूरा किया जा सकता है।

चीन

2010 का एशियाड गुआंग्झोऊ, चीन में 12 से 27 नवंबर, 2010 को आयोजित किया गया था। मैं भारतीय कबड्डी टीम के प्रबंधक के रूप में एशियन गेम्स के लिए भारतीय कबड्डी संघ द्वारा मनोनीत किया गया था। एशियन गेम्स में कबड्डी का स्वर्ण पदक भारत लगातार जीत रहा था। इस खेल में पुनः भारत के श्रेष्ठ प्रदर्शन की उम्मीद थी।

कबड्डी के फाइनल में पुरुष वर्ग की टीम ने ईरान को हराया और महिलाओं की भारतीय टीम ने फाइनल में थाईलैंड को हराया। कबड्डी का खेल भारत में ही विकसित हुआ और एशिया के प्रमुख देशों में फैला। मैं कबड्डी संघ से बहुत पहले से ही जुड़ा हुआ था। हम लोग विभिन्न एशियाई देशों में कबड्डी के कोच भेजते थे और कबड्डी की राष्ट्रीय टीम को तैयार करते थे। धीरे-धीरे अन्य देशों की टीम भी मजबूत होने लगी। ईरान, दक्षिण कोरिया, थाईलैंड आदि की टीम ने काफी प्रगति की। जब भारत की पुरुष और महिला टीम गोल्ड लेकर विजयी हुई, तो भारत के राष्ट्रीय गान की धुन बजाई गई। यह गौरव का क्षण था।

मैं पहली बार चीन गया था। वहाँ सबसे बड़ी समस्या भाषा की थी। सुबह नाश्ते के समय ऑर्डर करने में काफी दिक्कत होती थी। होटल के रिशेप्सन में भी अंग्रेजी कुछ लोग ही समझते थे। खाने के ऑर्डर के लिए गूगल ट्रांसलेट का उपयोग करना पड़ता। बाद में मुझे एक द्विभाषीय युवक भारत के पर्यटन मंत्रालय के सहयोग से मिला। उससे

मैंने बहुत सारी बातें जानीं। जैसे किसी व्यक्ति की संपति पर अधिकार 70 वर्ष के लिए होता है, क्योंकि वहाँ औसतन जीवनकाल 70 वर्ष माना जाता है। व्यक्तिगत संपति को बेचना-खरीदना भी मुश्किल काम था। कौन किस शहर में रहेंगे या बच्चे कहाँ पढ़ेंगे, यह सरकारी तंत्र तय करता था। एशियाड के लिए गुआंग्झोऊ शहर ने भौतिक संरचनाओं को काफी विकसित कर आधुनिक कर लिया था।

मुझे बताया गया कि एशियाड के लिए शहर में सौ से ज्यादा फ्लाईओवर तीन वर्षों में बनाये गये हैं, जो अविश्वसनीय लगता था। लेकिन सच में बहुत सारे फ्लाईओवर बने हुए थे। लोग देर तक बात करते हुए नाश्ता करते और पानी के बदले चाय ही पीते। चीन में पहले दिन नाश्ता करते समय मेरे सामने चाय की एक केतली रखी गई, जिसमें गर्म पानी था। बाद में उसमें ग्रीन टी की पत्तियाँ डाल दी गईं और उसी को छोटे प्याले में निकालकर मैं पीता रहा। पहले दिन तो उतना अच्छा नहीं लगा, लेकिन फिर आदत हो गई और ग्रीन टी ही अच्छी लगने लगी। खाने में सोयाबीन का बहुत उपयोग था। मैं सब्जियों के अलावा मछली और अंडा खाता रहा। गुआंग्झोऊ में एक कहावत थी कि वे लोग चलती हुई वस्तुओं में से कार और प्लेन को छोड़कर सब खाते हैं। भारत में जो चाइनीज खाना मिलता है, वह चीन में मिलने वाले चाइनीज खाने से बहुत भिन्न था। अधिकांश खाने उबले हुए और बिना मसाले के थे। मुझे यह भी पता चला कि वे लोग किसी भी वस्तु को प्रकृति जिस रूप में देती है, उसी रूप में खाना पसंद करते हैं। जैसे—मछली मँगाने पर पूरी मछली आती, जिसमें उसकी आँख, पूँछ आदि सब लगी होती।

उनके खाने का एक और तरीका भी बड़ा अच्छा था। हम लोग रेस्तरां में खाने गये। वहाँ टेबल के बीच में एक हॉट प्लेट थी, और उस पर पानी का एक बर्तन। जिस खाने का ऑर्डर दिया जाता, वह कच्चे रूप में टेबल पर सर्व होता, फिर उसे हॉट प्लेट में उबलते पानी में डालकर पकाना होता। पकाने के तरीका का फॉर्मूला यह था कि जो चीज सबसे देर में पके, उसे पानी में पहले डाला जाये। जैसे मैंने चिकन डाला, फिर मछली डाली, फिर सब्जियाँ डालीं और अंत में सलाद के पत्ते। खाने के क्रम में ठीक उलटा था। सबसे पहले सलाद खाना था, फिर सब्जियाँ, फिर मछली और अंत में

चिकन। टेबल पर कुछ मसाले जैसे नमक, मिर्च, सोयासॉस आदि रखा हुआ था, जिसे लोग स्वादानुसार खाने में मिलाकर खा रहे थे।

एक बार मैं स्टेडियम से अपने होटल लौट रहा था। मेरे साथ चीन के टूरिज्म विभाग की एक गाइड थी। होटल पहुँचने पर मैंने देखा कि कोई महिला टैक्सी के लिए खड़ी है। मैं जल्दी से हाथ में जो बैग था, उसे लेकर उतर गया। मेरे दोनों मोबाइल टैक्सी में ही रह गये। वह महिला टैक्सी में बैठी और चली गई। मुझे दो मिनट में पता चल गया कि मेरा मोबाइल टैक्सी में छूट गया है। मेरी गाइड ने बहुत कोशिश की कि मेरा मोबाइल मिल जाये, लेकिन ऐसा हुआ नहीं। उस टैक्सी के ड्राइवर से तो संपर्क हुआ, लेकिन उसने बताया कि जो महिला होटल के सामने चढ़ी थी, वह दो किलोमीटर के बाद टैक्सी से उतरकर चली गई। शायद उसी ने मोबाइल ले लिया होगा। अब मेरे सामने बहुत बड़ी समस्या थी कि मोबाइल में ही सारे संपर्क के फोन नंबर थे। मुझे केवल पटना के अपने घर का लैंड लाइन नंबर याद था। बाकी कोई नंबर याद नहीं था। चीन में नया मोबाइल लेना भी कठिन कार्य था। खैर, मेरी गाइड ने अपने नाम पर एक मोबाइल लिया और पटना फोन कर महत्वपूर्ण नंबरों को इकट्ठा किया। तब जाकर आगे के चार-पाँच दिनों तक काम चला।

एशियन गेम्स के लिए गुआंग्झोऊ शहर को बहुत सजाया और संवारा गया था। गुआंग्झोऊ शहर एक बड़ी नदी के किनारे बसा हुआ था। रात में उस नदी में मोटर लॉन्च से गुआंग्झोऊ शहर को देखना बहुत खूबसूरत अनुभव था। दो-तीन दिन रहने पर मुझे स्पष्ट हुआ कि चीन ने अपने शहरों का बहुत विकास किया है, लेकिन गाँव में अभी भी काफी गरीबी है। दूसरी बात जो सामने आई, वह यह कि सरकार के सारे कड़े कानून जन सामान्य के लिए थे। जो लोग पार्टी से जुड़े थे, उन पर बहुत सारे कानून लागू नहीं होते थे। वहाँ सरकार के निर्णय को रोकना बहुत मुश्किल था। अगर सरकार ने किसी सड़क को चौड़ा करने का निर्णय ले लिया, तो सारे लोग उसके लिए आवश्यक जमीन छोड़ देते थे। भारत में तो इसकी कल्पना भी नहीं की जा सकती।

मैं दोबारा चीन बिहार संग्रहालय के कारण गया। बिहार संग्रहालय के अंदर के फैब्रीकेशन का कार्य सिंगापुर की एक कंपनी सिटी नियॉन को मिली थी। सिटी नियॉन

म्यूजियम के अंदर फैब्रीकेशन का कार्य करने वाली विश्व की सर्वश्रेष्ठ कंपनियों में से एक थी। फैब्रीकेशन के कार्यों की समीक्षा के क्रम में एक टीम के साथ सिंगापुर गया। यद्यपि फैब्रीकेशन का काम सिंगापुर की कंपनी ने लिए थे, लेकिन वह अधिकांश कार्य चीन के जियामिन नामक शहर में कर रहे थे। जियामिन चीन के दक्षिणी-पूर्वी भाग में अवस्थित फुजियान प्रांत में अवस्थित है। सिंगापुर की अधिकांश कंपनियाँ, जो दुनिया के विभिन्न देशों से काम लेते थे, उनका फैब्रीकेशन, मलेशिया या चीन में कराते थे। इसका कारण यह बताया गया कि सिंगापुर अपने देश में प्रदूषण नहीं बढ़ाना चाहता और न ही अपनी आधारभूत संरचना पर ज्यादा दबाव बढ़ाना चाहता है।

जियामिन एक बहुत खूबसूरत छोटा शहर है। वहाँ भी रोड की आधारभूत संरचना पर काफी खर्च किया गया था। मैंने हाइवे से थोड़ी दूर बड़े-बड़े पेड़ों को दो पंक्तियों में लगा पाया। पूछने पर उन लोगों ने बताया कि वहाँ सड़क बननी है, इसलिए पहले से ही पेड़ लगा दिये गये हैं, ताकि जब सड़क बने तो बड़े पेड़ दोनों किनारे हों। इसी तरह जब उनके ग्रामीण क्षेत्र को देखने गया तो रास्ते में दो सौ एकड़ में दो बड़े-बड़े कैंपस तैयार मिले। मैंने अपने गाइड से पूछा, "क्या यह विश्वविद्यालय है?" मुझे बताया गया कि दोनों परिसर अभी खाली हैं। यहाँ क्या होगा, अभी यह तय किया जाना है। यह मेरे लिए अत्यंत आश्चर्यजनक था। एक और खूबी जो दिखाई पड़ी कि किसी चाइनीज से चाइनीज सरकार से संबंधित कोई सूचना प्राप्त करना असंभव है। उनके चेहरे पर हर समय एक मुस्कान रहती है और लोग काफी सोच-समझकर ही जवाब देते हैं। जियामिन में हम भगवान बुद्ध के एक मंदिर में गये। वहाँ प्रवेशद्वार पर लाफिंग बुद्धा की बहुत बड़ी प्रतिमा थी और उसके अंदर जाने पर बुद्ध की दूसरी बड़ी सामान्य प्रतिमा। वहाँ पता चला कि चाइनीज लोग लाफिंग बुद्धा की बहुत इज्जत करते हैं, और उनका आदर उसी तरह होता है, जिस तरह भारतीय मंदिर में भगवान गणेश का।

सिंगापुर

सिंगापुर एक छोटा देश होते हुए भी अत्यंत विकसित देश है, जो तकनीक में बहुत आगे है। वहाँ एक से ज्यादा गाड़ी रखना बहुत मुश्किल है। वहाँ हर गाड़ी अल्टरनेटिव

दिन ही चल पाती है। सार्वजनिक ट्रांसपोर्ट का उपयोग ही मुख्य रूप से किया जाता है। साफ-सफाई पर खास ध्यान रखा जाता है। यत्र-तत्र थूकने पर सौ डॉलर का जुर्माना है। सिटी नियॉन के कार्यालय में भी देखा कि उनका पूरा भवन और केबिन बिना फॉल्स सीलिंग के था। बिजली एवं पानी के डक्ट और पाइप फॉल्स सीलिंग से छुपाये नहीं गये थे, बल्कि सीलिंग से लगे हुए थे। कंपनी एक टीम के रूप में काम करती थी, जिसमें मैनेजिंग डायरेक्टर का कमरा भी अन्य कर्मियों के कमरे जैसा ही था।

हम लोगों ने चीन एवं सिंगापुर के प्रमुख संग्रहालयों को देखा। वहाँ मुझे विधि व्यवस्था के लिए कहीं कोई पुलिस नहीं दिखाई पड़ी। ट्रैफिक भी बिना ट्रैफिक पुलिस के ही चल रहा था। लोग बेहद अनुशासनप्रिय थे। वे प्रजातीय विभिन्नता के बावजूद काफी प्रेम से रहते थे। वहीं सरकार का हाउसिंग और स्कूल में बड़ा अच्छा नियम था। किसी भी आवासीय बिल्डिंग एवं स्कूल में समुदाय के प्रतिनिधित्व के आधार पर फ्लैट एवं स्कूल में उनकी संख्या निर्धारित की जाती। सभी समुदाय के बच्चे शुरू से ही मिल-जुलकर पढ़ते थे। इसलिए उनमें आपसी भाईचारा भी बहुत होता था।

कोलंबिया

लैटिन अमेरिका के कोलंबिया में शिक्षा का एक प्रयोग एस्कुएला नुएवा के नाम से चल रहा था। यूनिसेफ की तरफ से मैं इस मॉडल के अध्ययन के लिए कोलंबिया गया। कोलंबिया की शिक्षा की समस्या भारत से मिलती-जुलती थी। वहाँ भी शिक्षकों एवं संसाधनों की कमी थी। हमें कोलंबिया के दो प्रमुख शहर बोगोटा एवं कार्टाजेना के आस-पास के स्कूलों को देखना था। हम कोलंबिया की राजधानी बोगोटा पहुँचे। वहाँ एक होटल में ठहरे। कोलंबिया का महत्व मेरे लिए एक अन्य कारण से भी था। यहाँ सायकस की जामिया वेरायटी के पौधे मिलते हैं। लेकिन वे पौधे कोलंबिया की पहाड़ियों में जहाँ उगते हैं, वहाँ अवैध ड्रग का व्यापार चलता है। मैंने वहाँ एक लड़के से दोस्ती की और डील यह हुई, कि मैं उसे योग सिखाऊँगा और वह मुझे अपनी गाड़ी से कोलंबिया घुमायेगा। गाड़ी में तेल भरने का काम और रास्ते में खाने-पीने की सारी व्यवस्था मुझे करनी थी। उसने शुरू में ही बता दिया कि पहाड़ियों पर जाकर उन पौधों

को ढूँढ़ना बहुत मुश्किल है। इसलिए बोगोटा के वानस्पतिक उद्यान में उसे ढूँढ़ा जाये। बोगोटा का वानस्पतिक उद्यान सुंदर और बड़ा था। लेकिन वहाँ वे पौधे नहीं थे, जिन्हें मैं चाह रहा था। उन लोगों ने भी कोलंबिया के पहाड़ी क्षेत्र से उन पौधों को जमा नहीं किया था। उस क्षेत्र में सामान्य व्यक्ति को आने-जाने में काफी कठिनाई थी।

तब मैंने अपने विचार बदलकर कोलंबिया के ग्रामीण जीवन के अध्ययन का विचार बनाया। हम लोग बोगोटा से लगभग सौ किलोमीटर दूर कई गाँवों में गये। जैसे हम लोग गेहूँ-चावल खाते हैं, उसी प्रकार कोलंबिया के लोग मक्का खाते हैं। मक्के की तरह-तरह की ब्रेड बनती है। उससे वाइन भी बनती है। मैं उसी गाँव में एक जगह खाना खा रहा था। उस छोटे से रेस्तरां में मिलने वाला खाना, मुझे बहुत सादा एवं फीका लगा। मैंने बैरा से पूछा कि क्या लोग यहाँ मिर्च नहीं खाते? मैंने उस ढाबानुमा रेस्तरां के बैरा से मिर्च लाने को कहा। वह एक छोटे प्लेट में एक हरी मिर्च लेकर आया, जिसके बगल में दो टॉफी रखी हुई थी। मुझे अंदाजा हो गया था कि वह मिर्च कितनी तीखी होगी। मैंने वह मिर्च खाई और सच में उसके बाद टॉफी खानी पड़ी।

उस गाँव में कोई त्योहार का आयोजन था। सब लोग सुंदर-सुंदर परिधान में एक जुलूस के रूप में एक छोटे स्टेडियम की ओर जा रहे थे। उस छोटे स्टेडियम में बुल फाइट होने वाली थी। मैंने पहली बार अपनी आँखों से बुल फाइट देखी, जो वस्तुतः खेल और नृत्य का एक अद्भुत संगम था।

मैंने कोलंबिया में दो संग्रहालय देखे। एक सोने का संग्रहालय था, जिसमें शुद्ध सोने की विभिन्न कलाकृतियाँ प्रदर्शित थीं। कोलंबिया में काफी सोना मिलता था। उनके पास सोने की बहुत पुरानी-पुरानी कलाकृतियाँ थी। मैंने सोने का संग्रहालय पहले कभी नहीं देखा था। कोलंबिया में एमराल्ड नाम का कीमती पत्थर भी काफी पाया जाता है।

दूसरे संग्रहालय में विभिन्न तरह के मक्के के बीज प्रदर्शित थे। एक जमाने में कोलंबिया में तीस से ज्यादा रूप एवं रंगों के मक्के उपजाये जाते थे। धीरे-धीरे ज्यादा खेती के नाम पर मक्के की सारी नस्लें खत्म हो गई। अब केवल दो प्रकार के मक्के

की खेती कोलंबिया में होती है। हम अपनी जैविक विविधता को किस प्रकार मिटा रहे हैं, इसका यह एक बहुत अच्छा उदाहरण था।

कोलंबिया में हाल के वर्षों में शिक्षा के क्षेत्र में एक बहुत बड़ा परिवर्तन आया था। वहाँ भी शिक्षकों की कमी थी। स्कूल में कमरे कम थे। शिक्षा पर कोलंबिया द्वारा किया जाने वाला व्यय भी तुलनात्मक रूप से कम था। एस्कुएला नुएवा मॉडल में कुछ नई बात थी। अगर वहाँ किसी स्कूल में दो कमरे थे, तब प्राथमिक पाँच कक्षाओं के बच्चों को उनके स्तर के आधार पर सात-आठ ग्रुप बनाकर कमरें में अलग-अलग बैठा दिया जाता था। स्कूल में ऐसे फर्नीचर खरीदे गये थे, जिन्हें कई तरह से लगाया जा सकता था। कमरे के एक कोने में पाठ्य-पुस्तक एवं पढ़ाई-लिखाई से संबंधित सामग्रियाँ, नक्शे, औजार आदि एक साथ रखे हुए रहते थे। जिस बच्चे को जिस किताब या जिस औजार की जरूरत होती, वह वहाँ से ले लेता और उपयोग कर वहाँ वापस रख देता। हर बच्चे को अलग से पाठ्य-पुस्तक देने का प्रावधान नहीं था। बच्चे पाठ्य-पुस्तकों को घर भी नहीं ले जा सकते थे। अगर कभी कोई बच्चा बीमार होता और कुछ दिनों तक विद्यालय नहीं आ पाता, तब अपने पाठ को पूरा करने के लिए उससे संबंधित किताब घर ले जाने की इजाजत दी जाती। क्षमता के अनुसार छात्रों को स्तरों में बाँटने से फायदा यह होता था कि तेज छात्रों पर शिक्षकों को बहुत समय नहीं लगाना पड़ता था। जो छात्र जिस विषय में अच्छे थे, उनका उपयोग वे शिक्षकों के रूप में करते। वे बच्चे अपने नीचे स्तर वाले बच्चों के साथ बैठकर उनकी समस्याओं को हल करते और उन्हें पढ़ाते भी। इस प्रकार दो शिक्षक आसानी से सौ बच्चों का स्कूल चला पा रहे थे। किताबी ज्ञान से ज्यादा व्यावहारिक ज्ञान पर बल था। जैसे किसी बीमारी के बारे में बताने के बाद उन्हें होमवर्क मिलता कि वे अपने माता-पिता और पास-पड़ोस से इस संबंध में जानकारी इकट्ठा करें। वे बच्चे उन बीमारियों के होने के कारण, उन बीमारियों से बचाव एवं उपचार के लिए अपने माता-पिता एवं पड़ोसियों के पास जाते। इससे वे बहुत सारी ऐसी बातें सीखते थे, जो उन किताबों में नहीं होती थीं।

मैंने जब उन्हें बताया कि हम तो अपने हर छात्र को उसके कोर्स की हर किताब हर वर्ष देते हैं, तब वे चकित थे। हम इतना कागज क्यों बर्बाद करते हैं! बच्चों को किताबों

से इतना क्यों बाँधते हैं! उनकी पाठ्य-पुस्तकें आराम से पाँच-छह वर्ष चल जाती थी, क्योंकि वे स्कूल में ही रहती थीं।

उनके शिक्षण-प्रशिक्षण का तरीका भी बिल्कुल अलग था। भारत में शिक्षण-प्रशिक्षण का एक अलग निदेशालय होता है। शिक्षकों के प्रशिक्षण के लिए पाठ्यक्रम और कोर्स बनाये जाते हैं। शिक्षकों को कई तरह के प्रशिक्षण दिये जाते हैं। वहाँ प्रशिक्षण का तरीका नवाचारी था। अगर किसी क्षेत्र में तीस विद्यालय हैं, तो उसके शिक्षक-शिक्षिकाएँ महीने में एक बार एक विद्यालय में छुट्टी के दिन जमा होते हैं। वे अपने विद्यालय में आई समस्याओं पर बात करते हैं। अपने अनुभव साझा करते हैं। अगर उस समस्या का किसी दूसरे विद्यालय में निराकरण का कोई उपाय निकाला गया, तब उसे जाकर वे अपने स्कूल में लागू करते हैं। इसी प्रकार, वे एक-दूसरे के अनुभव से बच्चों को पढ़ाने के तरीके में बेहतरी और इनोवेशन का काम करते हैं। शिक्षा के क्षेत्र में कोलंबिया में होने वाले छोटे-छोटे प्रयोग मुझे बहुत अच्छे लगे। इसमें काफी बड़ी राशि खर्च नहीं हो रही थी। इसके लिए कोई बहुत बड़ा नौकरशाही तंत्र भी नहीं था।

इटली

इटली कला के क्षेत्र में एक महत्वपूर्ण देश है। इटली का हर शहर कला एवं संगीत से भरा हुआ है। इटली में लियोनार्दो दा विंची, माइकल एंजेलो, राफेल, सैंड्रो सांद्रो बॉटीसेली और कारावाज्यो जैसे विश्व के सर्वश्रेष्ठ कलाकार हुए। संगीत के क्षेत्र में प्रसिद्ध संगीतकारों के रूप में जोवानी पियरलुईजी दा पालेस्ट्रीना, मोन्तेवेर्दी, डोमेनिको स्कारलाती, निक्कोलो पागानीनी जैसे संगीतकार हुए। संगीत के क्षेत्र में ओपेरा की शुरुआत वर्ष 1600 के आस-पास इटली में ही हुई। मैंने इटली की यात्रा रोम से शुरू की।

रोम आधुनिक इटली की राजधानी तो है ही, वह रोमन साम्राज्य की भी राजधानी रही है। यहाँ एक विश्व प्रसिद्ध ऐतिहासिक स्मारक है, जिसे कोलैसियम कहा जाता है।

रोम में ही वेटिकन का स्वतंत्र सिटी स्टेट है। वेटिकन का एक अपना संग्रहालय है, जो अद्भुत है। इसी संग्रहालय में माइकल एंजेलो का प्रसिद्ध भित्ति-चित्र छत पर बना हुआ है। पूरा संग्रहालय प्रसिद्ध चित्रकारों की पेंटिंग एवं मूर्तियों से भरा हुआ है। मूर्तियों की एक गैलरी में कई सौ मूर्तियाँ किसी तरह रखी हुई है। जितनी कलाकृतियाँ वेटिकन के संग्रहालयों में हैं, उसके लिए वहाँ की जगह बहुत छोटी है। वहाँ दर्शकों की भारी भीड़ होती है। उतनी भीड़ में सभी कलाकृतियों को आराम से नहीं देखा जा सकता।

इटली के जिस शहर ने मुझे सबसे ज्यादा प्रभावित किया, वह फ्लोरेंस शहर था। फ्लोरेंस रैनेसां काल का अद्भुत शहर है। वहाँ की कला, संस्कृति और वास्तुकला अद्वितीय है। फ्लोरेंस के महत्वपूर्ण स्थान पीयात्सा देल दुओमो एवं बसीलिका दि सांता है। वहीं माइकल एंजेलो की प्रसिद्ध मूर्ति *डेविड* वहाँ के एकेडमी एवं एक चौराहे पर लगी है। कला का सबसे अच्छा संग्रह उफीत्जी पैलेस में है। यह पैलेस प्रसिद्ध वास्तुविद जोर्जो वसारी, द्वारा बनाया गया है। यह पैलेस मेदिची फैमिली का है, जहाँ लियोनार्दो दा विंची, राफेल, कारावाज्यो, तिशियन एवं जौत्तो की प्रसिद्ध कलाकृतियाँ हैं।

फ्लोरेंस का विश्व इतिहास में बहुत महत्व है। यहाँ कला एवं बौद्धिक कई मूवमेंट हुए, जिसमें रैनेसांस, मैनेरिज़म एवं बरोक प्रसिद्ध हैं। ऐतिहासिक रूप से यह शहर काफी धनी एवं व्यापार का रहा है। वहाँ के लोग बताते हैं कि कभी फ्लोरेंस ने इंग्लैंड के राजा को कर्ज दिया था। फ्लोरेंस की अपनी एक मुद्रा भी थी। यहाँ आस-पास सफेद संगमरमर के बहुत खूबसूरत पत्थर मिलते हैं। इसी कारण यहाँ कई प्रसिद्ध शिल्पकार बने।

मैंने इटली के तीसरे शहर के रूप में मिलान का भ्रमण किया। मिलान को इटली का आर्थिक दिल कहा जाता है। यह फैशन उद्योग के लिए भी विश्व प्रसिद्ध है। लियोनार्दो दा विंची की प्रसिद्ध पेंटिंग *द लास्ट सपर* को भी मिलान में देखा जा सकता है। मिलान में फुटबॉल का खेल काफी लोकप्रिय है। मिलान के कैथ्रेडल, जो पीयात्सा देल दुओमो में है, इटली का सबसे बड़ा कैथ्रेडल है। यह गॉथिक स्टाइल में बना हुआ है। मिलान में सांता मारिया का चर्च है, जहाँ *द लास्ट सपर* नाम की पेंटिंग लगी हुई है।

वहाँ ऐन्शन्ट आर्ट का संग्रहालय है, जो दर्शनीय है। कला और संग्रहालय देखने के क्रम में मैं दुनिया के प्रमुख देशों में गया था, लेकिन इटली में जो कला का संग्रह है, वह शायद ही किसी देश में हो। मुझे कला के क्षेत्र में इटली विश्व का सर्वश्रेष्ठ देश लगता है।

इटली खाने में पीत्सा और पास्ता का देश है, जिसे कई तरह से बनाया जाता है। क्षेत्रीय भिन्नता भी है। इटली की वाइन भी बहुत प्रसिद्ध है। मैं अपने होटल से पूछकर असली पीत्सा खाने के लिए एक छोटे से रेस्तरां में गया, जो सौ साल से ज्यादा पुराना था। वहाँ पीत्सा पुराने तरीके से बनाया जाता था, जिसमें गोल ब्रेड पर पनीर और टमाटर होते हैं। उसे वे लोग एक रोज़ वाइन के साथ परोसते हैं। जो पीत्सा मैंने पहले खाया था, उससे यह बहुत भिन्न था। हिंदुस्तान में पीत्सा के ऊपर लोग बहुत सारी अन्य वस्तुएँ डालकर उसे भारी बना देते हैं।

जापान

जापान मेरा सर्वाधिक प्रिय देश है। मैं कई बार जापान गया। मैं पहली बार जापान उस समय गया था, जब मैं पर्यटन विभाग का सचिव था। भारत के विभिन्न राज्यों की टीम जापान में टूरिज्म प्रोमोशन के लिए टोकियो गई थी। हमें जापानी टूर ऑपरेटरों को अपने राज्य के आकर्षणों को बताना था। अधिकाधिक जापानी पर्यटक को अपने राज्य में लाने के लिए प्रेरित करना था। जापान सरकार और हमारे दूतावास ने इस आयोजन में सहायता की थी। लेकिन हमें हर चीज का भुगतान करना था, चाहे वह वेन्यू का खर्च हो या प्रेस कॉन्फ्रेंस का आयोजन हो। मेरे लिए हद तो तब हो गई, जब मुझे कार्यक्रम-स्थल पर प्यास लगी। मैंने पूछा कि पानी कहाँ मिलेगा, तब बताया गया कि बाहर वेंडिंग मशीन है, उससे खरीद लीजिये। मैंने कहा कि मैं कार्यक्रम में एक वक्ता हूँ, तब बताया गया कि जब आप बोलने जायेंगे, तब आपको पानी की बोतल मिलेगी। सच में जब मैं बोलने गया तो सौ मिलीमीटर के पानी की एक बोतल दी गई।

बिहार बौद्ध धर्म के अनुयायियों के लिए बहुत महत्वपूर्ण है। यहाँ गौतम बुद्ध को ज्ञान की प्राप्ति हुई। उन्होंने अपने जीवन का काफी समय बिहार के विभिन्न स्थानों

पर गुजारा। बोधगया तो हर बुद्धिस्ट के लिए मक्का-मदीना की तरह महत्वपूर्ण है। हर बुद्धिस्ट अपने जीवनकाल में एक बार बोधगया आना चाहता है। ऐसे महत्वपूर्ण आकर्षण के बावजूद जापान से बिहार आने वाले यात्रियों की संख्या काफी नहीं है। मैं टूर ऑपरेटरों से जानना चाहता था कि जापान से बिहार आने वाले पर्यटकों की संख्या बढ़ाने के लिए विशेष रूप से क्या किया जाये। अभी हो यह रहा है, कि जापान से ज्यादातर पर्यटक चार्टड प्लेन से बोधगया आते हैं। वे अपने साथ खाने-पीने का सामान भी ले आते हैं। साथ में एक इंग्लिश गाइड भी। ऐसे पर्यटकों से राज्य को बहुत फायदा नहीं है, क्योंकि वे बिहार में बहुत कम खर्च करते हैं।

मैंने एक प्रस्ताव दिया कि हम बोधगया के अलावा राजगीर और वैशाली, जो भगवान बुद्ध से काफी जुड़ा हुआ महत्वपूर्ण स्थान है, को भी विकसित कर रहे हैं। अतः जापान से आने वाले पर्यटकों को दो-तीन दिन का कार्यक्रम बनाना चाहिए। उस समय यह भी विचार चल रहा था कि जापानी लोगों के गोल्फ के शौक को देखते हुए एक गोल्फ कोर्स बनवाया जाये। टूर ऑपरेटरों से लंबी बात हुई। टूर ऑपरेटरों का कहना था कि हमें बोधगया और गया की सफाई पर और ध्यान देना चाहिए। अधिकांश जापानी पर्यटक धार्मिक कारणों से बोधगया आते हैं। अतः गोल्फ कोर्स बनाने से खास फायदा नहीं होगा। बोधगया, राजगीर और वैशाली की सड़कों को बेहतर करने की जरूरत है। उनका यह भी कहना था कि बिहार एवं हिंदुस्तान में खाना तो सस्ता है, लेकिन होटल काफी महँगे हैं। जिस स्तर के होटल यहाँ जितने मूल्य पर मिलते हैं, उससे आधे मूल्य पर उससे अच्छे होटल थाईलैंड जैसे देशों में मिल जाते हैं। कुछ टूर ऑपरेटरों ने यह भी सुझाव दिया कि बिहार में मेडिकल टूरिज्म की काफी संभावना है। जापान में कई तरह के इलाज काफी महँगे हैं। अतः लोग बिहार आकर अपना इलाज भी करा सकते हैं और यहाँ के प्रमुख स्थानों को देख भी सकते हैं। कार्यक्रम के बाद लंच की व्यवस्था थी, जिसके खर्च को सब लोगों में बाँटा गया था। उस लंच में जब हम लोग खाना खा रहे थे, तो एक महिला ने यह घोषणा की कि हम खाते-खाते भारत में पर्यटन की संभावनाओं पर बातचीत जारी रखेंगे। मैं पहली बार खाना भी खा रहा था और टेबल पर रखे माइक पर बोल भी रहा था।

हम लोग जिस होटल में ठहरे थे, उसमें कई टावर थे। कमरों की संख्या छह सौ से ज्यादा थी। भाषा की दिक्कत थी। वह होटल एक छोटे से गाँव की तरह था। उस होटल में मैंने पहली बार एक जापानी उद्यान देखा। एक छोटी जगह में काफी खूबसूरत लैन्स्कैपिंग की गई थी। बीच में एक नाला बह रहा था, जिसमें रंगीन मछलियाँ चल रही थीं। उस नाले को पार करने के लिए लकड़ी के पुल थे। उद्यान में पौधे कम ही थे और जो थे वो बोनसाई जैसे लगते थे। चारों ओर छोटे-छोटे सफेद पत्थरों को बिछा दिया गया था और बीच में बड़े-बड़े पत्थरों को रख दिया गया था। उन पत्थरों पर बैठकर इस छोटे उद्यान को देखने से काफी शांति महसूस होती थी।

इस यात्रा में मेरे साथ पर्यटन मंत्री भी थे, जो जापान के प्रमुख शहरों को देखना चाहते थे। मेरा एक दोस्त टोकियो में रेस्तरां चलाता था। मैंने उसे मंत्री जी को जापान घुमाने के लिए तैयार किया। मंत्री जी के लिए एक रेल पास खरीदा गया, ताकि वे जहाँ चाहें, रेल से घूम सकें। जापान की बुलेट ट्रेन काफी प्रसिद्ध है। इसलिए अगले तीन दिनों में जापान के प्रमुख शहरों की यात्रा संभव थी।

दुनिया में दुर्लभ पौधों का सबसे अच्छा संग्रह जापान के संग्रहकर्त्ताओं के पास है। हालाँकि अधिकांश सक्युलेंट पौधे अफ्रीका, मैक्सिको, अमेरिका, लैटिन अमेरिका आदि देशों से आते हैं, लेकिन जापान ने उन्हें उगाने, उन्हें हाइब्रिडाइज़ करने और उनसे नये किस्म के पौधे बनाने में महारत हासिल कर ली है। जापानियों से इन पौधों को उगाने की कला सीखने के लिए मैं कई बार जापान गया।

जापान के मसातो योकोई एवं यशोमिची हिरोशे नामक दो लेखकों ने मिलकर वेरिगैटड पौधों पर तीन वॉल्यूम में किताब लिखी। पौधों में वेरीगेशन बिरले होता है। अगर हो जाता है, तब वह बहुमूल्य और संग्रहणीय हो जाती है। तीन वॉल्यूम में दुनिया के वेरिगैटड पौधों पर लिखी ये किताब बहुत लोकप्रिय हुई। इन दोनों ने दुनिया भर के संग्रहों का भ्रमण कर ऐसे पौधों की तस्वीरें ली थीं। उन्हें अपनी किताब में प्रकाशित किया था।

जब ये लोग इस कड़ी में चौथा वॉल्यूम लिख रहे थे, तब वे थाईलैंड गए। वहाँ उन्होंने दक्षिण एशिया के अच्छे संग्रहों को देखने की इच्छा व्यक्त की। थाईलैंड के

पौधा उगाने वाले विशेषज्ञों ने उन्हें मेरा नाम बताया कि हिंदुस्तान जाकर मेरे संग्रह को देखें। इसी क्रम में वे लोग पटना में मेरे संग्रह को देखने आये और बहुत प्रभावित हुए। उन्हें तीस-चालीस नये वेरिगैटड पौधे मिले, जिसकी उन्होंने तस्वीरें भी लीं। मैंने उन्हें बहुत सारे पौधे उपहार स्वरूप दिये।

कुछ दिनों बाद उन दोनों लेखकों में से एक लेखक मसातो योकोई की मृत्यु हो गई। जब मैं पौधों के लिए पहली बार जापान गया, तब दूसरे लेखक ने पाँच दिनों तक मेरे साथ रहकर पूरे जापान के सर्वश्रेष्ठ संग्रहों को मुझे दिखाया। जापान के लोग थोड़ा सीक्रिटिव होते हैं। वे सबको अपना संग्रह नहीं दिखाना चाहते। कोई नई चीज बनाने पर पहले वे जापान में ही आपस में बाँटते हैं। कुछ वर्षों के बाद ही वह चीज दूसरे देश तक जा पाती है। ऐसी स्थिति में यशोमिची हिरोशे के साथ रहने के कारण मुझे दिक्कत नहीं हुई। उनकी जापान में काफी इज्जत थी। हम जिस नर्सरी या संग्रहकर्त्ता के पास गये, सबने अपना संग्रह दिखाया और मैंने काफी पौधे भी जमा किये। कुछ पौधे

खरीदे, कुछ भेंट में मिले। जापानी लोग दुर्लभ पौधों की इज्जत करना जानते हैं, इसलिए भी कभी उन पौधों को टिशू कल्चर करके बहुत पौधे नहीं बनाते। वे इन पौधों को प्राकृतिक रूप से ही बढ़ने देते हैं। उनकी कटिंग करके या उसके बीज से पौधों को बढ़ाते हैं।

इसका ठीक उल्टा चीन में होता है जहाँ वे दुर्लभ पौधों को टिशू कल्चर करके काफी बड़ी संख्या में पौधे बना लेते हैं और सस्ते दामों में बेचते हैं। टिशू कल्चर विधि से बनाये पौधे प्रायः कमजोर होते हैं।

मैंने जापान में एक रैफिस पाम का वेरिगैटड पौधा खरीदा। इस पौधे के विक्रेता ने मुझे इस पौधे के साथ एक छोटी-सी किताब भी दी। उस किताब में पौधे की पूरी कहानी थी। उस पौधे के माता-पिता कौन थे। वह पौधा कैसे बढ़ा। इसके अलावा उन्होंने हर महीने उस पौधे का फोटोग्राफ लिया था। उस चार साल के पौधे की पचास तस्वीरें उस पुस्तक में थी। यह मेरे लिए आश्चर्यजनक था। उनका दस्तावेजीकरण अद्वितीय होता है। वे जिस काम को लेते हैं, उसे काफी मनोयोग से करते हैं।

जापान में इन पौधों की बोली लगती है। मैंने पहली बार किसी एक पौधे को पाँच-छह लाख रुपये में बिकते देखा। वे दुर्लभ सुंदर पौधों की इज्जत करना जानते हैं। पौधों को सर्वश्रेष्ठ ढंग से उगाते हैं। जापान की नर्सरी अमेरिका, दक्षिण अफ्रीका एवं थाईलैंड की नर्सरियों की तरह बहुत बड़ी नहीं होती। छोटी जगह में ही अत्याधुनिक सुविधा के साथ ये पौधे उगाते हैं। संख्या के बनिस्पत इनका ध्यान गुणवत्ता की ओर ज्यादा होता है। कुछ नर्सरियों में प्रवेश करने के पूर्व पाँव को कीटाणुशोधन करके अंदर जाना पड़ता था, ताकि कोई वायरस इनके संग्रह या नर्सरी में न चला जाये।

मुझे जापान में सक्युलेंट पौधों की नर्सरी देखनी थी। पौधों के प्रसिद्ध संग्रहकर्त्ताओं से मिलना था। सक्युलेंट पौधे के एक विशेषज्ञ, जो मेरे करीबी दोस्त बन चुके थे, मुझे घुमाने के लिए तैयार हुए। हमलोग सुबह 6 बजे होटल से निकल जाते और देर रात सक्युलेंट पौधे के संग्रहों को देखकर वापस लौटते। पौधों के संग्रह के लिए जब मेरा पैसा खत्म होने लगा, तब मैंने मंत्री महोदय से पैसे उधार ले लिए।

जापान के लोग समय के काफी पाबंद और कम बोलने वाले होते हैं। उनसे बात निकलवाना बड़ा मुश्किल था। लेकिन जब एक बार दोस्ती हो जाये, तब बात आसान हो जाती है। इस यात्रा में मैंने जापान में बहुत सारे नये खाने का प्रयोग किया। वहाँ एक प्रसिद्ध व्यंजन सुशी मेरा प्रिय स्नैक्स हो गया। सुशी में मछली बिना पकाए उपयोग में लाई जाती है। मछली इतनी फ्रेश होती है कि उसे कच्चा भी खाया जाता है। दूसरा, वहाँ मैंने ऑक्टोपस की गोली भी खाई। कई अन्य तरह के समुद्री जीवों के व्यंजन भी खाये।

जापानी खाना न केवल ताजा और पौष्टिक होता है, बल्कि उसे परोसने का तरीका भी बहुत कलात्मक होता है। जापान के लोगों के खाने में हवा, जमीन और समुद्र तीनों से कुछ-कुछ होना चाहिए। उनका मानना है कि खाने की थाल में जितने रंगों की विविधता होगी, उतना ही खाना अच्छा होगा। जापान के लोगों में संयम और एकाग्रता अद्वितीय है। वे कोई भी काम पूरे मनोयोग से करते हैं।

एक बार मैं जापान की एक रेस्तरां में नाश्ता कर रहा था और मैंने अन्य चीजों के साथ जैपनीज स्टाइल के ऑमलेट का ऑर्डर दिया। मैंने नाश्ते में अन्य चीजें खा ली। लेकिन बीस-पच्चीस मिनट होने के बावजूद जब ऑमलेट नहीं आया, तो मैंने काउंटर पर जाकर अपने ऑमलेट की मांग की, तो कुक ने मुझे बताया कि अभी मेरा ऑमलेट सो रहा है और पाँच मिनट में जगेगा। मैंने देखा कि एक प्लेट में काफी कलात्मक ढंग से ऑमलेट बना हुआ है, जो शीशे के ढक्कन से ढका हुआ है। वह ऑमलेट पाँच मिनट बाद मुझे मिला। ऑमलेट बनाने में तीस मिनट का समय लग सकता है। यह मैंने पहली बार देखा था वह भी एक बनाने में।

मैं जापान दुबारा बिहार संग्रहालय के लिए गया था। बिहार संग्रहालय के वास्तुविद माकी जापान के थे। हमें उनके डिजाइन किये हुए कुछ भवनों को देखना था। बिहार संग्रहालय के भवनों को बाहर से कॉटन स्टील से ढकने की योजना थी। माकी ने कॉटन स्टील से ढकने का काम जापान के एक संग्रहालय में किया था। हम जानना चाहते थे कि कॉटन स्टील पर मौसम एवं वर्षा का क्या प्रभाव होता है। हमने माकी के बनाये गये टोकियो के कुछ भवनों को देखा। उस संग्रहालय में भी गये, जहाँ कॉटन

स्टील का उपयोग किया गया था। जापान की वास्तुकला मिनिमलिस्ट होती है। वे भवन में कोई चीज बेकार नहीं बनाते। भवन इस प्रकार बनाये जाते हैं कि भवन में प्राकृतिक रौशनी और हवा पर्याप्त रहे। मुझे उनका काम काफी नया लगा और पसंद भी आया।

हमने टोकियो के कई संग्रहालयों को देखा और माकी के संग्रहालय को देखने हम सिमाने नाम के शहर गये। संग्रहालय के बाहर दीवार पर कॉटन स्टील का प्रयोग किया गया था। हमारे साथ माकी की टीम भी थी। टोकियो से सिमाने जाने के रास्ते में हमने फ़ूजीयामा पर्वत को काफी नजदीक से बर्फ से ढका देखा, जो एक सुंदर दृश्य था। पूरा पर्वत बिल्कुल उजला और गोल दिख रहा था। लोगों ने हम लोग को रात्रि भोज में आमंत्रित किया, जहाँ हमने उनके संस्मरण सुने और उनके बनाये भवनों की विशेषताएँ जानीं। जब हम हिंदुस्तान लौटे, तब जैसी उम्मीद थी, हमें जो बिल प्राप्त हुआ, उसमें माकी द्वारा दिये गये रात्रि भोज में अपने खाने का हिस्सा भी था। जापान में अधिकांशत: लोग अपने-अपने खाने का पैसा स्वयं ही देते हैं। भले ही साथ में खा रहे हों।

जापान हम तीसरी बार बिहार के माननीय मुख्यमंत्री के साथ एक टीम के रूप में जापान सरकार के आमंत्रण पर गये। इस यात्रा में जापान के प्रधानमंत्री, रक्षामंत्री एवं संसद के प्रमुख व्यक्तियों से शिष्टाचार भेंट की। टोकियो स्थित भारतीय दूतावास में बिहार में निवेश की संभावनाओं पर एक संगोष्ठी आयोजित की गई। हम लोगों ने बिहार में निवेश की संभावनाओं पर अपनी प्रस्तुति दी। बिहार संग्रहालय के वास्तुविद माकी से भी बिहार में किये गये काम के अनुभव को सुनवाया। इसका जापान के लोगों पर अच्छा प्रभाव पड़ा। टोकियो के बाद हम क्योटो गये।

वहाँ से हिरोशिमा, जहाँ अमेरिका द्वारा पहला परमाणु बम गिराया गया था। उससे जान-माल की भयानक क्षति हुई थी। अभी भी वैसे कई भवनों के भग्नावशेष को संरक्षित रखा गया है। वहाँ एक संग्रहालय भी बनाया गया है, जहाँ परमाणु बम से हुए विभिन्न प्रकार के प्रभावों को दिखलाया गया है। उस संग्रहालय में देखने के बाद हम लोग कल्पना कर पायें कि कितनी बड़ी क्षति हुई होगी। संग्रहालय में प्रदर्शित कुछ

दृश्य हृदय विदारक थे। उस संग्रहालय में घरेलू वस्तुएँ, जैसे खाना बनाने के उपकरण, साइकिल, कपड़े आदि जो अधजले थे, उनका संग्रह बहुत कलात्मक रूप से किया गया था।

हिरोशिमा के बाद हम लोग नारा शहर में गये। नारा वर्ष 710 ई0 से 794 ई0 तक जापान की राजधानी रही है। यहाँ भगवान बुद्ध की सबसे ऊँची प्रतिमा एक भव्य मंदिर में स्थापित है। भगवान बुद्ध की यह प्रतिमा पंद्रह मीटर से ज्यादा लंबी है, जिसका वजन पाँच सौ टन है। यह विशालकाय मंदिर लकड़ी से बना हुआ है। इस विशालकाय मंदिर का नाम *तोडाई-जी* है। मंदिर परिसर में नारा पार्क है, जहाँ हिरण निर्भीक रूप से घूमते रहते हैं और पर्यटकों से हिल-मिल जाते हैं।

नारा का महत्व बिहार के लिए महत्वपूर्ण रहा है। वहाँ हमें बताया गया कि भगवान बुद्ध की आँख खुलने की रस्म जिस बौद्ध भिक्षु ने की थी, वे बिहार से आये थे। इस मंदिर तक जाने के रास्ते में जो पत्थर लगे हुए हैं, उसमें कुछ पत्थर भारत से लाकर लगाये गये हैं। भगवान बुद्ध की प्रतिमा के अगल-बगल उनसे जुड़े कुछ ऐतिहासिक व्यक्तियों की प्रतिमाएँ भी लगाई हुई थीं। लकड़ी का यह मंदिर कई बार आक्रमणकारियों द्वारा ध्वस्त किया गया। जितनी बार इस मंदिर का पुनर्निर्माण हुआ, उन सभी का लकड़ी का मॉडल बनाकर मंदिर में रखा गया है।

नारा में हमें दिन के भोज के लिए वहाँ के गवर्नर द्वारा अपने कार्यालय में आमंत्रित किया गया। हम लोगों को बेंटो बॉक्स में खाना परोसा गया। बेंटो बॉक्स एक पैक्ड लंच होता है, जिसमें कई तरह के खाने सजाकर पेश किये जाते हैं। बेंटो बॉक्स का खाना पूरे जापान में प्रसिद्ध है। जापान के विभिन्न क्षेत्रों में बेंटो बॉक्स में दिये जाने वाले खाद्य पदार्थों में भिन्नता होती है। इसमें अधिकांशतः प्रसिद्ध क्षेत्रीय व्यंजनों का समावेश किया जाता है। नारा के गवर्नर से हम लोगों ने नारा और बिहार के विशेष मैत्री संबंध की बात की, जिससे वे सहमत हुए।

जापान में भारतीय उद्यमियों की अच्छी संख्या है। क्योटो में *काउंसिल जनरल* द्वारा दिये गये रात्रिभोज में हमारी भेंट हिंदुस्तान के उद्योगपतियों से हुई। जापान के प्रमुख शहरों में भारतीय उद्योगपतियों ने भारतीय रेस्तरां भी खोल रखे है। उनमें से कई

काफी लोकप्रिय थे। इन लोगों के कारण हमें अपनी यात्रा के क्रम में भारतीय भोजन का आनंद मिलता रहता। जापान एक महँगा देश है। वहाँ के होटल, वहाँ की बुलेट ट्रेन भारत की तुलना में काफी महँगी हैं। जापान नई चीजें जानने और सीखने के लिए दुनिया की सबसे अच्छी जगह है। लेकिन जापान का जीवन मुझे थोड़ा नीरस और मशीनी लगा। मेरे हिसाब से जापान मेरे जैसे बिहारी के लिए बसने की जगह नहीं है।

थाईलैंड

नई प्रजातियों के पौधों का सबसे बड़ा उत्पादन थाईलैंड में होता है, जहाँ सैकड़ों नर्सरियाँ और संग्रहकर्त्ता हैं। मैं इन पौधों को नजदीक से जानना चाहता था। इसलिए एक बार दस दिनों का उपार्जित अवकाश लेकर थाईलैंड गया। दस दिन में मैंने थाईलैंड की सभी प्रमुख नर्सरियाँ देखीं। पुराने संग्रहकर्त्ताओं से मिला।

मैं प्रतिदिन सुबह सात बजे नाश्ता करके होटल से निकलता और रात के दस-ग्यारह बजे वापस आता। थाईलैंड में न केवल मुझे बहुत सारे नये किस्म के पौधे मिले, बल्कि उन्हें उगाने के नये तरीकों से भी परिचित हुआ। थाईलैंड के लोग काफी मृदुभाषी एवं सहयोगी थे। बाद में तो वहाँ की कई बड़ी नर्सरियों के संग्रहकर्त्ताओं से मेरा घनिष्ठ संबंध हो गया। थाईलैंड की जलवायु इतनी अच्छी थी कि साल भर वहाँ पौधे उगाये जा सकते थे। वहाँ साल भर तापमान 30 डिग्री और 20 डिग्री सेल्सियस के बीच रहता है। यह तापमान पौधों को उगाने के लिए सर्वश्रेष्ठ तापमान है। वहाँ पानी की भी कोई कमी नहीं है। वर्षा भी काफी अच्छी होती है। पौधों की दुनिया में बैंकाक भारत का बैंगलोर है। बैंगलोर में भी लगभग पूरे वर्ष पौधे उगाये जा सकते हैं, जैसे थाईलैंड में। थाईलैंड की नर्सरियाँ दुनिया के विभिन्न देशों, खासकर जापान से पौधों की नई प्रजातियाँ लातीं और फिर उन्हें मल्टीप्लाई करके बड़ी संख्या में तैयार कर देतीं। इससे बैंगलोर की तरह थाईलैंड में पौधे दुनिया के अन्य जगहों की तुलना में सस्ते मिलते थे।

थाईलैंड से नये पौधों को लाने में भी ज्यादा कठिनाई नहीं होती, क्योंकि वहाँ का कस्टम पौधों के व्यापार के महत्व को समझता था। इसलिए कस्टम में ज्यादा दिक्कत नहीं होती। केवल पौधों को बिना मिट्टी के लाना पड़ता, जिससे देश में कोई बीमारी ना आ जाये। वहाँ आसानी से कस्टम द्वारा क्वेरनटाइन सर्टिफिकेट मिल जाता था। जब मैं थाईलैंड से बहुत अच्छे संग्रह के साथ लौटा, तब दिल्ली में मेरा संग्रह बहुत अच्छे संग्रहों में से एक हो गया। फिर तो मैंने दुनिया से दुर्लभ पौधे मँगाना शुरू कर दिया। उस समय तक पौधों की दुनिया में धीरे-धीरे मेरा नाम बढ़ने लगा था। इसलिए बहुत लोगों से पौधे एक्सचेंज में प्राप्त हो जाते। बाहर के संग्रहकर्त्ता को हिंदुस्तान से या मेरे संग्रह से कुछ पौधे चाहिए होते, तब मैं भेज देता। इसके बदले मैं उनसे पौधे प्राप्त करता। बाद में, दुनिया के विभिन्न देशों से ऐसे पौधों के संग्रहकर्त्ता हिंदुस्तान आते, तो मुझसे मिलते और मेरे लिए कुछ पौधे भी लाते। कुछ मेरे यहाँ ठहरने लगे थे, जिससे हमारी दोस्ती बढ़ी। फिर मैं उनको हिंदुस्तान में सही नर्सरी एवं सही संग्रहकर्त्ता के यहाँ भेजने लगा। अब तक मुझे पौधे संग्रह करने एवं उन्हें उगाने की लत लग गई थी। यह एक नशे की तरह थी। जिस दिन मैं पौधों के साथ समय नहीं बिताता, उस दिन कुछ अटपटा लगता।

इथोपिया

मैं इंटरनेशनल ग्रोथ सेंटर, लंदन की ओर से इथोपिया गया था। इंटरनेशनल ग्रोथ सेंटर बिहार में भी काम कर रहा था। इंटरनेशनल ग्रोथ सेंटर यूके सरकार द्वारा डीएफआईडी के माध्यम से संपोषित संस्था है, जिसका मुख्यालय लंदन स्कूल ऑफ इकोनॉमिक्स में है। यह संस्था आर्थिक रूप से पिछड़े देश एवं राज्यों में विभिन्न प्रकार का अध्ययन कराती है और नीति-निर्माताओं को नीति निर्माण के लिए आवश्यक शोध सामग्री देती हैं। भारत में प्रारंभ में इंटरनेशनल ग्रोथ सेंटर का सेंटर बिहार के पटना स्थित आद्री नामक संस्था में खोला गया। इन लोगों ने बिहार की विभिन्न योजनाओं का अंतर्राष्ट्रीय विद्वानों से अध्ययन कराया। इथोपिया में इंटरनेशनल ग्रोथ सेंटर का वह वार्षिक सम्मेलन था। जिन देशों में इंटरनेशनल ग्रोथ सेंटर द्वारा शोध का कार्य किया

जा रहा था, उन सभी देशों को आमंत्रित किया गया था। उस अंतर्राष्ट्रीय सम्मेलन में मुझे बिहार के विकास की कहानी बतानी थी। यूथोपिया अफ्रीका के उत्तर-पूर्व में अवस्थित एक महत्वपूर्ण देश है। यह भारत की तरह एक ट्रॉपिकल देश है। यहाँ की राजधानी अदीस अबाबा है। यह दुनिया के सबसे पुराने देशों में से एक है। इथोपिया में ऑर्गेनाइजेशन ऑफ अफ्रीकन यूनिटी या अफ्रीकन यूनियन का मुख्यालय है। यहाँ अफ्रीका के सभी देशों के कार्यालय हैं। इथोपिया भी अफ्रीका के अन्य देशों की तरह एक गरीब देश है। यह कॉफी और लंबी दूरी के धावकों के लिए प्रसिद्ध है। यहाँ सौ से ज्यादा बोलियाँ बोली जाती है, और आबादी मुख्य रूप से क्रिस्चिन, यहूदी एवं मुस्लिम धर्म के मानने वालों की है। 80 प्रतिशत लोग गाँव में रहते हैं। शहरी आबादी 20 प्रतिशत ही है। यहाँ का प्रमुख खाना *इन्जेरा* है। *इन्जेरा* एक तरह की खमीर वाली रोटी है, जिसे सब्जी या मीट के साथ खाया जाता है। कॉफी काफी लोकप्रिय है, जो प्रायः बिना दूध के पी जाती है।

इंटरनेशनल ग्रोथ सेंटर के वार्षिक अधिवेशन में मैं अपने भाषण के बाद इथोपिया की कला-संस्कृति को समझने वहाँ के म्यूजियम एवं आर्ट गैलरी में गया। वहाँ के राष्ट्रीय म्यूजियम की हालत काफी खस्ता थी। मैं वहाँ के कुछ स्कल्पचर देखकर काफी प्रभावित हुआ। अधिकांश स्कल्पचर लकड़ी के बने हुए थे। कुछ धातु से भी बनाये गये थे, लेकिन उनकी संख्या कम थी। मैंने वहाँ तरह-तरह के आदिवासियों द्वारा पहने जाने वाले मास्क देखे। उनके मास्क पर वहाँ की प्रकृति का बहुत प्रभाव था। विभिन्न कबीलों एवं विभिन्न अवसरों के मास्क अलग-अलग थे। उन मास्कों को देखने के बाद मुझे स्पष्ट हुआ कि यूरोप में क्यूबिज्म की उत्पत्ति कैसे हुई। उनके आधुनिक एवं समकालीन कला में उनकी प्रकृति, उनके संघर्ष भरे जीवन आदि की स्पष्ट झलक थी। इथोपिया के विकास में चीन द्वारा काफी निवेश किया जा रहा था। कई बाईपास, ओवरब्रीज आदि चाइनीज कंपनियाँ बना रही थीं। आधारभूत संरचनाओं पर लॉन्ग टर्म निवेश को देखने से स्पष्ट हुआ कि वे लंबे समय तक इथोपिया में रहने के लिए तैयार होकर आये हैं। वहाँ एक रात्रि भोज में मेरी मुलाकात वहाँ के प्रसिद्ध धावक हाइली घेबरेसेलासी से हुई। वह 5 फीट 5 इंच ऊँचाई का

दुबला-पतला व्यक्ति था, जिसने लंबी दूरी के धावकों का विश्व एवं ओलंपिक खिताब कई बार जीता था। वह व्यक्ति काफी हँसमुख एवं मिलनसार था। वह इथोपिया के धावकों का कोच बन गया था।

दक्षिण अफ्रीका एवं मेडागास्कर

अधिकांश सक्युलेंट पौधे दक्षिण अफ्रीका एवं मेडागास्कर से आते हैं। इसलिए मैंने इन दोनों देशों की यात्रा की। मेडागास्कर की जैविक विविधता आश्चर्यजनक है। इस लंबे द्वीप का उत्तरी भाग काफी वर्षा वाला है, जबकि दक्षिणी भाग अत्यल्प वर्षा का। अधिकांश सक्युलेंट पौधे द्वीप के दक्षिणी भाग में पाये जाते हैं। मेडागास्कर एक गरीब देश है, जहाँ विधि-व्यवस्था की समस्या भी काफी रहती है। मैंने वहाँ जाने के पूर्व वर्ल्ड वाइल्ड लाइफ फंड से संपर्क किया था। वे लोग मेडागास्कर में मेरे मेजबान थे। मेडागास्कर अद्भुत प्राकृतिक संपदा होने के बावजूद काफी गरीब देश है। यह ब्रिटेन, फ्रांस आदि का उपनिवेश रहा है। मैं जब वहाँ की राजधानी अंटाननारिवो में एयरपोर्ट पर उतरा तो इमीग्रेशन में वहाँ के ऑफिसर ने सौ डॉलर की माँग की। मुझे पहले ही बता दिया गया था कि ऐसी माँग वे करेंगे। माँग करने पर उन्हें कहना था कि मेरे पास अभी डॉलर नहीं है। वह ऑफिसर बहुत स्मार्ट निकला, उसने कहा कि तब भारतीय रुपया ही दे दो। मैंने उसे सौ रुपये दे दिये।

डब्ल्यूडब्ल्यूएफ की तरफ से एक कार आई थी। कार का गेट बंद नहीं होता था और मुझे पूरी यात्रा में कार के गेट को पकड़कर रखना था। खैर, ड्राइवर हँसमुख, मिलनसार युवा था। वहाँ एकमात्र पुराना फ्रेंच होटल था, जो थ्री स्टार था। वह ड्राइवर अंग्रेजी जानता था, जो बहुत सुकून की बात थी। उसने वहाँ की आर्थिक स्थिति और विधि-व्यवस्था की बात बताई। मैंने ड्राइवर को बताया कि मुझे इन पौधों को प्राकृतिक रूप से जंगलों में देखना है। मैं होटल का उपयोग केवल सोने के लिए करूँगा। मैंने खाने-पीने की आवश्यक सामग्री खरीद दी और ड्राइवर अपने घर से खाना बनवाकर लाने को तैयार हो गया। मैंने खाने के लिए ब्रेड, अंडे, सब्जियाँ, फल आदि खरीदकर

ड्राइवर को दे दिया। मेरे पास दो बोतल रम थी, उसमें से मैंने एक बोतल रम भी ड्राइवर को दी। इससे ड्राइवर काफी खुश हो गया था। मैं मेडागास्कर में चार दिनों तक रहा। ड्राइवर रोज सुबह मेरे लिए ब्रेड-अंडे का नाश्ता और दिन के खाने के लिए सैंडविच ले आता। बाद में, भूख लगने पर हम लोग रास्ते में जो मिलता, खा लेते।

मेडागास्कर में बहुत बेरोजगारी थी। रास्ते में जगह-जगह बेरोजगार लड़के गाड़ी रोककर कुछ पैसा माँगते। ड्राइवर ने मुझे पहले ही बता दिया था कि मुझे कुछ खुले पैसे साथ में रख लेने चाहिए। ड्राइवर उन लोगों से बात करता और कहीं-कहीं कुछ पैसा दे देता। पौधों की खोज में कुछ स्थानीय लोगों की मदद भी लेनी पड़ी। कई पौधों की खोज में तो हमें ऊँची पहाड़ियों पर ट्रैकिंग भी करनी पड़ी। जिन पौधों को मैं बीज से उगाता था या छोटे पौधे खरीदता था, उन पौधों को प्रकृति में बहुत बड़े रूप में देखना अपने में एक अलग अनुभव था। स्थानीय बुज़ुर्ग लोगों ने बताया कि बहुत बड़ी संख्या में इन जंगलों से बड़े पौधों को निकालकर अमेरिका, यूरोप आदि देशों में लोग ले गये। अब डब्ल्यूडब्ल्यूएफ इन पौधों के संरक्षण में सरकार का सहयोग कर रहा था।

डब्ल्यूडब्ल्यूएफ के पदाधिकारी मुझे मेडागास्कर के पौधों के एक विशेषज्ञ मि.अल्फ्रेड से मिलवाने ले गए। उस व्यक्ति ने यूफोरबिया एवं पाम की कई नई जातियों की खोज की थी। कुछ पौधों का नामकरण भी उनके नाम पर किया गया था। उनका संग्रह बहुत बड़ा था, लेकिन पौधों की स्थिति अच्छी नहीं थी। उनकी उम्र 75 वर्ष से ज्यादा हो गई थी और उन्हें शराब पीने की लत लग गई थी। उन्होंने मुझे सारे संग्रह दिखाने की पहली शर्त रखी कि मैं उन्हें पहले नजदीक के बार में ले जाकर शराब पिलाऊँ। खैर, हम बार में गये और वहाँ से लौटने पर उनका स्वभाव काफी अच्छा हो गया था। जाने के पहले जिन पौधों की जो कीमत उन्होंने बताई थी, उससे आधी कीमत पर हमें वे पौधे मिले।

अब समस्या थी इन पौधों के दस्तावेजीकरण करने की। उन्होंने पौधों को कार्टूनों में पैक कर दिया और कस्टम के एक पदाधिकारी को बुलाया। हम फिर बार में गये और लौटने पर उस पदाधिकारी ने उन पौधों को मेरे फ्लाइट में चेकिंग करा दिया। मैं मेडागास्कर से दुर्लभ पौधों का एक बहुत बड़ा और अच्छा संग्रह लेकर भारत आया।

दक्षिण अफ्रीका

मैंने दक्षिण अफ्रीका में पौधों की खोज का केंद्र जोहान्सबर्ग को बनाया। वहाँ के काउंसिल जनरल बिहार के ही एक पदाधिकारी थे। उन्हें मालूम था कि मैं पौधों की खोज में आ रहा हूँ। लेकिन मैं पौधों के लिए इस हद तक पागलपन का शिकार हूँ, वे ये नहीं जानते थे। मैंने अपने चार दिनों के प्रवास में सिवाय एक डिनर, जो औपचारिक रूप से एम्बैसडर के साथ करना था और एक म्यूजियम देखने के अलावा पूरा समय पौधों की खोज, अच्छे संग्रह देखने और संग्रहकर्त्ताओं से मिलने में बिताया। जोहान्सबर्ग में एक अच्छा म्यूजियम *अपार्थेड म्यूजियम* है, जहाँ दक्षिण अफ्रीका के संघर्ष की कहानी दिखाई गई है। वहाँ महात्मा गाँधी की काफी इज्जत है एवं जोहान्सबर्ग के शहर के केंद्र में महात्मा गाँधी की एक आदमकद प्रतिमा भी लगी है।

दक्षिण अफ्रीका भौतिक संरचनाओं के मामले में एक अत्याधुनिक देश है। यह यूरोप के किसी देश जैसा लगता है। वहाँ सोने और हीरे की बंद पड़ी खदानें कई जगह हैं। दक्षिण अफ्रीका अब एक आजाद देश है, लेकिन गोरे एवं कालों का भेद अभी भी है। मुझे पता चला कि पहले काले लोग अंग्रेजों की बस्तियों से दूर अलग बस्तियों में रहते थे, जो कँटीले तारों से घिरा होता था।

मुझे बताया गया कि लोगों को अलग करने के लिए कटीले तार का उपयोग दुनिया में पहली बार दक्षिण अफ्रीका में ही हुआ। दक्षिण अफ्रीका के अधिकांश प्राकृतिक संसाधनों पर अभी भी अंग्रेज नस्ल के लोगों का ही आधिपत्य था। उन्होंने काफी जमीन अपने साथ बंदोबस्त करा ली थी। इसलिए बहुत सारे पौधे, जो प्राकृतिक रूप से जंगलों में होने चाहिए, वे उन लोगों की व्यक्तिगत संपत्ति हो गई थी। खैर, काउंसिल जनरल के साथ रहने के कारण मैं उन पौधों को प्राकृतिक रूप से देख सका और उन पौधों के बारे में जान सका।

हम लोग एक प्रसिद्ध नर्सरी को देखने एक सूखे जंगल को पार करते हुए जा रहे थे। जंगल के बाद एक बड़ी पहाड़ी की तलहटी में वह नर्सरी थी। वहाँ पहुँचते-पहुँचते चार बजे शाम का समय हो गया था। हम लोगों ने एक घंटे में नर्सरी घूमकर कुछ पौधों

को पसंद किया। नर्सरी के मालिक ने बताया कि अभी उन पौधों को पैक कर हमें देना संभव नहीं होगा, क्योंकि पाँच बज गये हैं और वहाँ काम करने वाले लोग ठीक पाँच बजे चले जायेंगे। नर्सरी के मालिक ने बताया कि हमें पाँच बजे हूटर बजाना होता है और जो वहाँ काम करते हैं, वे पाँच बजते ही काम छोड़कर चले जाते हैं। भले ही कुछ काम अधूरा ही क्यों न रह जाये। इससे स्पष्ट था कि वहाँ काम करने वाले जो काले लोग थे, वे अपने-अपने अधिकार और कानून को तो जानते थे, लेकिन उनका उस संस्था, जहाँ वे काम करते थे, उससे बहुत लगाव नहीं था। खैर, हम लोग पौधों को बिना पैक कराये अपनी गाड़ी में रखकर अपने होटल पहुँचे। अगले दिन मुझे लौटना था। खरीदते समय जोश में आकर हमने बड़े पौधे ले लिए थे। वे पौधे मेरे एक सूटकेस में नहीं आ रहे थे। मैंने दूसरा सूटकेस भी खाली किया, जिसमें मेरे कुछ कपड़े और किताबें थीं। मैंने कपड़े और किताबों को काउंसिल जनरल के पास छोड़ दिया और दोनों सूटकेस में पौधे भरकर अगले दिन अपने देश के लिए प्रस्थान किया। मेरे साथ घूमते-घूमते और पौधों के प्रति मेरे प्रेम को देखकर काउंसिल जनरल चकित थे। उन्हें भी थोड़ी-थोड़ी पौधों की बीमारी लग गई।

पेरिस

फ्रांस की राजधानी पेरिस काफी लंबे समय तक विश्व की कला, संस्कृति एवं साहित्य की राजधानी रहा है। लंबे समय तक दुनिया भर के मशहूर कलाकार कला एवं संगीत सीखने और अपने को स्थापित करने के लिए पेरिस जाते रहे हैं। पेरिस संग्रहालयों की नगरी भी है। यहाँ विश्व प्रसिद्ध *लूव्र संग्रहालय* है, जिसे विश्व का सर्वश्रेष्ठ संग्रहालय माना जाता है। मैं पेरिस पहले भी गया था, लेकिन उस समय मैं दुर्लभ पौधों की खोज में रहता था। तब संग्रहालयों में उतनी अभिरुचि नही थी।

बिहार संग्रहालय के निर्माण के क्रम में जब मैं पेरिस गया तो मैं एक ऐसे होटल में ठहरा, जहाँ संघर्ष के दिनों में नामी कलाकार इकट्ठा होते थे, खाते-पीते और अपना दुख-दर्द बाँटते थे। खाने-पीने के लिए पैसे के बदले ये अपनी पेंटिंग दे देते थे। होटल में दस-बारह कमरे ही थे, लेकिन सभी अलग-अलग प्रसिद्ध कलाकारों के नाम पर थे।

जब मैंने पेरिस स्थित भारतीय दूतावास से अपने लिए इस होटल को बुक करने को कहा, तो उन लोगों ने आश्चर्य व्यक्त किया और कहा कि यह होटल थ्री स्टार तो है, लेकिन अच्छा नहीं है। लेकिन मैं नहीं माना और उसी होटल को बुक करने का अनुरोध किया, क्योंकि उस होटल के हर कमरे में प्रसिद्ध चित्रकार की बड़ी पेंटिंग लगी थी। यह होटल काफी व्यस्त इलाके में और एक गली के अंदर था। जब मैं इस होटल में पहुँचा तो पाया कि कमरा काफी छोटा है और उसका बाथरूम तो और भी छोटा है, किसी हिसाब से ये थ्री स्टार होटल नहीं लग रहा था। कमरे में किसी तरह सामान रखना संभव हुआ। मेज और कुर्सी भी काफी छोटी थी और पलंग के अलावे में बैठने के लिए बहुत कम जगह थी। एक सुंदर बात यह थी कि पलंग के पीछे और सिरहाने के ऊपर एक बहुत खूबसूरत चित्र टंगा हुआ था। चूंकि मैं दूसरे देशों की यात्रा करते हुये फ्रांस पहुँचा था। अतः मेरे पास दो बड़े सूटकेस थे। एक में पौधे और कलाकृत्तियाँ थी। प्रथम तल पर स्थित मैं अपने कमरें में सीढ़ियों से पहुँचा तो कमरा खोलने पर मैं देर तक सोचता रहा कि दोनों सूटकेस रखे कहां जायेंगे। कमरे से लगा शौचालय भी बहुत छोटा था। वहाँ मुझे अपने कुछ दोस्तों और कलाकारों से भी मिलना था। मैं सोच रहा था कि अगर तीन-चार लोग आयेंगे तो बैठेंगे कैसे। खैर, तीन लोग आये। एक कुर्सी पर बैठ गये, दूसरे बिस्तर पर और तीसरे शौचालय का दरवाजा खोलकर उसमें रखे स्टूल पर बैठ गये। मैंने इसके लिए क्षमायाचना की, लेकिन उन्होंने बताया कि वे इससे कम जगह में पेरिस में रहते हैं।

पेरिस के संग्रहालयों को देखने का कार्यक्रम लॉर्ड कल्चरल रिसोर्स, जो हमारे सलाहकार थे, के सहयोग से किया गया था। वहाँ मेरे लिए एक स्वतंत्र संग्रहालयाध्यक्ष का इंतजाम था, जिन्हें कला की काफी जानकारी और समझ थी। अगली सुबह से हमारी संग्रहालयों को देखने की यात्रा शुरू हो रही थी। कमरा इतना छोटा था कि कमरे में किसी को बुलाना संभव नहीं था। मैंने उनसे डाइनिंग हॉल में नाश्ते के समय मिलना उचित समझा। भारतीय परंपरा के अनुसार मैंने उन्हें भी नाश्ते के लिए कहा तो वे तैयार तो हो गये, लेकिन उन्होंने कहा कि मेरे साथ उनका समय शुरू हो चुका है। उनके एक दिन की फी एक हजार यूरो थी। खैर, हम लोग जल्दी-जल्दी नाश्ता करके *लूव्र म्यूजियम* देखने गये। *लूव्र म्यूजियम* में संग्रहालय के निदेशक ने हमारा

स्वागत किया। हम *लूव्र* में अवस्थित महत्वपूर्ण कलाकृतियों को चार-पाँच घंटे तक घूम-घूम कर देखते रहे। यह काफी बड़ा संग्रहालय था, मानो पूरी दुनिया की अच्छी चीजों को उठाकर एक जगह रख दिया गया हो। वहाँ मोनालिसा की पेंटिंग देखी, जो मुझे प्रभावित नहीं कर पाई, क्योंकि उसी कलाकार की और काफी अच्छी पेंटिंग वहाँ मौजूद थी। मोनालिसा के महत्व को पूछने पर मुझे संग्रहालयाध्यक्ष ने बताया कि यह दुनिया की शायद पहली सही स्केल की पोटरेट पेंटिंग है। मैं *लूव्र म्यूजियम* में सफेद संगमरमर में बनी अनगिनत मूर्तियों को देखता रहा, जो इस दुनिया की लगती ही नहीं थी। घूमने के बाद बाहर निकलते समय मैंने *लूव्र म्यूजियम* के निदेशक को समय देने के लिए धन्यवाद दिया। उन्होंने पूछा कि मुझे *लूव्र* कैसा लगा तो मैंने कहा कि यहाँ कलाकृतियाँ तो दुर्लभ हैं, लेकिन ठीक से प्रदर्शित नहीं हैं। इसका मूल कारण यह है कि यह संग्रहालय पहले एक राजमहल था, इसलिए उसका निर्माण राजा की आवश्यकता और राजसी ठाठ-बाट के रूप में है, न कि एक आधुनिक संग्रहालय के रूप में। बेहद खूबसूरत मूर्तियाँ जिस फर्श पर रखी थीं, उस फर्श का रंग मूर्तियों से मेल नहीं खा रहा था। जहाँ राजा के बच्चे घुड़सवारी करते थे, वहाँ मूर्तियाँ रखी हुई थीं। प्रकाश की आधुनिक व्यवस्था भी संभव नहीं थी, क्योंकि भवन की बनावट इस प्रकार की नहीं थी। *लूव्र म्यूजियम* के निदेशक मेरी इस विवेचना से थोड़ा हतप्रभ हुए। वे सोच रहे थे कि मैं एक नौकरशाह हूँ और मुझे इतनी उत्सुकता से देखने का ज्ञान नहीं होगा।

लूव्र म्यूजियम के बाद हम लोग *पोम्पेदु आर्ट सेंटर* गये, जो आधुनिक एवं समकालीन कला का सर्वश्रेष्ठ संग्रहालय माना जाता है। *लूव्र म्यूजियम* के ठीक विपरीत *पोम्पेदु आर्ट सेंटर* का भवन अत्याधुनिक था। *पोम्पेदु आर्ट सेंटर* को संग्रहालय के बजाय एक कला केंद्र के रूप में विकसित किया गया है। भवन के सामने काफी खुली जगह रखी गई है, जहाँ कलाकार कला का निर्माण करते हैं, लोग गाते और नाचते भी हैं। बहुत सारे लोग कई तरह की प्रदर्शन कला दिखाते नजर आये। इस भवन का निर्माण इस प्रकार किया गया है कि मुख्य भवन परिसर से नीचा है, और ऐसा लगता है कि भवन आस-पास के लोगों को, भवन के अंदर बुला रहा है। यह भवन चारों ओर से विभिन्न रंग के बड़े-बड़े पाइपों से घिरा हुआ था। संग्रहालयाध्यक्ष ने बताया कि

भवन के अंदर के बिजली के तार, पेयजल जैसी चीजों को भवन के बाहर इन पाइपों से गुजारा गया है, इसलिए यह भवन पाइपों से घिरा हुआ लगता है। इस भवन के विभिन्न तलों पर स्वचालित सीढ़ियाँ भवन के अंदर ना होकर भवन के बाहरी दीवारों से सटी बनाई गई हैं। मैंने यह जानना चाहा कि उनके संग्रह में किन भारतीय कलाकारों की कलाकृतियाँ हैं? वहाँ प्रदर्शित कलाकृतियों में अनिस कपूर और सुबोध गुप्ता के काम ही देखने को मिले। मुझे आश्चर्य हुआ कि भारत में जिन आधुनिक एवं समकालीन कला का बहुत नाम है, उसमें से अधिकांश यहाँ नहीं है।

यहाँ मुझे सबसे अच्छा भवन का वह अंग लगा, जहाँ प्रदर्शनियाँ लगाई जाती थीं। उस समय सेल्वाडोर दाली की प्रदर्शनी चल रही थी। सेल्वाडोर दाली की प्रदर्शनी में केवल सेल्वाडोर दाली की कलाकृतियाँ नहीं थीं, बल्कि उनके समकालीन कलाकार क्या कर रहे थे, उस समय का संगीत एवं फैशन कैसा था आदि की भी बृहत जानकारी थी। सेल्वाडोर दाली का जन्म 1904 में कैटलोनिया (स्पेन) में हुआ था। दाली स्पेन के मैड्रीड में अवस्थित *प्रादो म्यूजियम से* काफी प्रभावित था, और वहीं उसने प्रमुख कलाकारों की कलाकृत्तियाँ देखी और अध्ययन किया। 1926 में दाली की मुलाकात पेरिस में पावलो पिकासो से हुई और वह फ्रायड से भी प्रभावित था। दाली ने सर्रियलिस्ट ग्रूप की स्थापना की और लंदन में आयोजित अंतर्राष्ट्रीय सर्रियलिस्ट प्रदर्शनी में 1936 में भाग लिया। दाली के अंतिम वर्ष पेरिस और न्यूयॉर्क में गुजरे। दाली अपनी कलाकृत्तियों में विचित्र अमानवीय एवं अप्राकृतिक प्रतीक चिन्ह के लिए काफी प्रसिद्ध हुये। दाली ने अपने जीवन में पेंटिंग के अलावा स्कल्पचर, थिएटर, फिल्म, फैशन, फोटोग्राफी, आर्किटेक्चर एवं ग्राफिक आर्ट जैसी सभी विधाओं में महत्वपूर्ण काम किया।

मैंने पाया कि संग्रहालय वर्ष में दो या तीन प्रदर्शनी ही करते हैं। एक प्रदर्शनी कम से कम तीन माह तक चलती है और प्रदर्शनी के पहले काफी रिसर्च किया जाता है। प्रदर्शनी के लिए लोगों के मूवमेंट, लाइटिंग, दीवारों के रंग आदि का चयन प्रदर्शनी के आयोजक करते हैं। प्रदर्शनी की समाप्ति के बाद संग्रहालय को उसी रूप में वापस कर दिया जाता हैं, जैसे उन्हें प्रदर्शनी के आयोजन के लिए मिला था।

इस संग्रहालय की निदेशिका एक महिला थीं, जिन्होंने मुझे उसी संग्रहालय की छत पर अवस्थित रेस्तरां में रात्रिभोज के लिए आमंत्रित किया। रात्रिभोज में सी-फूड का ऑर्डर दिया गया था। लेकिन जब खाना आया तो तीन-चार तरह की मछलियाँ बर्फ के टुकड़ों पर रखी थीं। साथ में कुछ सलाद और फ्रांस की प्रसिद्ध ब्रेड बगेट कुछ पनीर के साथ थी। ब्रेड, पनीर और सलाद तो अच्छा रहा, लेकिन सभी प्रकार की मछलियाँ बिल्कुल कच्ची थीं। मैंने सोचा था कि कम-से-कम उबली हुई तो जरूर होंगी, लेकिन वह तो उबली हुई भी नहीं थीं। खैर, किसी तरह मैंने कच्चे झींगे खाये और काम चलाया। सायं छह बजे रात्रि का भोजन मेरे लिए नया अनुभव था। मुझे बताया गया कि लोग यहाँ छह-सात बजे शाम में ही रात्रि भोजन करते हैं। वह काफी जानकार महिला थीं और संग्रहालय के बारे में मुझे उनसे काफी अच्छी जानकारी प्राप्त हुई। अगले दिन मैं *मुसे द ओरसे संग्रहालय* देखने गया, जो पहले एक रेलवे स्टेशन था, वहाँ वेनगाग, मोने, रेन्वार आदि की विश्व प्रसिद्ध कलाकृतियाँ हैं।

पूरे पेरिस को एक साथ देखने के दो तरीके हैं। एक तो एफिल टावर पर चढ़कर पूरे शहर को देखा जाये और दूसरा माउंट माटे की पहाड़ी पर अवस्थित उजले चर्च से पूरे पेरिस को देखा जाये, जहाँ से पेरिस शहर बहुत खूबसूरत दिखता है। गाउंट माटे से कई प्रसिद्ध चित्रकारों की कहानियाँ जुड़ी हुई हैं। वे संघर्ष की अवधि में इसी इलाके में रहते थे, क्योंकि यहाँ रहना उस समय सस्ता था। लंदन या न्यूयॉर्क की तुलना में पेरिस क्षेत्रफल में काफी छोटा है, लेकिन ज्यादा खूबसूरत शहर है। यहाँ ऐतिहासिक इमारतों एवं संग्रहालयों की भरमार है। यहाँ के लोग नफासत पसंद हैं और हर काम करीने से करना जानते हैं। उन्हें अपनी भाषा और संस्कृति पर काफी गर्व है। जब मैं पहली बार पेरिस गया था तो मैंने एफिल टावर के पास एक पुलिसकर्मी से पूछा कि मुझे टैक्सी कहाँ मिल सकती है। जब मैंने अपने प्रश्न को दुहराया तो उसने कहा कि फ्रेंच में टैक्सी को तासा बोलते हैं। उसने तब तक जवाब नहीं दिया, जब तक मैंने प्रश्न को बदलकर नहीं पूछा कि तासा कहाँ मिलेगी। फ्रांस के लोग अपने को कला, संस्कृति एवं सभ्यता में इंग्लैंड से बेहतर मानते हैं। उनका मानना है कि इंग्लैंड तो व्यापारियों का देश है।

लंदन

ग्रेट ब्रिटेन की राजधानी लंदन मैं तीन बार गया। पहली बार स्कॉल फाउंडेशन द्वारा दिए गये पुरस्कार को लेने के लिए। स्कॉल फाउंडेशन 1999 में स्थापित विश्व शांति एवं विश्व समृद्धि के लिए प्रयत्नशील अंतर्राष्ट्रीय संस्था है। सामाजिक क्षेत्र में क्रांतिकारी परिवर्तन के लिए मुझे यह पुरस्कार मिला था। उस वर्ष स्कॉल फाउंडेशन द्वारा विश्व में तीन संस्थाओं का चयन किया गया था। मुझे जब इस चयन की सूचना मिली तो आश्चर्य भी हुआ कि हमें किस कारण यह अंतर्राष्ट्रीय पुरस्कार मिल रहा है। पता करने पर स्पष्ट हुआ कि बिहार में शिक्षा के क्षेत्र में कुछ अभूतपूर्व कार्य हुए हैं, जिसके लिए यह पुरस्कार है। बिहार में शिक्षा के क्षेत्र में "प्रथम" नामक स्वयंसेवी संस्था भी हमारे साथ काम कर रही थी। शिक्षा के क्षेत्र में काम करने वाली इस संस्था के संस्थापक श्री माधव चौहान थे। इस पुरस्कार को लेने श्री माधव चौहान और मैं गया। जब इस पुरस्कार के कारणों के पीछे गया तो पता चला कि बिहार में लगभग दो करोड़ बच्चों को पोशाक, साइकिल, छात्रवृत्ति, पाठ्य पुस्तक आदि के लिए जो नगद राशि दी जाती है, उसे जोड़कर एक साथ करने पर यह विश्व का बच्चों को किया गया, सबसे बड़ा नगद स्थानांतरण बनता है। हमने जोड़कर देखा तो सच में यह पूरी राशि, जो बच्चों को प्रतिवर्ष दी जाती थी, वह डॉलर में भी काफी बड़ी राशि थी। स्कॉल फाउंडेशन ने हमारे कार्य का शीर्षक रखा था, "जब हाथी को हिलाया गया"। उनके अनुसार सरकार हाथी है, जिसे हिलाना मुश्किल होता है अर्थात सरकारी क्षेत्र में कोई अभिनव प्रयोग करना काफी कठिन होता है। सरकारी तंत्र द्वारा सरकार को हिलाने का काम कैसे किया गया, यह कहानी हमें वहाँ आयोजित कार्यक्रम में बतानी थी। वहाँ पता चला कि कार्यक्रम में भाग लेने के लिए विभिन्न देशों के लोगों को दो सौ पाउंड की फी देनी पड़ी थी। पूरी दुनिया के प्रतिनिधियों से बातचीत करने का यह मेरा पहला मौका था। मैंने माधव चौहान को कहा कि यह अच्छा नहीं लगेगा कि मैं खुद अपने सरकार की तारीफ करूँ। यह काम वे करें और मैं लोगों के प्रश्नों का उत्तर दूँगा। हम लोगों का दो घंटे का प्रस्तुतिकरण इस प्रकार हुआ कि लोग भारत के बिहार जैसे गरीब राज्य में इतनी बड़ी राशि के बच्चों को किये गये स्थानांतरण के प्रयोग से

आश्चर्यचकित हुये। इस प्रस्तुतिकरण पर जो सवाल किये गए, उसमें से कई सवाल बड़ी कंपनियों के प्रतिनिधियों के थे। कोई इस कार्य का सॉफ्टवेयर बनाना चाहता था, कोई इतने बड़े नगद स्थानांतरण की निगरानी की व्यवस्था का मॉडल तैयार करना चाहता था। यह देखकर आश्चर्य हुआ कि लोग इस कार्यक्रम में भी कैसे पैसा बनाये जाये, इसके उपाय खोज रहे थे।

लंदन में जहाँ हम ठहरे थे, वह होटल पहले एक जेल था। जेल के बाहरी स्वरूप में बहुत कम परिवर्तन किया गया था। हालाँकि अंदर सामान्य होटल की सुविधाएँ थीं। लंदन में मेरे एक डॉक्टर मित्र थे, वे एयरपोर्ट पर मुझे लेने आना चाहते थे। मैंने उन्हें कहा कि बेहतर होगा कि वे सीधे होटल आ जायें और रात के खाने के लिए मीट चावल बनाकर ले आयें। लंदन एयरपोर्ट से होटल जाकर मैंने कमरे में सामान रखा और मुँह-हाथ धोने बाथरूम में गया। जैसे ही मेरे पाँव बाथरूम की फर्श पर पड़े, मुझे फर्श काफी गर्म लगा, मैं घबरा गया कि शायद कोई बिजली की समस्या है। मैंने रिसेप्शन में फोन कर समस्या की जानकारी दी, तो उन्होंने बताया कि यहाँ फर्श के ठंडा होने के कारण गर्म रखा जाता है। अगर आप इसका तापमान घटाना चाहते हैं तो उसका प्रावधान है, उससे आप तापमान घटा सकते हैं। पत्थर का फर्श नीचे से गर्म हो सकता है, यह मैंने पहली बार देखा। खैर, मैं हाथ-पाँव धोकर बिछावन पर लेट गया और अपने डॉक्टर मित्र की आने की प्रतीक्षा करने लगा। विमान यात्रा से हुई थकान के कारण कुछ ही देर में गहरी नींद में सो गया। डॉक्टर मित्र के कहने पर रिसेप्शन से एक-दो बार बजर बजाया गया, लेकिन मैं नहीं जगा, तो रिसेप्शन के लोगों ने मुझे जगाने से मना कर दिया। मेरे डॉक्टर मित्र को मेरा खाना रिसेप्शन पर छोड़ना पड़ा। वह खाना मैंने अगले दिन खाया और मित्र से असुविधा के लिए क्षमा माँगी।

दूसरी बार मैं इंटरनेशनल ग्रोथ सेंटर के आमंत्रण पर बिहार के विकास की कहानी बताने लंदन गया। इंटरनेशनल ग्रोथ सेंटर का मुख्यालय लंदन स्कूल ऑफ इकोनॉमिक्स में था, जो काफी भीड़ भरे इलाके में अवस्थित था। इस बार लंदन में काम कर रहे बिहारी डॉक्टरों ने हमें रात्रि-भोज पर बुलाया। मेरा अंदाजा था कि बिहार के दस-पंद्रह डॉक्टर लंदन में होंगे, लेकिन उस रात्रि-भोज में लगभग पचास डॉक्टर सपरिवार आये। मैं भेंट के लिए बिहार से चालीस मिथिला पेंटिंग्स लेकर आया था,

जो वहाँ कम पड़ गई। उन सभी से बातचीत करना अच्छा लगा। उनमें से कई ने पैसे और प्रसिद्धि के क्षेत्र में लंदन में काफी प्रतिष्ठा अर्जित कर ली थी।

मेरी तीसरी यात्रा बिहार म्यूजियम के निर्माण के क्रम में थी। मुख्य रूप से इस यात्रा में मैंने लंदन में अवस्थित प्रमुख संग्रहालयों को देखा और कला से जुड़े महत्वपूर्ण लोगों से भेंट की।

लंदन का सबसे महत्वपूर्ण संग्रहालय *ब्रिटिश म्यूजियम* है। *ब्रिटिश म्यूजियम* बहुत हद तक *पेरिस म्यूजियम* के *लूव्र* की तरह है, जहाँ हर प्रकार की कलाकृतियाँ संग्रहित हैं। चूँकि ग्रेट ब्रिटेन का काफी बड़ा साम्राज्य रहा, इसलिए उन लोगों ने लगभग आधी दुनिया से विभिन्न प्रकार की कलाकृतियाँ इकट्ठा कर ली थीं और उन्हें बेहतरीन ढंग से प्रदर्शित किया था। *ब्रिटिश म्यूजियम* में भारतीय कलाकृतियों का भी एक अलग संग्रह है, जहाँ एक ओर हमारी धरोहर को *ब्रिटिश म्यूजियम* में होने से दुख भी हो रहा था, क्योंकि अधिकांश अच्छी चीजें इस देश से चली गई। लेकिन उनके प्रदर्शन और संरक्षण को देखकर थोड़ी खुशी हुई और यह भी लगा कि यहाँ होने से इन कलाकृतियों को विश्व के ज्यादा लोग देख रहे हैं, और भारत के गौरवशाली इतिहास को समझ पा रहे हैं। मैंने मजाक में *ब्रिटिश म्यूजियम* के संग्रहालयाध्यक्ष से कहा कि अब आप लोगों को ये कलाकृतियाँ भारत को लौटा देनी चाहिए, क्योंकि अब हम लोगों ने भी अच्छे संग्रहालय बनाने शुरू कर दिये हैं। उस संग्रहालयध्यक्ष ने भी मजाक में ही जवाब दिया कि हमने आपकी चीजों को सहेजकर अच्छे से रखा है और दुनिया को दिखाया है।

ब्रिटिश म्यूजियम में भारत की प्रमुख कलाकृत्तियों में अमरावती का स्तूप, हिंदू देवी-देवता, भगवान बुद्ध से संबंधित प्रस्तर एवं ब्रांज की मूर्तियाँ, मुगलकालीन कलाकृत्तियों, पार्सियन कलाकृत्तियाँ देखी जा सकती हैं। लंदन स्थित *विक्टोरिया एवं अल्बर्ट म्यूजियम* में टीपू सुल्तान के लिए बनाये गये "टीपू का बाघ" नाम का अत्यंत आकर्षक खिलौना है।

ब्रिटिश म्यूजियम में उस समय मिश्र की सभ्यता पर एक प्रदर्शनी लगी थी, जिसमें उन्होंने ममियों (मृत शरीर को सुसज्जित रूप से रखने का तरीका) को प्रदर्शित किया

था। प्रदर्शनी में उच्च कोटि के प्रकाश की व्यवस्था थी और कई आधुनिक तकनीकों का प्रयोग किया गया था। उन्होंने एक ममी के अंदर लिपटी औरत के धातुजनित दाँत को एक्सरे के माध्यम से दीवार पर बेहतरीन ढंग से प्रदर्शित किया गया था। उत्कृष्ट कोटि के पत्थर की मूर्तियाँ एवं काष्ठ से निर्मित कलाकृतियाँ मिश्र की अतीत की सजीव कहानी बता रही थी। *ब्रिटिश म्यूजियम* के स्मृति चिह्न की दुकान में मुझे यह देखकर अच्छा लगा कि वहाँ बिकने वाली वस्तुएँ म्यूजियम की प्रसिद्ध कलाकृतियों और लगने वाले प्रदर्शनियों की कलाकृतियों पर आधारित होती हैं। बिकने वाली वस्तुओं को हर दो-तीन माह में बदला जाता है। म्यूजियम एवं प्रदर्शनी की कलाकृतियों पर आधारित वस्तुओं के निर्माण के लिए डिजाइनर हैं, जो नई वस्तुओं के निर्माण के कार्य में लगे रहते हैं।

ब्रिटिश म्यूजियम के बाद मैं दूसरे महत्वपूर्ण संग्रहालय, *विक्टोरिया एंड अल्बर्ट म्यूजियम* गया। इस संग्रहालय में लगभग 150 गैलरियाँ हैं, जिनमें दुनिया भर से फर्नीचर, सेरामिक, मूर्तियाँ, पेंटिंग, गहने और टेक्सटाइल के बहुत सारे कार्य इकट्ठे किये गये हैं। तीसरा *म्यूजियम टेट मॉडर्न* था, जो आधुनिक एवं समकालीन कला का संग्रहालय है। यह एक पुराने पावर हाउस के भवन को विकसित कर बनाया गया है। लगभग सभी प्रमुख कलाकारों की कलाकृतियाँ इस म्यूजियम में हैं, लेकिन जिस चीज ने मुझे सबसे ज्यादा प्रभावित किया, वह था इसका प्रदर्शनी-स्थल। मैंने किसी संग्रहालय में इतना बड़ा स्थान प्रदर्शनी के लिए नहीं देखा था। जब मैं वहाँ गया तो एक कलाकार की सौ फीट लंबी और तीस फीट चौड़ी नाव छत से लटकी दिखाई जा रही थी। इसे देखकर मेरे मन में विचार आया कि *बिहार संग्रहालय* में भी प्रदर्शनी के लिए इसी तरह की एक बड़ी जगह बनाई जाये, जहाँ कितनी भी ऊँची या चौड़ी चीजों को आसानी से दिखाया जा सके। इसके अलावा लंदन में *नेशनल हिस्ट्री म्यूजियम*, *नेशनल मेरीटाइम म्यूजियम* और *नेशनल गैलरी* देखी। लंदन में *ब्रिटिश म्यूजियम* की तरफ से मुझे एक रेस्तरां में रात्रि भोज के लिए ले जाया गया। वह रेस्तरां थ्री मिशेलिन स्टार था। मुझे बताया गया कि मिशेलिन स्टार रेस्तरांओं को उनकी गुणवत्ता के लिए दिया जाता है और अधिकतम एक रेस्तरां तीन मिशेलिन स्टार प्राप्त कर सकता है। इसमें आश्चर्य यह था कि मिशेलिन एक टायर बनाने की कंपनी है, लेकिन वह

रेस्तरांओं के श्रेणीकरण के इस काम में लगी हुई है, जिसकी मान्यता पूरे विश्व में है। सच में, उस रेस्तरां का खाना, उसके परोसने का तरीका विशिष्ट था।

इन संग्रहालयों के अलावा मैंने कुछ प्रसिद्ध आर्ट गैलरियों का भ्रमण भी किया। किसी कलाकृति का मूल्य कैसे आँका जाता है, अंतर्राष्ट्रीय स्तर पर कलाकृतियों की नीलामी कैसे होती है, यह सब समझने का भी मौका मिला।

न्यूयॉर्क

न्यूयॉर्क का मेरा भ्रमण *बिहार संग्रहालय* के निर्माण के क्रम में था। जब मैं न्यूयॉर्क पहुँचा तो वहाँ काफी ठंड थी और बारिश भी हो रही थी। दूतावास द्वारा भेजी गई गाड़ी तक जाने के क्रम में ही मेरे पाँव में काफी ठंड लगने लगी। कारण यह था कि बर्फ का पिघला पानी मेरे जूते के अंदर जाकर मेरे मोजे को गीला कर रहा था और काफी ठंड बढ़ा रहा था। मुझे लग गया कि न्यूयॉर्क में मेरे जूते से काम नहीं चलेगा, इसलिए होटल जाने के समय मैंने नये जूते खरीदने की इच्छा व्यक्त की। हम जूते की एक अच्छी दुकान में गये, जहाँ मैंने ठंड से बचने के लिए सौ डॉलर में जूते की माँग की। मुझे पिचानवे डॉलर में एक पुलिस के बूट जैसा जूता दिखाया गया, जिसे पहनकर चलने पर अंदर काफी कड़ा लग रहा था। जब मैंने दुकानदार को ये समस्या बताई तो उसने कहा कि एक अतिरिक्त सोल लगाना पड़ेगा, जो बत्तीस डॉलर का होगा। मुझे वह जूता लेना पड़ा। तब जाकर मैं न्यूयॉर्क में रह पाया और घूम पाया। न्यूयॉर्क में हमारा होटल संयुक्त राष्ट्र संघ के मुख्यालय के सामने था। न्यूयॉर्क का मौसम काफी ठंडा था और बारिश के कारण धुँधलका-सा था। मैं होटल से तैयार होकर टाइम स्कॉयर के लिए गया, जो न्यूयॉर्क की हृदयस्थली है। टाइम स्कॉयर जाने के रास्ते में दुनिया के सभी प्रमुख ब्रांड की दुकानें थीं, लेकिन अधिकांश में खरीदारी करने वाले लोग नहीं थे। मुझे बताया गया कि यह एरिया काफी महँगा है और सभी ब्रांड अपनी दुकान यहाँ रखना चाहते हैं, भले ही बिक्री न हो। यह उनके लिए स्टेटस सिंबल था। टाइम स्कॉयर मुझे खास नहीं लगा। यह एक लाल सीढ़ीनुमा जगह थी, जहाँ लाल-लाल कुर्सियाँ लगी हुई थीं, और वहाँ से कई दिशाओं में सड़कें जाती थीं। वहाँ कई

तरह की गतिविधियाँ जैसे फोटोग्राफी, विभिन्न प्रकार के प्रदर्शन आदि हो रहे थे। न्यूयॉर्क के एक दोस्त ने मुझे बताया था कि न्यूयॉर्क के लोग ओपेरा देखना बहुत पसंद करते हैं। ओपेरा दो-तीन घंटे चलने वाली नृत्य-नाटिका की तरह होती है। उसने एक प्रमुख शो के लिए मेरा टिकट भी कटा दिया था। न्यूयॉर्क के लोगों के बीच में ओपेरा का काफी क्रेज था, लेकिन मैं एक घंटे में ही ऊब गया और मध्यांतर में बाहर निकल गया। ओपेरा आधुनिक तकनीक का उपयोग करते हुए, अच्छी प्रकाश-व्यवस्था के साथ किया जा रहा एक नाटक था।

न्यूयॉर्क में सबसे पहले मैं *म्यूजियम ऑफ मॉडर्न आर्ट*, जिसे लोग मोमा के नाम से भी जानते हैं, देखने गया। यह म्यूजियम आधुनिक एवं समकालीन कला का सर्वश्रेष्ठ संग्रह माना जाता है। विश्व की अधिकांश प्रसिद्ध एवं समकालीन कलाकृतियाँ इस म्यूजियम में हैं। यहाँ विभिन्न क्षेत्रों में हुए डिजाइनों का भी बहुत अच्छा संग्रह है। फर्नीचरों एवं घरों में उपयोग की जाने वाली वस्तुओं के डिजाइन का अद्भुत संग्रह है। मोमा में मैंने कलाकृतियों के संग्रह एवं रख-रखाव का अध्ययन किया। यहीं पहली बार जाना कि कागज, कैनवास या टेक्सटाइल की कलाकृतियों को लगातार प्रदर्शित करना सही नहीं होता है। उन्हें छह महीने या एक वर्ष में लगातार प्रदर्शन के बाद एक निश्चित अवधि तक अंधेरे कक्ष में रखा जाता है, ताकि वे आराम कर सकें। दूसरी चीज जो सीखी, वह यह कि ऐसी कलाकृतियों पर सीधे रौशनी नहीं दी जाती है, बल्कि इन कलाकृतियों को डिफ्यूज लाइट में देखा जाता है। इन कलाकृतियों के लंबे जीवन के लिए आवश्यक है कि इसे प्रकाश की तीव्रता और ताप से बचाया जाये।

दूसरा महत्वपूर्ण म्यूजियम था, *मेट्रोपोलिटन म्यूजियम ऑफ आर्ट*। यह *लूव्र* एवं *ब्रिटिश म्यूजियम* की तरह काफी बड़ा म्यूजियम है, जिसके पास काफी विश्वस्तरीय कलाकृतियाँ हैं। इस म्यूजियम के पास भी विश्व की सभी प्रमुख सभ्यताओं से संबंधित कलाकृतियाँ हैं। हम लोगों ने दक्षिण एशिया से संबंधित गैलरी को विस्तार से देखा। कलाकृतियों को आधुनिक ढंग से कैसे प्रदर्शित किया जाता है और उन्हें समय-समय पर कैसे बदला जाता है, इसे देखने-समझने का अवसर मिला। इस म्यूजियम में भी

भारत से संबंधित कई प्रमुख कलाकृतियाँ हैं। यहाँ की सबसे प्रसिद्ध कलाकृति मिस्र का मंदिर है, जिसे बहुत कलात्मक रूप से प्रदर्शित किया गया है। यहाँ ग्रीक और रोमन कलाकृतियों की भरमार है। आधुनिक एवं समकालीन कला से संबंधित एक महत्वपूर्ण म्यूजियम *गुगेन हाईम म्यूजियम* है, जिनका संग्रह भी बहुत उत्कृष्ट कोटि का है।

न्यूयॉर्क भी पेरिस की तरह एक महँगा शहर है। आज यह आधुनिक कला का केंद्र बिंदु बन गया है। किसी जमाने में कला एवं संस्कृति के क्षेत्र में जो महत्व पेरिस का था, वह आज न्यूयॉर्क का है।

यूरोप के देशों में कमरों खासकर कमरे से जुड़े शौचालय का साइज काफी छोटा होता था। ऐसा अनुभव मुझे नीदरलैंड के डेल्फ नामक स्थान पर रहते हुये हुआ था। वहाँ मैं एक जल संसाधन का कोर्स करने गया था। वहाँ शौचालय इतना छोटा था कि उसमें झुककर जाना पड़ता था और कमरे के बिस्तर के तीनों ओर से मुश्किल से तीन फीट की जगह थी। एक छोटा सा टेबल कमरे के किनारे था, जिसके अंदर कुर्सी रखी थी। उपयोग करते समय टेबल के नीचे से कुर्सी निकालकर टेबल पर काम करना पड़ता था। कमरे के छोटे होने के बारे में हमें पता चला कि चूँकि वहाँ ठंड काफी होती है, इसलिए कमरे और गलियारे सबको गर्म रखना पड़ता है। इसलिए सब कुछ छोटा रखा जाता है ताकि सामान्य तापमान बना रहे।

अगर बहुत प्राचीन कलाएं जैसे प्रागैतिहासिक काल की कला, गुफाओं में अंकित चित्र आदि को छोड़ दिया जाये, तो कला का विकास राजाओं-महाराजाओं के यहाँ या धनी व्यावसायिक वर्ग के बीच हुआ। जब फोटोग्राफी का विकास नहीं हुआ था, तब राजा-महाराजाओं के लिए चर्च एव मंदिरों के लिए कलाकारों ने काम किये। बड़ी-बड़ी ऐतिहासिक घटनाओं के चित्र बनाये, जो आज बड़े-बड़े संग्रहालयों में देखने को मिलती है। फिर पोर्ट्रेट बनवाने का चलन चला और महत्वपूर्ण व्यक्तियों के पोर्ट्रेट चित्रकारों द्वारा बनाये गये। संगीत को भी राजघरानों एवं मंदिरों को संरक्षण मिला। विभिन्न पर्व-त्यौहारों को मनाने के लिए एवं रिति-रिवाजों को बचाये रखने के लिए लोकगीत बने और लोगों द्वारा गाया गया। फोटोग्राफी के विकास के बाद सब

कुछ बदल गया और आधुनिक कला एवं समकालीन कला का विकास हुआ। पूर्व में कलाकृतियाँ घर सजाने के लिए और इतिहास को संरक्षित करने के लिए होती थी, लेकिन आधुनिक कला एवं समकालीन कला आज एक निवेश हो गई है।

आज कलाकृतियों की खरीद-बिक्री के लिए ऑक्शन हाउस एवं बड़ी-बड़ी गैलरियाँ हैं। कलाकृति करोड़ और अरबों में बेची और खरीदी जाती है। अर्थशास्त्र की परिभाषा के अनुसार अब ये वस्तुएं हैं, जिनकी बिक्री के लिए प्रचार- प्रसार प्रमोशन होता है। बैंक कला के मूल्य को ध्यान में रखकर संग्रहकर्त्ता को ऋण देती है। यहाँ तक कि कलाकृत्तियों के क्रय के लिए भी ऋण देती है। बैंकों ने अपने इंवेस्टमेंट में कलाकृत्तियों को भी शामिल कर लिया है और कला बाजार में मूल्यों में अप्रत्याशित वृद्धि तब आई जब बैंक एवं धनी लोग कला को इंवेस्टमेंट के रूप में खरीदने लगे। हालांकि कला के लिए *क्रिस्टी* और *सदवी* जैसे विश्व प्रसिद्ध ऑक्शन प्लेटफॉर्म दो सौ वर्षों से थे। अब हर प्रमुख देशों में ऐसे ऑक्शन हाउस खुल गये हैं और गैलरियों की संख्या में अप्रत्याशित वृद्धि हुई है। दृश्य कलाओं की अंतर्राष्ट्रीय प्रदर्शनियाँ कई देशों में आयोजित होती हैं और कला समीक्षकों का एक बहुत बड़ा वर्ग सभी देशों में बढ़ा है। विभिन्न शोधों में पाया गया है कि तुलनात्मक रूप से कला के क्षेत्र में इंवेस्टमेंट करने से फायदा जमीन, बैंक, सोना आदि में निवेश करने से ज्यादा होता है। कला का यह व्यापार मूलतः विकसित देशों में होता है। कला के विश्व बाजार का दो-तिहाई से ज्यादा क्रय-विक्रय न्यूयॉर्क, लंदन, शंघाई, पेरिस और हांगकांग में हो जाता है। इससे स्पष्ट होता है कि जहाँ धन है वहाँ कला का बाजार भी है। इसी प्रकार भारत में कला बाजार का आधा से ज्यादा क्रय-विक्रय मुंबई और दिल्ली शहर में होता है। दूसरा तथ्य है कि हिंदुस्तान में कला का जो बाजार है उसका दो-तिहाई भाग दस प्रमुख कलाकारों की कलाकृत्तियों का ही है। सामान्य कलाकारों का जीवन संघर्षमय होता है और उन्हें बाजार मिलने तक काफी मेहनत करनी पड़ती है और संरक्षण भी खोजना पड़ता है। कला बाजार के अध्ययन से मुझे स्पष्ट हुआ कि दुनिया में ज्यादा से ज्यादा एक हजार लोग, गैलरी और ऑक्शन हाउस हैं, जो कला का अंतर्राष्ट्रीय मूल्य निर्धारित करते हैं। इसी प्रकार हिंदुस्तान में सौ लोग मिलकर कलाकारों का भाग्य बनाते और बिगाड़ते हैं।

कलाकार के मूल्य को बढ़ाने की एक कहानी मुझे चीन में पता चली। वहाँ सरकार ने अपने देश के प्रमुख कलाकारों की कलाकृत्तियाँ बाजार से अधिक मूल्य पर खरीद कर उनकी कलाकृत्तियों को महंगा कर दिया। जब उन कलाकारों की कलाकृत्तियाँ बाजार में आती थी, तो लोग समझते थे कि जब कलाकार की कलाकृत्ति इतनी राशि में पाँच वर्ष पहले खरीदी जा चुकी है तो इसी के आस-पास अब मूल्य होगा। लंदन में मैंने पाया कि एक बड़ी गैलरी ने किसी नये कलाकार से एक एक्स मूल्य पर एक कलाकृत्ति बनवाई। जब कलाकृत्ति बन रही थी तो उसने एक कला संग्रहकर्त्ता से उसे दस एक्स में खरीद लेने को कहा और संग्रहकर्त्ता को आश्वस्त किया आप दो-तीन वर्ष तक कलाकृत्ति को रखें यह पचास एक्स में बिकेगी। अब उस कलाकार की कलाकृत्तियों का मानक पचास एक्स हो गया। तीसरा तरीका है जो लोग या गैलरी कलाकार को प्रमोट करना चाहते हैं वे उनके कलाकृत्ति की प्रदर्शनी संग्रहालय या महानगरों में कराते हैं, जिससे उसकी विजिबिलिटी बढ़ जाती है। बड़े संग्रहालय/गैलरी में प्रदर्शनी होने से कार्य की गुणवत्ता की एक मोहर भी लग जाती है। इससे उस कलाकार की कलाकृत्तियों का मूल्य अचानक बढ़ जाता है। कई दृष्टांत ऐसे भी आये हैं, जिसमें किसी संस्था या गैलरी के पास किसी कलाकार का बहुत काम है, जिसको उसने काफी राशि में खरीदा है, वे कलाकार के संघर्ष यात्रा की एक रोमांचक कहानी बनाते हैं और फिर कलाकार के जीवन पर एक डॉक्यूमेंट्री एवं उनकी कलाकृत्तियों पर पुस्तिका बनाई जाती है। फिर अच्छी गैलरी में प्रदर्शनी लगाकर काम का मूल्य बढ़ाया जाता है, इसलिए आज कला बेचने के लिए एक कहानी चाहिए। उसको विभिन्न तरह से प्रमोशन चाहिए और कुछ ऐसे बड़े लोग, जो उन कलाकृत्तियों पर निवेश करने को तैयार हों।

मेट्रो पोलिटन म्यूजियम में रोमन शासक अगस्तस, जिन्होंने मिस्र पर राज किया, के समय का एक मंदिर निर्मित है। यह मंदिर मिस्र में अमेरिका के अभियंताओं द्वारा तब बचाया गया था, जब यह मंदिर नील नदी के पानी में डूब रहा था। मिस्र से लाकर यह मंदिर यहाँ स्थापित किया गया है, जिसके चारों ओर एक जलमार्ग है। इस कलाकृत्ति को देखने के लिए एक विशेष गैलरी बनाई गई है। इसके अलावा मेट्रो पोलिटन म्यूजियम में जॉर्जिया ओ' कीफ की प्रसिद्ध पेंटिंग गाय की खोपड़ी

को दर्शाती है। वैनगॉग का सेल्फपॉर्ट्रट है, क्लाउड मोने की वॉटर लिली की प्रसिद्ध पेंटिंग है। दूक्यो दी बुओनइंसेन्या की मेडोना एंड चाइल्ड, एडगर डेगा का द डांस क्लास, एलेग्जेंडर काल्डर का मोबाइल और जैक्सन पोलॉक की प्रसिद्ध पेंटिंग ऑटम रिद्म है। मोमा में जिसे आधुनिक एवं समकालीन कला का सर्वश्रेष्ठ संग्रह माना जाता है, वहाँ की प्रसिद्ध कलाकृत्तियों में हेनरी रूसो का द ड्रीम है। रॉय लिष्टनस्टाइन का ड्राउनिंग गर्ल है। पावलो पिकासो की यहाँ दो प्रमुख कलाकृत्तियाँ हैं। पिकासो की सबसे प्रसिद्ध कलाकृत्ति द यंग लेडी ऑफ एवीगॉन भी यहीं प्रदर्शित है। सल्वाडॉर डाली की भी सबसे प्रसिद्ध पेंटिंग द पर्सिस्टेंस ऑफ़ मेमोरी व ऐंडी वॉरहॉल इसी संग्रहालय में है। वेनगॉग की प्रसिद्ध पेंटिंग स्टारी नाइट इसी संग्रहालय में है। ऐंडी वॉरहॉल का कैंपवेल सूप केंस यहाँ प्रदर्शित है। आधुनिक एवं समकालीन कलाकारों की सर्वश्रेष्ठ कलाकृत्तियों के अलावा यहाँ डिजाइन से संबंधित अदभूत कलाकृत्तियाँ हैं। ये डिजाइन की कलाकृत्तियाँ घरेलू उपयोग की चीज, फर्नीचर, टूल्स, टेक्सटाइल, स्पोर्टस कार और यहाँ तक कि हेलीकॉप्टर की डिजाइन भी इस संग्रहालय में है। मोमा वर्ष 1929 से ही पेंटिंग, स्कल्पचर, प्रिंट मेकिंग, ड्राइंग, फोटोग्राफी, आर्किटेक्चर, डिजाइन एवं फिल्म का संग्रह कर रहा है। यहाँ दो लाख से अधिक कलाकृत्तियाँ हैं।

9

पौधों और कला की दुनिया में

मुझे बचपन से प्रकृति से प्यार रहा है। नदी, झरने, पर्वत, जंगल मुझे शुरू से ही आकर्षित करते रहे हैं। जब मैंने नौकरी की शुरुआत की तो मुझे खेल-कूद और युवाओं के कार्यक्रम में ज्यादा दिलचस्पी थी। मेरी पत्नी को पेड़-पौधे, गार्डनिंग, ड्रिफ्ट्वुड एवं पत्थरों से घर को सजाने का शौक था। प्रायः सरकारी बंगलों के साथ काफी जमीन होती है। मेरी पत्नी उस जमीन पर फूल, सजावटी पौधे ज्यादा लगाना चाहती थी, और गार्डनिंग में उन्हें मन लगता था। मेरा प्रयत्न होता था कि हम लोग फूल, गार्डनिंग, सजावटी चीजों के बदले खाने-पीने की चीज जैसे सब्जी और फल आदि उगाएं। इससे हमारा खर्च भी कम होगा। जब मैंने पाया कि मेरी पत्नी का शौक रुक नहीं सकता और मुझे भी अब फूल और पेड़-पौधे अच्छे लगने लगे थे, अतः मैंने भी विरोध छोड़ दिया। मेरी अभिरुचि भी पेड़-पौधों में बढ़ने लगी। धीरे-धीरे मेरा जंगल घूमने का शौक बढ़ा। मैं जंगल से भी पेड़-पौधे लाने लगा। मुझे सक्युलेंट पौधे ज्यादा अच्छे लगते थे, असामान्य पौधे, जो लाखों में एक होते थे। उनका रंग, रूप, आकृति किसी कारण से सामान्य पौधे से अलग हो जाती है, तब उनका महत्व बढ़ जाता है और संग्रहणीय हो जाते हैं। असामान्य पौधों की कीमत सामान्य पौधों से काफी ज्यादा होती है।

सक्युलेंट प्रजाति के दुर्लभ पौधों को जमा करने का मेरा शौक तेजी से बढ़ा। जब मैं पूर्णिया में आयुक्त के रूप में पदस्थापित था, तब छुट्टियों में पश्चिम बंगाल के कलिमपोंग शहर में चला जाता था, जहाँ ऐसे पौधों की कई बड़ी नर्सरियाँ थीं। हुआ यह था कि सैकड़ों साल पहले वहाँ नेपाल से कुछ परिवार आये थे, जिन्हें ठंडी जलवायु में सक्युलेंट पौधे उगाने का अच्छा अनुभव था। उन लोगों की विदेशी नर्सरियों से भी संपर्क बन गये थे, जिससे उन्हें नई प्रजातियों के बीज आदि मिल जाते थे।

कलिमपोंग का मौसम साल भर ठंडा रहता है और वर्षा भी अच्छी होती है। काफी बड़ी संख्या में पर्यटक भी दार्जिलिंग, कलिमपोंग आदि स्थानों पर जाते हैं। इन पर्यटकों द्वारा भी इन पौधों की अच्छी खरीदारी होने लगी, जिससे वहाँ नर्सरियों का व्यवसाय बहुत बढ़ गया। कलिमपोंग और दार्जिलिंग से ही मेरा सक्युलेंट पौधों का पहला बड़ा संग्रह शुरू हुआ।

जब मैं दुमका गया तो उस समय दुमका का एक अनुमंडल जामतारा हुआ करता था। अब यह झारखंड का एक नया जिला बन गया है। मैं साप्ताहिक कोर्ट के लिए जामतारा जाता था। जामतारा पश्चिम बंगाल के चित्तरंजन शहर से सटा हुआ था। जहाँ रेल कोच की फैक्ट्री थी। वहाँ भी कई अच्छी नर्सरियाँ थीं। कुछ नर्सरियाँ तो काफी पुरानी थीं। उनके संग्रह भी काफी बड़े थे। वहीं मेरा परिचय एक बहुत बड़ी नर्सरी के संचालक से हुआ, जो विदेश से बीज मँगाकर नये पौधे तो पैदा कर ही रहा था। टिश्यू कल्चर के माध्यम से अच्छे पौधों को बड़ी संख्या में बढ़ा भी रहा था। उसके यहाँ रंगीन कैक्टस के ग्राफ्टिंग का काम भी बहुत बड़े स्तर पर होता था। धीरे-धीरे हमारे संबंध गहरे हुए। मैं विदेश से दुर्लभ पौधे मँगाकर उसे देता और उससे वह ज्यादा संख्या में नये पौधे बना लेता। पश्चिम बंगाल के लोगों को पेड़-पौधों का शौक भी ज्यादा होता है। कुछ बहुत पुरानी नर्सरियाँ बंगाल में हैं, इसलिए वहाँ से भी मेरा संग्रह काफी संख्या में हुआ। कोलकाता में भी कई पुरानी नर्सरियाँ थीं। मैं साल में एक-दो बार बंगाल जाकर वहाँ से नये किस्म के पौधे इकट्ठे करने लगा था। कोलकाता के नजदीक मक्रैदा गाँव में पौधे के एक बहुत प्रसिद्ध संग्रहकर्त्ता थे, जिन्होंने बहुत अच्छी नर्सरी भी खोल

ली थी। जब उनका स्वास्थ्य ठीक नहीं रहने लगा, तो काफी संख्या में उन्होंने मुझे कुछ दुर्लभ पौधे काफी कम मूल्य पर दिए।

अब मुझे दुर्लभ पौधों को जमा करने की लत लग गई थी। जब मैं केंद्रीय प्रतिनियुक्ति पर गया, तब भारतीय कैक्टस एवं सक्युलेंट सोसाइटी का सदस्य बना। यह सोसाइटी वर्ष में एक बार दिल्ली में कैक्टस सक्युलेंट पौधे का बड़ा शो करती थी, जहाँ पूरे देश से ऐसे पौधों की नर्सरियाँ और संग्रहकर्त्ता भाग लेते थे। दिल्ली में मेरा संग्रह तेजी से बढ़ा, क्योंकि वहाँ विदेश से पौधे मँगाना आसान था।

पहले तो पौधों का संग्रह कलिमपोंग, पुणे, बैंगलोर, हैदराबाद, कोलकाता आदि जगहों से हुआ। बाद में, जब विदेश-यात्रा पर जाने लगा तो इसमें काफी विस्तार हुआ। ऐसे पौधों के बड़े संग्रहकर्त्ताओं से संपर्क हुआ। इन पौधों के लिए साउथ अमेरिका, मेडागास्कर, दक्षिण अफ्रीका जैसे देश में ट्रैकिंग भी की। जापान, थाईलैंड, इंडोनेशिया आदि देशों में भी ऐसे पौधों को बड़ी संख्या में उगाया जाता है। वहाँ से भी मैंने काफी संग्रह किया। आज मेरे पास लगभग आठ हजार तरह के पौधे हैं, जो पूरी दुनिया से जमा किए गए हैं। कई देशों में तो मैंने कपड़े, किताब तक छोड़ दिये और सूटकेसों में पौधे भरकर लाया। इस शौक से सबसे बड़ा फायदा ये हुआ कि मेरी विभिन्न देशों में दुर्लभ पौधों को उगाने और संग्रह करने वाले लोगों से पहचान हुई और हम लोग आपस में दुर्लभ पौधों की अदला-बदली करने लगे।

मैं एक बार एक सप्ताह की ट्रेनिंग के लिए वर्ष 1988 में भारतीय प्रबंधन संस्थान, बैंगलोर गया। बैंगलोर शहर में बहुत सारी नर्सरियाँ थीं। वहाँ के प्रसिद्ध लाल बाग में नर्सरी मैन एसोसिएशन द्वारा पौधों का विक्रय भी किया जाता था। लाल बाग के पीछे सीदापुर एरिया में दर्जनों काफी पुरानी नर्सरियाँ थी।

मैं प्रशिक्षण के दौरान शाम को इन नर्सरियों में घूमने लगा। दो दिन तो मैं वहाँ की सबसे प्रसिद्ध नर्सरी केएसजी गार्डन में दोपहर से शाम तक बैठा और पौधों की दुनिया की जानकारी उस नर्सरी के मालिक पार्थसारथी महोदय से प्राप्त की। केएसजी नर्सरी लगभग सौ वर्ष पुरानी थी और उनके पास कई देश के दुर्लभ पौधों का संग्रह था। उन लोगों ने भारत में कई नई प्रजातियों को दूसरे देशों से लाकर पूरे देश में फैलाया था।

आज भी वे दुर्लभ पौधों के लिए प्रसिद्ध हैं। एक बार टाटा समूह की कंपनी से कोई निदेशक स्तर के पदाधिकारी उनकी नर्सरी में आये हुये थे, मैं भी वहीं था। उन्होंने एक नया पौधा खरीदने की इच्छा व्यक्त की। केएसजी में वह पौधे दो ही थे। एक जमीन में लगा दिया गया था और दूसरा गमले में था, जो बिक्री के लिए उपलब्ध था। उस समय उस पौधे के लिए निदेशक ने बीस हजार का ऑफर दिया। पार्थसारथी ने मुझसे पूछा कि मेरे पास कितने पैसे हैं। मैंने कहा अब तो मुझे ट्रेनिंग से लौटना है, मेरे पास तीन हजार रुपये हैं। उन्होंने मुझसे तीन हजार रुपये लिए और मुझे पौधा दे दिया। मुझे आश्चर्य हुआ कि उन्हें उस पौधे के लिए बीस हजार रुपये मिल रहे थे, तो उन्होंने इतनी कम कीमत पर मुझे पौधा क्यों दिया। उन्होंने मुझसे कहा कि पौधों के लिए मैं तुममें जो उत्सुकता और प्रेम देख रहा हूँ वह बहुत कम लोगों में पाया जाता है। तुम अपने इस शौक को बढ़ाओ। इस घटना ने मेरा बहुत उत्साह बढ़ाया। उसके बाद तो पौधों के लिए मेरा पागलपन जोर-शोर से बढ़ा।

तीस वर्षों में सक्युलेंट पौधों का मेरा संग्रह इस देश का एक महत्वपूर्ण संग्रह बन गया। मेरे घर पौधों पर किताब लिखने वाले और फोटोग्राफी करने वाले लोग बड़ी संख्या में आने लगे। मैं किसी भी देश में जाता तो सरकारी कार्य के बाद उस देश के प्रसिद्ध पौधों के संग्रहकर्त्ताओं से जरूर मिलता। इससे यह भी फायदा होता कि बहुत सारे पौधे मुफ्त या बहुत कम दाम पर मिल जाते और पौधे उगाने की नई तकनीक की जानकारी भी हो जाती।

हमने देखा कि बिहार की जलवायु बहुत तरह के पौधों के लिए अनुकूल नहीं है। बिहार में कुछ दिनों के लिए काफी गर्मी होती है तो कुछ दिनों के लिए काफी ठंडक। गर्मी के मौसम में अधिकतम तापमान 40 डिग्री सेंटीग्रेट से ज्यादा हो जाता है और जाड़े में 10 डिग्री से कम। ऐसी स्थिति में पाम, फर्न और बहुत सारे ऐसे पौधे हैं जो इस तरह का तापमान सहन नहीं कर सकते, और जिन्हें पानी और आर्द्रता की बहुत आवश्यकता होती है, उन्हें आसानी से बिहार में उगाया नहीं जा सकता है। मैं यह भी सोच रहा था कि इस तरह के पौधे का संग्रह किया जाये, जो अभी देश में कम ही लोग उगा रहे हैं और जिनके लोकप्रिय होने की संभावना ज्यादा है। यह भी स्पष्ट हुआ कि

धीरे-धीरे लोग अब फ्लैटों में रहने लगे हैं। बागीचा बनाने के लिए लोगों के पास जगह नहीं है। पौधों में काम करने के लिए माली आदि की भी दिक्कत है। कई जगहों पर तो पानी की भी किल्लत होने लगी है। अतः वैसे पौधे उगाये जाये, जिन्हें कम पानी चाहिए और जो धीरे बढ़ते हों। उनके रख-रखाव में बहुत समय नहीं लगे। ऐसे पौधे सक्युलेंट प्रजाति के होते हैं, जो विभिन्न रंग और आकार के होते हैं और प्रायः छोटे होते हैं। इन्हें आसानी से छोटे गमलों में लगाया जा सकता है। इन्हें भोजन पानी भी कम चाहिए होता है। मैं इसे भविष्य का पौधा कहता हूँ, क्योंकि इन पौधों के संग्रह के लिए बहुत बड़े स्थान और साधन की जरूरत नहीं होती है।

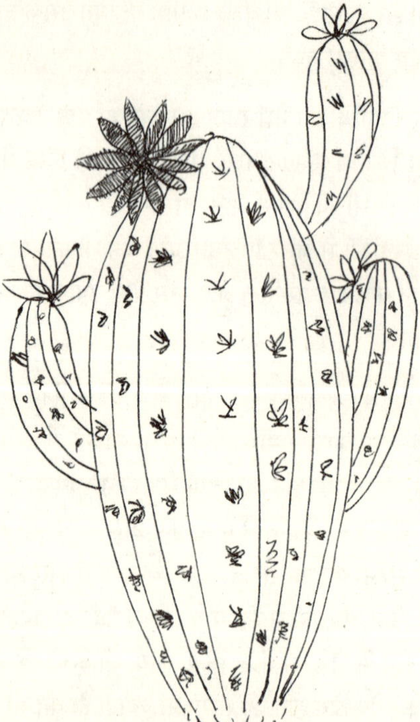

सक्युलेंट प्रजाति के पौधों में मैंने शुरुआत अलोव, अगेन, हावर्थिया, सेंसेवरिया, गैस्टेरिया जैसी प्रजाति के पौधे से की। अधिकांशतः ये पौधे दुनिया के वैसे क्षेत्रों से आते हैं, जहाँ वर्षा कम होती है और पत्थरों और अर्ध मरुस्थलों के बीच भी जीवित रहते हैं। बाद में हम लोग सक्युलेंट प्रजाति के वैसे पौधों का संग्रह करने लगे, जिसमें वेरीगेशन या जिसका फार्म सामान्य से बदल गया हो। प्रकृति एवं बड़ी नर्सरियों में जहाँ ऐसे पौधे बड़ी संख्या में उगते हैं, उसमें एक-दो पौधे ऐसे निकल जाते हैं, जिसमें पत्ते या तने में रंग आ जाता है या उनका स्वरूप बदल जाता है। ऐसे पौधों को पौधों की दुनिया में विशेष महत्व दिया जाता है। इन्हें वेरीगेटेड तथा मॉन्सट्राउज कहा जाता है। विचित्र यह है कि आदमी के बीच कोई आदमी अगर विकलांग हो जाये या उसके शरीर में कोई बाह्य परिवर्तन आ जाये तो उनका महत्व कम हो जाता है, लेकिन पौधों की दुनिया में अगर पौधों के रंग और स्वरूप में कोई परिवर्तन होता है, तो उसे दुर्लभ माना जाता है और उसका मूल्य भी बहुत बढ़ जाता है। इन पौधों के सौंदर्य को प्रचारित करने के लिए मैंने अपने संग्रह को लोगों को दिखाना शुरू किया। एक प्रसिद्ध फोटोग्राफर से इन पौधों के चित्र बनवाये और अब तो इन पौधों पर दर्जनों विडियो मेरे पुत्र अपूर्व सुकांत द्वारा बनाये गये हैं, जो यू-ट्यूब पर काफी लोकप्रिय हैं। मैंने सक्युलेंट प्रजाति पर कुछ लेख *इंडिया कैक्टस एंड सक्युलेंट* सोसाइटी के जर्नल में भी लिखे, जिसमें पौधों के उगाने के तरीकों से लोगों को अवगत कराया। आज हम लोगों के संग्रह को पूरा देश जानता है और मेरे पुत्र की कंपनी *सीन स्कैप* (Scene Scape) दुर्लभ पौधे पाने की एक अच्छी जगह मानी जाती है। आज तो इन पौधों की www.scenescape.org के नाम से बेबसाइट भी है। उसने इन दुर्लभ पौधों की देश-विदेश में ऑनलाइन बिक्री भी शुरू की है। आज उसने इस काम में कई लोगों को लगा रखा है। इस व्यवसाय से उसे अच्छी आमदनी भी हो रही है।

मैं प्रतिदिन लगभग दो घंटे का समय पौधों को देता हूँ। मेरे लिए यह समय पूरे दिन का सबसे बेहतरीन समय होता है। हर पौधे को देखना, उनसे बातें करना, उनके देखभाल करने के अनुभव को बयां नहीं कर सकता। किताब पढ़कर या हॉर्टीकल्चर की डिग्री लेकर पौधे नहीं उगाये जा सकते। जब तक पौधे उगाने वाले को इसका जुनून न हो और वह खुद अपने हाथ से पौधे न लगाता हो या उसकी सेवा न करता हो,

तो कितना भी किताबी ज्ञान हो, उससे अच्छे पौधे नहीं उगेंगे। इस शौक से संबंधित अधिकांश किताब अमेरिका और यूरोप में लिखी गई है, जिनकी जलवायु, मिट्टी आदि भिन्न हैं और उस परिस्थिति के लिए लिखी गई हैं। भारत की स्थिति अलग है और यहाँ की जलवायु भी। मैं वनस्पति विज्ञान में पीएचडी की तुलना में अनुभवी माली से संबंध रखना बेहतर समझता हूँ, जिसने दस वर्षों तक पौधों को अपने हाथों से उगाया हो। अधिकांश लोग यह मानते हैं कि जीवन जीने के लिए या किसी उद्यम के लिए बहुत पढ़ा-लिखा होना जरूरी है, पर मैंने जीवन में ऐसा नहीं पाया है। पढ़ने-लिखने के फायदे तो हैं, लेकिन जब तक बुद्धिमत्ता न हो और मेहनत न की जाये, तब तक सफलता नहीं मिलती।

मैंने अपने ज्ञान एवं अनुभव का प्रयोग एक व्यक्तिगत संग्रहालय बनाने में भी किया। विदेश भ्रमणों और बिहार संग्रहालय के निर्माण के क्रम में मेरा संपर्क देश-विदेश के संग्रहालयों के प्रशासकों, कला संग्रहकर्त्ताओं एवं कलाकारों से हुआ। देश के लगभग सभी बड़े कलाकार एवं कला समीक्षक बिहार संग्रहालय के निर्माण के क्रम में पटना आए। उनमें से सारे मेरे दोस्त बने। धीरे-धीरे बेहतर कलाकारों की कलाकृतियाँ मेरे संग्रह में आने लगीं। मैंने आवासीय परिसर के आउट हाउस को भी कलाकारों को दे दिया था, जहाँ वे कला का सृजन करते थे। मेरे यहाँ अधिकांशतः बिहार, झारखंड एवं बंगाल के कलाकार आकर काम करते थे। मेरे परिसर में बड़े स्कल्पचर बनाने के लिए पर्याप्त स्थान था। उनको पकाने के लिए भट्ठियाँ भी बनाई गई थीं। इस प्रकार, मेरे आवास का वातावरण कलामय रहता था। मैंने कई शामें उन कलाकारों के साथ बिताई। साथ बैठता और उनके काम पर प्रतिक्रिया देता।

देश के प्रसिद्ध कलाकार हिम्मत शाह को बिहार से बहुत प्यार है। वे लगातार बिहार आते रहे हैं। उनका मानना है कि अगर भारत में कला के क्षेत्र में कुछ बड़ा होना है, तो वह बिहार से ही होगा। उन्हें बिहार के लोगों में काफी ऊर्जा दिखती है। वे जब भी बिहार आते मेरे यहाँ ठहरते और हम लोग देर तक भारत में कला की स्थिति पर बातचीत करते। वे एक बहुत फक्कड़ किस्म के इंसान हैं और देश के सर्वश्रेष्ठ स्कल्पचर भी। उनकी मिट्टी से बने स्कल्पचर तो अद्वितीय हैं। उनकी प्रसिद्धि भी

देश से बाहर विभिन्न देशों में है। श्री हिम्मत शाह ने शादी नहीं की थी। अतः उनका कोई परिवार नहीं था। मैं हर वर्ष उनका जन्मदिन अपने घर में मनाता, जिसमें उनके समकालीन कलाकारों को आमंत्रित करता। मेरे कला के संबंध में हुए विकास में श्री हिम्मत शाह का योगदान महत्वपूर्ण है।

दूसरे महत्वपूर्ण राष्ट्रीय स्तर के कलाकार, जिन्होंने बिहार में हो रहे कला की गतिविधियों को सराहा और उसमें योगदान किया, उनका नाम है—अर्पणा कौर। मुझे कला के क्षेत्र में उनका मार्गदर्शन और प्यार लगातार मिला। वे काफी संवेदनशील कलाकार हैं और पर्यावरण, महिला सशक्तिकरण के क्षेत्र में उनकी विश्व प्रसिद्ध कलाकृतियाँ है। मेरे पास जिन कलाकारों की कलाकृतियों का संग्रह है, उसमें सबसे बड़ा संग्रह अर्पणा कौर की कलाकृतियों का ही है। मैंने उन्हें हर समय अच्छे कामों के लिए चाहे वो सामाजिक कार्य हो या कला के विकास का कार्य हो, सबमें काफी आगे देखा है। उन्होंने गरीब एवं युवा कलाकारों की तो काफी सहायता की है। बिहार संग्रहालय में जब हमने पच्चीस समकालीन कलाकारों से पाँच लाख मानदेय देकर कलाकृतियाँ बनवाई, तो उन्होंने अपने मानदेय की राशि एक ऐसे व्यक्ति को दे दी, जो अस्पताल में गरीब मरीजों को मुफ्त खाना खिलाता था। वे दिल्ली में अपने आवास में गरीब बच्चों के लिए एक बड़ा प्रशिक्षण केंद्र चलाती हैं, ताकि वे बच्चे हुनर सीखकर अपने पांव पर खड़े हो सकें। जब मैंने अपने घर के पास ही एक कलाकेंद्र बनाने की योजना बनाई तो अर्पणा कौर जी ने इसमें काफी सहयोग किया। मैंने इस कलाकेंद्र का नामाकरण अर्पणा कलाकेंद्र कर दिया है। इस कलाकेंद्र में कलाकार आकर रह सकते है, कलाकृति बना सकते हैं और प्रदर्शनी लगा सकते हैं।

मेरे पास पहले से ही हजारों की संख्या में दुर्लभ पौधे थे और अब तो बड़ी संख्या में कलाकृतियाँ भी जमा हो गई थीं। मैं अपना पुराना घर बेचकर एक नया घर बनाना चाहता था, जहाँ पौधों एवं कलाकृतियों को अच्छे से रखा जा सके। मेरा पुराना घर फुलवारी शरीफ के नोवा नगर कॉलोनी के बगल में था, जो वर्ष 1990 के आस-पास बना। मैंने उस जमीन और घर को बेच दिया और उससे प्राप्त पैसे से पटना से बीस किलामीटर दूर पटना-बिहटा रोड में शिवाला के पास एक नया घर बनाया। मेरी

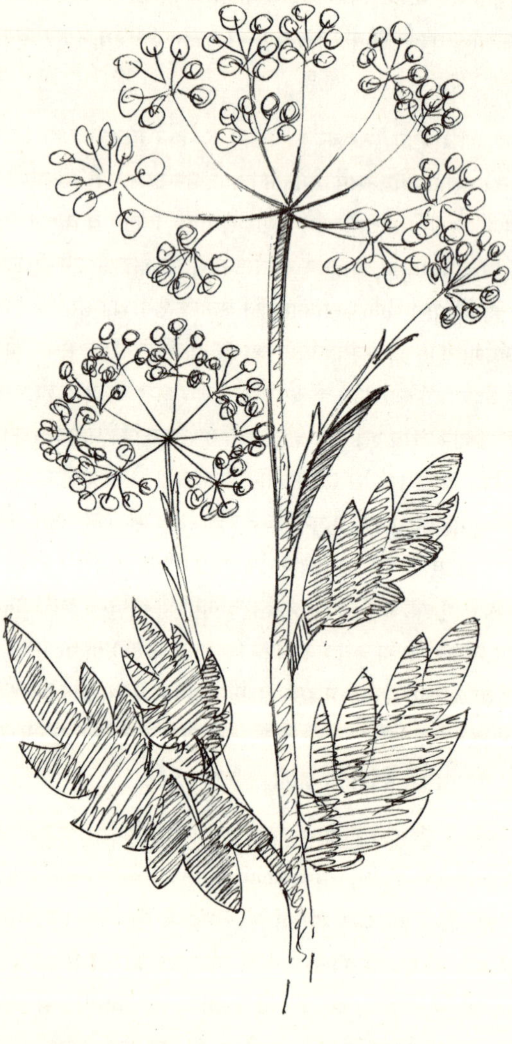

योजना थी कि सेवानिवृत्ति के बाद नये घर में रहकर पौधों की नर्सरी चलाई जाये, और समकालीन कलाकृतियों का एक संग्रहालय बनाया जाये। अतः घर का डिजाइन ऐसा किया गया कि नीचे के तल पर हम रह सकें और ऊपर के दो तल पर संग्रहालय बनाया जाये। आज यह घर बनकर तैयार है और कुछ मात्रा में पेड़-पौधे और कलाकृतियाँ भी नये घर में पहुँच गये हैं। हिम्मत शाह से हमारे परिवार का प्रगाढ़ संबंध हो गया था। अतः संग्रहालय का नाम "हिम्मत शाह म्यूजियम" रखने का निर्णय हुआ।

मेधावी छात्रों की सहायता करने की परंपरा हमारे परिवार में शुरू से ही रही। मैं जिन स्थानों पर पदस्थापित रहा, वहाँ हम बड़े बंगले में रहते थे, जहाँ काफी आउट हाउस हमारे कर्मचारियों के लिए होते थे। इसमें से कई आउट हाउसेस हमने वैसे छात्रों को रहने के लिए दिये, जो किराये का मकान लेकर अपनी पढ़ाई पूरी नहीं कर सकते थे। जब मैं सरकार के सचिव स्तर का पदाधिकारी बनने पर पटना में काम करने लगा तो मुझे जो घर आवंटित हुआ वो काफी बड़ा था। उसमें मुख्य भवन के अलावा दस परिवारों के रहने के लिए घर बने हुए थे। इसमें से कुछ घरों में तो हमारे साथ काम करने वाले लोग रहते थे। तीन-चार घरों में पटना कला महाविद्यालय के गरीब छात्र रहते थे, उन्हें काम करने के लिए पर्याप्त स्थान मिल जाता था और रहने-खाने की समस्या भी भी दूर हो जाती थी। मेरे साथ रहने वाले कई कलाकार बाद में प्रसिद्ध भी हुये और उनकी आय भी काफी बढ़ी। मुझे फायदा यह हुआ कि मेरे घर के परिसर में कलाकार कलाकृत्तियों का निर्माण करते मिलते थे, जिनसे मैं प्रायः शाम में बातचीत करता और उनका उत्साह बढ़ाता। मेरे बड़े घर में उनकी कलाकृतियों की एक प्रदर्शनी भी हो जाती थी।

जब मेरे पास लगभग चार सौ पेंटिंग, स्कल्पचर आदि जमा हो गये, तब लोगों ने सुझाव दिया कि इस संग्रह के आधार पर एक पुस्तक प्रकाशित की जाये। देश के कई कला समीक्षकों ने मेरे संग्रह पर किताब लिखने की इच्छा व्यक्त की। मैंने इस कार्य के लिए डॉ. अलका पाण्डेय, जो देश की एक प्रमुख कला समीक्षक हैं, को चुना। मेरी कलाकृतियों पर बहुत खूबसूरत पुस्तिका "प्लूरल इंडिया" प्रकाशित हुई। इस किताब में देश के प्रमुख सात कलाकारों ने हस्तलिखित टिप्पणी दी, जिसे मूल

रूप में ही इस पुस्तिका में प्रकाशित किया गया। देश के ये प्रसिद्ध सात कलाकार हैं—हिम्मत शाह, परेश मैती, मनु पारिख, जतिन दास, पी. दरोज, ज्योति भट्ट और अर्पणा कौर। कला जगत में इस पुस्तक की काफी प्रशंसा हुई। लोगों ने इस कला-संग्रह में विविधता पाई। मैंने इस किताब को बिहार के मुख्यमंत्री श्री नीतीश कुमार को डेडीकेट किया। उन्हीं के कारण मुझे कला के क्षेत्र में ऐसे महत्वपूर्ण कार्यों को करने का अवसर प्राप्त हुआ।

10
यार मेरी जिंदगी

किसी व्यक्ति के जीवन में दोस्तों का बहुत महत्व होता है। कुछ दोस्त पढ़ते समय बनते हैं, कुछ विभिन्न प्रकार के शौक के कारण। कुछ दोस्त, लोग जिस सेवा में काम करते हैं, उससे भी आते हैं।

गाँव-बचपन के नजदीकी दोस्तों में सुरेंद्र सिंह, विश्वनाथ सहनी, रामसागर महतो, शैलेश और उदय थे। सभी पढ़ने में अच्छे थे। पढ़ाई में सुरेंद्र मेरा प्रतिद्वंद्वी था। चमथा गाँव में हम लोग रोज बाया नदी के तट पर शाम में मिलते थे। एक-दूसरे से झूठ बोलते थे। कहते, आज रेडियो सुनता रह गया या सोया रह गया, पढ़ा ही नहीं। आगे चलकर विश्वनाथ सहनी टीचर, रामसागर महतो जूनियर इंजीनियर, शैलेश हेडमास्टर और उदय रेलवे का गार्ड बना। सुरेंद्र सिंह ज्यादा दिन दुनिया नहीं देख सका।

पटना कॉलेज के दोस्तों में काशीनाथ शुक्ल, रणवीर, जयकरण प्रसाद और निरंजन सिंह खास थे। काशीनाथ बाद में पटना हाईकोर्ट में सेक्शन ऑफिसर से रिटायर हुए। रणवीर के पिताजी की जमीन पर हमने अपना पहला मकान बनाया। वे जमीन के बदले पैसा नहीं लेना चाहते थे। उनके पास काफी जमीन थी। लेकिन मैंने बाजार-दर से थोड़े कम दाम में जमीन खरीदी। जयकरण बाद में झारखंड में ट्रेजरी ऑफिसर बना।

रणवीर अब इस दुनिया में नहीं रहा। जेएनयू में अनिल ओझा मेरा मित्र था, जो बाद में भारतीय पुलिस सेवा में आया।

भारतीय प्रशासनिक सेवा के कार्यों में जिस तरह की विभिन्नता है और विभिन्न जगहों पर विभिन्न स्तरों पर काम करने का मौका मिलता है, इसलिए भी ढेर सारे लोग परिचित होते हैं। उसमें से कई नजदीकी दोस्त बन जाते हैं। भारतीय प्रशासनिक सेवा में हर वर्ष औसतन सौ से ज्यादा लोग आते हैं, जो बैच मेट माने जाते हैं। चूंकि प्रशिक्षण एक साथ होता है, इसलिए उस समय भी काफी अच्छी दोस्ती हो जाती है। इससे किसी व्यक्ति का पूरे देश से संपर्क भी स्थापित होता है। देश और विदेश की यात्राओं के क्रम में भी बहुत सारे दोस्त बनते हैं।

मुझे अपने जीवन में दोस्तों का दायरा बढ़ाने का बड़ा मौका मिला। बहुत सारे लोग समय के साथ दोस्त बदलते हैं। पुराने दोस्त छूटते जाते हैं। ऐसा करने वाले लोगों का तर्क होता है कि अगली सीढ़ी पर चढ़ने के लिए पिछली सीढ़ी को छोड़ना पड़ता है। मैं इस बात से कभी भी सहमत नहीं रहा। मेरे जो दोस्त बने, उनमें से अधिकांश के साथ मेरा आज भी संबंध है। मेरा मानना था कि बिना पुराने दोस्तों को छोड़े नये दोस्त बनाये जा सकते हैं। मेरे दोस्तों के दायरे में सभी धर्म और सभी जातियों के लोग सम्मिलित हैं। यद्यपि अपनी जाति से ज्यादा लोगों के जुटने की संभावना रहती है, लेकिन मैंने ऐसा प्रयास किया कि मेरे साथ सभी तरह के लोग हों। मैंने इन लोगों से दोस्ती की रजत जयंती भी पटना में मनाई, जिसमें बड़ी संख्या में संगी-साथी आए और पुराने दिनों की यादें ताजा हुईं।

कॉलेज टाइम में मेरे दोस्तों में सभी जाति के छात्र थे। हम लोगों के बीच काफी दिनों तक घनिष्ठ संबंध रहा। सब लोग कई तरह की नौकरियों में गये। कुछ ने व्यवसाय प्रारंभ किया। उस जमाने में लोग दोस्ती को परिवार से ज्यादा महत्व देते थे। जब मैं केंद्र सरकार में प्रतिनियुक्ति पर गया, तो उन सभी दोस्तों को दिल्ली के नजदीक दादरी में हजार-हजार गज की जमीन खरीदवाई। उद्देश्य था कि हम लोग सेवानिवृत्ति के बाद एक साथ रहेंगे। लगभग पचास दोस्तों ने मेरे कहने पर वहाँ हजार गज के आस-पास जमीन दो लाख रुपये में वर्ष 2000 में खरीदी। लेकिन बाद में बिहार की स्थिति सुधरी

और उनमें से मुझ सहित अधिकांश ने बिहार में ही रहने का निर्णय लिया। हमारे जिन दोस्तों ने दादरी में जमीन ली थी, उनमें विधायक, प्रशासनिक सेवा के पदाधिकारी, व्यापारी, डॉक्टर, इंजीनियर सभी तरह के लोग थे।

भारतीय प्रशासनिक सेवा में रहते हुये विभिन्न प्रकार के कार्य के कारण परिवार के लिए समय निकालना मुश्किल होता है। मेरे दिमाग में दो-तीन बातें थीं। भारतीय प्रशासनिक सेवा में रहते हुए विभिन्न प्रकार के कामों को करने का जो अवसर मिला है, उसका पूरा फायदा उठाया जाये। मुझे तो कैडर भी गृह राज्य, बिहार मिल गया था। इसलिए सोचा, अपने राज्य के विकास और भलाई में पूरा समय लगाया जाये। बिहार अन्य राज्यों की तुलना में एक पिछड़ा राज्य था। इसलिए विभिन्न क्षेत्रों में काम करने की संभावनाएँ बहुत थीं। मेरी रुचि ग्रामीण विकास, महिला सशक्तिकरण, शिक्षा, कृषि एवं कला-संस्कृति में थी। मैंने अपने समय का भरपूर उपयोग कर इन सभी क्षेत्रों में काम किया। मैं 10 बजे से 5 बजे शाम तक काम करने वाला पदाधिकारी कभी नहीं रहा। संचिका के औपचारिक कार्यों में मेरी रुचि भी बहुत कम थी। परिवार के लिए समय नहीं निकलने का अफसोस हमेशा रहा। लेकिन मैं यह भी सोचता था कि पूरा बिहार ही मेरा परिवार है। इन कार्यों में मुझे अपनी पत्नी का पूरा सहयोग मिला, जिसने मेरी लगभग अनुपस्थिति में बच्चों का पालन-पोषण किया और घर को सुचारू रूप से संचालित किया।

एक और अच्छी बात यह थी कि हम सभी का अपना-अपना शौक था। मेरी पत्नी को बागवानी, हस्तकला एवं बच्चों को अच्छी शिक्षा देने का शौक था। चूँकि वह विश्वविद्यालय में पढ़ाती थीं, इसलिए बच्चों एवं युवाओं के लिए काम करने का उन्हें काफी मौका भी मिला। बिहार के महाविद्यालयों में पढ़ाई का स्तर गिर गया था। कम ही शिक्षक थे, जो समय पर आते और क्लास लेते थे। चूँकि महाविद्यालय में पढ़ाई नहीं होती थी, इसलिए बच्चे भी कम आते थे। मेरी पत्नी अनुशासनप्रिय और सख्त थीं। इसलिए उनकी क्लासेस होती थीं और उनमें बच्चों की संख्या भी काफी होती थी। मेरे बेटे को विज्ञान, टेक्नोलॉजी एवं पौधों से प्यार था। इसलिए वह विधि की डिग्री लेने के बाद भी टेक्नोलॉजी के बड़े-बड़े कामों से जुड़ा रहता था। मेरी बेटी को

नृत्य एवं संगीत का शौक था। इस प्रकार, हमारे परिवार में सभी लोगों के पास एक मजबूत शौक था और सभी अपने शौक में लगे रहते थे। मेरी पत्नी चाहती थीं कि हम लोग दिन या रात में से कोई एक समय खाना साथ में खायें, ताकि आपस में बातचीत हो सके। लेकिन ऐसा भी कम ही हो पाता था। हम लोगों का बेहतरीन समय होता था, जब हम लोग पटना से बाहर किसी यात्रा पर जाते थे।

मेरी जीवन-यात्रा चमथा गाँव से शुरू होकर पटना पहुँची। फिर मैं दिल्ली पहुँचा। कई देशों की यात्राएँ कीं। पहाड़ों पर घूमा, जंगलों में गया। नौकरी और घुमक्कड़ी करते हुए हजारों लोगों से मिला। कई मित्र बने। लेकिन सक्युलेंट पौधे मेरे सबसे बड़े मित्र साबित हुए। पौधों से मिलना, बातें करना, पानी देना, देखभाल करना अच्छा लगता है। कला और कलाकार भी मुझे प्रारंभ से ही बहुत आकर्षित करते हैं। इस तरह मेरी यात्रा जारी है।